高等职业教育经管类专业平台课精品教材

市场营销基础与实务

主　编　吴波虹　张　蕊
副主编　刘仲吉　黄春平　陈鑫雨　余　燕

中国轻工业出版社

图书在版编目（CIP）数据

市场营销基础与实务 / 吴波虹，张蕊主编. —北京：中国轻工业出版社，2024.2
高等职业教育经管类专业平台课精品教材
ISBN 978-7-5184-4447-2

Ⅰ.①市… Ⅱ.①吴… ②张… Ⅲ.①市场营销学—高等职业教育—教材 Ⅳ.① F713.50

中国国家版本馆 CIP 数据核字（2024）第 012324 号

责任编辑：张文佳　　责任终审：劳国强　　设计制作：锋尚设计
文字编辑：李金慧　　责任校对：晋　洁　　责任监印：张京华

出版发行：中国轻工业出版社（北京鲁谷东街5号，邮编：100040）
印　　刷：三河市国英印务有限公司
经　　销：各地新华书店
版　　次：2024年2月第1版第1次印刷
开　　本：787×1092　1/16　印张：15.75
字　　数：420千字
书　　号：ISBN 978-7-5184-4447-2　定价：49.80元
邮购电话：010-85119873
发行电话：010-85119832　010-85119912
网　　址：http://www.chlip.com.cn
Email：club@chlip.com.cn
版权所有　侵权必究
如发现图书残缺请与我社邮购联系调换
230436J2X101ZBW

Preface / 前言

《市场营销基础与实务》是一本致力于帮助读者掌握市场营销核心理念与实践技能的教材。不论您是学生、教育者,还是正在或即将从事市场营销相关工作的专业人士,编写组都希望这本教材能成为您探索市场营销领域的得力助手。

本教材的内容编排遵循从理论到实践的逻辑顺序,首先帮助读者建立起市场营销的基本概念框架,进而深入探讨市场环境分析、消费者购买行为、市场细分、产品策略、定价策略、渠道策略、促销策略等核心议题。每一项目都配备了丰富的案例分析和实战练习,旨在帮助读者将理论知识转化为实际操作能力。

为使学生能够全面系统地掌握市场营销的基本知识、基本理论和基本技能,本教材在编写过程中,力求突出以下特点。

(1)理论与实践的自洽融合。理论若无实践验证,便如空中楼阁;实践若无理论指导,则似盲人摸象。因此,本教材不仅深入浅出地阐释了市场营销的基本理论,更通过大量鲜活的案例,引导读者在实战中灵活运用所学,使理论与实践相得益彰。

(2)时代性与前瞻性的统一。本教材紧密结合当前中国市场营销的实际环境,不仅及时反映了行业的最新动态和趋势,更对未来发展进行了科学预见。学生在掌握当下市场营销策略的同时,也能洞察未来市场之先机。

(3)思政元素的深度嵌入。教育的最高境界不仅是传授知识,更是塑造灵魂。本教材巧妙地将社会主义核心价值观和职业道德教育融入专业知识体系之中,旨在培养读者高尚的职业操守和深厚的人文情怀。

(4)国际化的视野与本土化的实践。本教材在编写过程中,广泛汲取了国际市场营销的先进理念和方法,同时紧密结合中国市场的特殊性和实际需求，力求为读者提供既有国际视野又具本土特色的学习体验。

（5）丰富的教学资源与互动体验。本教材配备了大量的案例分析、练习题、思考题等辅助教学资源，旨在激发学生的学习兴趣和主动性。同时，通过小组讨论、模拟演练等多样化的教学活动设计，鼓励学生积极参与、深入思考，让学习变得更加生动有趣。

在编写过程中，编写人员力求内容的准确性、时效性和实用性，特别关注中国市场营销环境的特殊性和发展趋势。同时也非常注重理论与实践的结合，鼓励学生通过案例分析、小组讨论、模拟演练等方式，积极参与到学习过程中，培养独立思考和解决问题的能力。

本教材的编写工作得到了多位老师的共同努力和辛勤付出。其中，吴波虹老师负责整体框架的构建和内容的统筹规划，并完成项目一的编写和案例收集工作；刘仲吉老师协助主编完成各章节的编写和修改工作，并完成项目八的编写和案例收集工作；张蕊老师则负责项目二、项目三的编写和案例收集工作；黄春平老师负责项目四、项目五的编写和案例收集工作；陈鑫雨老师和余燕老师分别负责项目六、项目七的编写和案例收集工作。在此，对所有参与本教材编写的老师表示衷心的感谢和敬意。

感谢您在众多书籍中选择了本教材。衷心希望《市场营销基础与实务》能成为您学习旅程中的良师益友，陪伴您一步步掌握市场营销的精髓，开启属于您的市场营销之旅。

编者

Contents / 目录

项目一 认识市场营销

【导入案例】..002
任务一　认识市场和市场营销..................................003
　　一、市场..003
　　二、市场营销..004
任务二　市场营销的演进过程..................................008
　　一、市场营销学的发展过程................................008
　　二、市场营销在企业地位中的演变..........................009
任务三　市场营销观念及其演变................................013
　　一、生产观念..013
　　二、产品观念..013
　　三、推销观念..014
　　四、市场营销观念..014
　　五、客户观念..015
　　六、数字化时代的营销新策略..............................015
【课后练习】..018

项目二 市场营销环境分析

【导入案例】..021
任务一　市场营销环境..021
　　一、市场营销环境的内涵....................................021
　　二、市场营销环境的内容....................................022
　　三、市场营销环境特征......................................023
　　四、市场营销环境的研究方法..............................024
任务二　市场营销宏观环境分析................................027
　　一、人口环境..027

二、经济环境 029
　　三、自然环境 032
　　四、科学技术环境 032
　　五、政治法律环境 034
　　六、社会文化环境 035
任务三　市场营销微观环境分析 036
　　一、企业内部 037
　　二、供应商 037
　　三、营销中介 038
　　四、顾客 039
　　五、竞争者 040
　　六、公众 041
【课后练习】 042

项目三　消费者购买行为分析

【导入案例】 046
任务一　消费者行为的一般模式 047
　　一、购买心理类型 047
　　二、购买心理特征 049
　　三、消费者行为的一般模式 051
任务二　影响消费者行为的主要因素 052
　　一、文化因素 052
　　二、社会因素 055
　　三、个人因素 057
　　四、心理因素 060
　　五、情境因素 064
任务三　消费者购买决策过程 065
　　一、购买决策类型 065
　　二、消费者购买决策过程一般模型 066
　　三、搜寻信息 067
　　四、评价选择 068
　　五、进店购买 069
　　六、购后过程 070
【课后练习】 070

项目四 STP 战略分析

【导入案例】 074

任务一　市场细分战略 075
　　一、市场细分的概念与理论依据 075
　　二、市场细分的作用 076
　　三、市场细分的要求 077
　　四、市场细分的标准 078
　　五、市场细分的具体方法 081

任务二　目标市场竞争战略 082
　　一、市场领先者的竞争战略 083
　　二、市场挑战者的竞争战略 086
　　三、市场追随者的竞争战略 089
　　四、市场补缺者的竞争战略 090

任务三　确定目标市场 092
　　一、确定目标市场的步骤 092
　　二、评价细分市场 092
　　三、确定目标市场的范围 093
　　四、确定目标市场策略 095

任务四　市场定位 098
　　一、市场定位的概念和作用 098
　　二、定位的策略 100
　　三、市场定位的技术 103

【课后练习】 106

项目五 产品策略

【导入案例】 109

任务一　产品与产品组合分析 109
　　一、产品整体概念 109
　　二、产品分类 113
　　三、产品组合 115

任务二　产品生命周期 120
　　一、产品生命周期的概念及其阶段划分 120
　　二、产品生命周期各阶段的特征 124
　　三、产品市场生命周期各阶段的策略 125

任务三　新产品开发 130
　　一、新产品的概念 130
　　二、新产品开发的方法 132
　　三、新产品开发的组织 133
　　四、新产品开发的程序 134
任务四　品牌与包装 138
　　一、品牌的含义 138
　　二、品牌的作用 139
　　三、品牌设计的原则 143
　　四、品牌策略 144
　　五、包装策略 151
【课后练习】..157

项目六　定价策略

【导入案例】..160
任务一　影响企业定价的因素 161
　　一、价格构成要素 161
　　二、影响企业定价的因素 161
任务二　定价导向 169
　　一、成本导向定价 169
　　二、需求导向定价 172
　　三、竞争导向定价 173
任务三　企业的定价策略 175
　　一、新产品定价策略 175
　　二、折扣定价策略 177
　　三、地区定价策略 179
　　四、心理定价策略 180
　　五、差别定价策略 182
　　六、产品组合定价策略 183
任务四　价格调整策略 185
　　一、价格调整策略 186
　　二、价格变动后的反应 187
　　三、对竞争者价格变动的反应 188
【课后练习】..189

项目七 分销渠道策略

【导入案例】..193
任务一 分销渠道的含义、功能、流程与结构..........193
  一、分销渠道的含义与特征..........................194
  二、分销渠道的功能及其管理的重要性..........195
  三、分销渠道的流程与结构..........................196
  四、分销渠道管理...202
任务二 渠道组合策略..205
  一、渠道长度策略...205
  二、渠道系统策略...207
任务三 影响渠道选择的因素...................................208
  一、产品性质和特点......................................208
  二、市场因素..209
  三、企业自身的因素......................................209
  四、环境因素..210
任务四 分销渠道策略与设计...................................211
  一、营销渠道设计的目标...............................211
  二、企业渠道设计的原则与步骤....................211
  三、企业渠道设计因素分析...........................215
  四、日常中的渠道管理工作...........................216
【课后练习】..218

项目八 促销策略

【导入案例】..221
任务一 促销与促销组合..222
  一、促销的含义与作用...................................222
  二、促销组合及其影响因素...........................223
任务二 人员推销策略..226
  一、人员推销的概念及特点...........................226
  二、推销人员的素质......................................227
  三、推销人员的甄选与培训...........................227
  四、人员推销的形式、对象与策略................228
任务三 广告策略...230
  一、广告的含义和功能...................................230

二、广告促销方案的制定..................................231
任务四　公共关系..................................235
　　　一、公共关系的要素及特征..................................235
　　　二、公共关系的实施..................................237
【课后练习】..................................239

参考文献..................................241

项目一
认识市场营销

学习目标

1. 了解市场营销学的产生与发展。
2. 理解学习和研究市场营销学的重要意义。
3. 掌握不同阶段市场营销观念的特征以及经历的演变和发展过程。
4. 掌握市场营销的核心概念。

重点与难点

1. 市场营销的内涵。
2. 市场营销的产生与发展。
3. 市场营销的重要性。
4. 市场营销职能在企业中的地位。
5. 结合实际,理解市场营销对我国经济发展和企业成长的重要意义。

能力目标

1. 能够用现代市场营销理论分析企业的经营行为,指导企业的营销活动。
2. 培养学生爱岗敬业,精益求精的工匠精神,形成正面的职业伦理观。

导入案例

胜于颜值、精于速溶？
三顿半逆势增长背后的标杆级营销手法

速溶咖啡似乎已经被时代抛弃，然而2019年爆火的三顿半似乎发出了不一样的信号。

继2019年登顶天猫"双11"咖啡类目榜首后，三顿半在2020年天猫"618"期间，力压雀巢、星巴克两大巨头，跃居天猫"618"冲调大类销量第一。

在咖啡热门赛道中，三顿半究竟有着怎样的吸引力，由一个名不见经传的小众品牌蜕变成受人热捧的品牌新星呢？

虽然速溶咖啡本身在不断进行着健康化、品质化的行业内部升级，但在外界看来，其"反式脂肪酸""高糖"的标签始终存在。三顿半正是嗅到这一机遇，创新式地开辟了一个全新的咖啡市场——"精品速溶咖啡"。要打造全民喜爱的优质品牌，除了自身产品过硬外，还需要顺应潮流，打造审美红利。三顿半抛弃传统速溶咖啡的塑料包装，改为可爱的小塑料罐装，迎合了当下的颜值经济潮流和消费者的情感需求，让消费者像讨论口红色号一样去讨论咖啡。

三顿半于2017年10月主动开启"返航计划"，而且注入了很多营销细节。"返航计划"具体来说就是用户把空罐子送到指定地点，能够兑换"返航之星"，"返航之星"可继续兑换徽章、贴纸、胶带等周边产品、纪念品以及参与抽奖获得滑板的机会。"返航计划"不仅规避了"环保"风险和公关危机，还能作为杠杆撬动多方资源，如小程序对于用户信息的收集、极度的用户黏性和复购、周边产品的衍生和品牌露出、跨界合作多元活动、建立全国的咖啡网络等。

回看体验方面，用户积极响应，有成就感，也有满足感。一位来自哔哩哔哩网站的用户就上传了自己的返航计划视频博客。很明显，这些用户不缺内容创作的内驱力，就看品牌是否给人家"递话筒"。

"返航计划"作为三顿半具有战略性意义的全季节性的活动，把空罐本身作为货币，线上线下互相倒流，同时形成自己的用户——产品——体验的生态，是现在新零售玩法的一个典型代表。

【案例分析】

三顿半咖啡品牌的成立源于创始团队思考的一个问题："为什么1杯30元左右的咖啡，顾客觉得贵，而开咖啡馆的又赚不到钱？"基于现有咖啡的消费痛点，推出方便又好喝的精品速溶咖啡，成为三顿半突破咖啡行业困境的关键点。企业若想成功，从不可能的商机中开发出广阔的市场，除了要有过硬的产品，离不开好的市场营销。请同学们分小组讨论以下问题。

（1）三顿半咖啡是如何成功营销的？

（2）三顿半咖啡的成功对其他品牌有哪些借鉴意义？

任务一 认识市场和市场营销

一、市场

市场是一个古老的经济范畴,在其发展的历史长河中,形成了富有多种含义的概念。

企业营销活动主要和重要的舞台是市场,没有市场就没有营销活动的开展。因此,市场成为与市场营销联系极为紧密的一个概念,只有理解了什么是市场,才能更好地理解什么叫市场营销。

传统意义上的市场是指商品交换的场所,即买方和卖方发生交换活动的地点或地区。这是从空间形式来考察市场的概念,市场还是一个地理概念,也就是人们通常所说的"狭义市场"。

在经济学中,市场是指一切商品交换关系的总和。这是站在买卖双方交换关系的角度提出的"广义的市场"概念,是对市场所做的一般性、宏观性的理解。

从市场营销的角度来看,市场是由一切具有特定欲望和需求,并且愿意和能够以交换来满足这些需求的潜在顾客所组成的。菲利普·科特勒(Philip Kotler)指出:"市场,这个术语有很多用法……最后,对于一个市场营销人员来说,市场是购买或可能购买某种货物或劳务的所有人或所有企业单位。"市场营销是从企业或卖方的角度来理解市场的含义。

如图1-1所示,市场包括三个要素:有需求的人(购买者)、满足需求的购买能力和购买欲望。市场的三个要素相互制约、缺一不可,共同决定着市场的规模和容量。

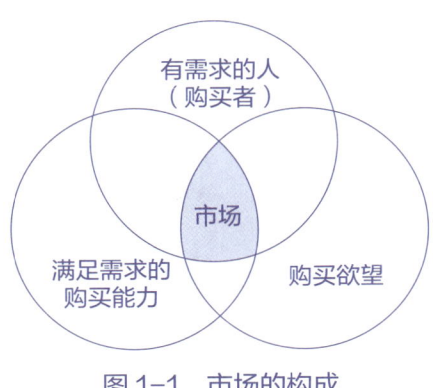

图1-1 市场的构成

二、市场营销

全面准确地理解市场营销，必须弄清其涉及的相互关联的几组概念。

1. 需要、欲望与需求

（1）人的需要是市场营销最基本的概念，也是人类经济活动的起点，它存在于人本身的生理需要和自身状态之中，绝不是营销人员凭空创造的。例如，人们需要食品、空气、衣服等以求生存，还需要娱乐、教育和文化生活等来丰富自己的精神世界。当一个人的需要没有被满足时，他有两种选择——寻找可以满足这种需要的东西，或者是降低这种需要。

（2）欲望是指人为了满足基本需要而产生的对特定事物的渴望，这种欲望会受到不同文化及社会环境的影响。当一个美国人需要食品时，欲望是想得到一个汉堡和一杯可口可乐；当一个中国人需要食品时，欲望是想得到一碗米饭和一盘炒菜。营销人员无法创造人的基本需要，却可以采用各种营销手段来影响人的欲望，并开发、销售特定的产品或服务来满足这种欲望。

（3）当有购买力支持时，欲望即变为产品需求。例如，许多人都想拥有一辆奔驰汽车，但只有部分人有能力并且愿意购买。也就是说，只有部分人有购买奔驰汽车的需求。

将需要、欲望和需求加以区分，其重要意义在于阐明一个事实，即营销者无法创造需要，但可以影响欲望，并开发、销售特定的产品和服务来满足欲望。营销者总是通过各种营销手段来影响需求，并根据对需求的预测结果来决定是否进入某一市场。

阅读与思考

老太太与小贩

老太太离开家门，拎着篮子去楼下的菜市场买水果。她来到第一个小贩的水果摊前，问道："这李子怎么样？""我的李子又大又甜，特别好吃。"小贩答。老太太摇了摇头，向另外一个小贩走去，问道："你的李子好吃吗？""我这里有好多种李子，有大的，有小的，有国产的，还有进口的。您要什么样的李子？""我要买酸一点儿的。""我这篮李子又酸又大，咬一口就流口水，您要多少？""来一斤吧。"老太太买完水果，继续在市场中逛。这时她又看到一个小贩的摊上也有李子，又大又圆，非常抢眼，便问水果摊后的小贩："你的李子多少钱一斤？""老太太，您好。您问哪种李子？""我要酸一点儿的。""其他人买李子都要又大又甜的，您为什么要酸的李子呢？""我儿媳妇要生孩子了，想吃酸的。""老太太，您对儿媳妇真体贴，她想吃酸的，证明她一定能给您生个大胖孙子。您要多少？""我再来一斤吧。"老太太被小贩说得很高兴，便又买了一斤李子。小贩一边称李子，一边问老太太："您知道孕妇最需要什么营养吗？""不知道。""孕妇特别需要补充维生素。您知道什么水果含维生素最丰富吗?""不清楚。"猕猴桃有多种维生素,特别适合孕妇。您要给您儿媳妇天天吃猕猴桃,她一高兴,说不定能一下生出一对双胞胎。"是吗?好,那我就再来一斤猕猴桃。""您人真好,谁摊上您这样的婆婆,一定有福气。"小贩开始给老太太称猕猴桃,嘴里也不闲着。"我每天都在这儿摆摊,水果都是当天从批发市场找新鲜的批发来的,您媳妇要是吃好了,您再来。""行。"老太太被小贩夸得高兴,提了水果,一边付账一边应承着。

3个小贩都向老太太兜售自己的李子,他们都围绕老太太的需求进行销售,但销售结果完全不同,为什么?

2. 商品与服务

人们在日常生活中需要各种商品来满足自己的各种需要和欲望。从广义上来说,任何能满足人们某种需要或欲望而进行交换的东西都是商品。

商品这个词在人们心目中的印象是一个实物,例如汽车、手表、面包等。但是,诸如咨询、培训、运输、理发等各种无形服务也属于商品范畴。一般用商品和服务这两个词来区分实体商品和无形商品。在考虑实体商品时,其重要性不仅在于拥有它们,更在于使用它们来满足人们的欲望。人们购买汽车并不是为了观赏,而是因为它可以提供一种被称为交通的服务,所以,实体商品实际上是向人们传送服务的工具。

服务则是一种无形产品,它是将人力和机械的使用应用于人与物的结果。例如,保健医生的健康指导、儿童的钢琴知识教育、汽车驾驶技能的培训等。

当购买者购买商品时,实际上是购买该商品所提供的服务和满意程度。例如,在具有相同的报时功能的手表中,为什么有的消费者偏爱价格高昂的劳力士手表?原因在于它除了基本的报时功能外,还是消费者成功身份的象征。这种由产品和特定图像、符号组合起来表达的承诺,能够帮助消费者对有形产品和无形产品做出购买判断。在很多情况下,符号和无形的产品让消费者感到更有形、更真实。由于人们不是为了商品的实体而买商品,商品的实体是服务的外壳,因此,企业的任务是推销商品实体中所包含的内核——利益或服务,而不能仅限于描述商品的形貌,否则,目光就太短浅了。

3. 价值与满意

消费者通常都面临一大批能满足某一需要的商品,消费者在这些不同商品之间进行选择时,一般都是依据商品所能提供的最大价值而做出购买决定的。这里所谓的价值就是消费者付出与消费者所得之间的比率。一般来说,消费者在获得利益的同时也需要承担成本。消费者所获得的利益包括功能利益和情感利益,而成本则包括金钱、时间、精力以及体力,因此,价值可用以下公式来表达:

$$价值 = \frac{利益}{成本} = \frac{功能利益+情感利益}{金钱成本+时间成本+精力成本+体力成本}$$

企业可以通过这几种方法来提高购买者所得价值：①增加利益；②降低成本；③增加利益同时降低成本；④利益增加幅度比成本增加幅度大；⑤成本降低幅度比利益降低幅度大。

一名顾客在对两件商品进行选择时，这两件商品的价值分别为V1、V2，如果V1与V2相比价值大于1，这名顾客会选择V1；如果比值小于1，他会选择V2；如果比值等于1，他会持中性态度，任选V1或V2。

如果满意解释为顾客通过对某商品可感知的效果与他的价值期望相比较后所形成的愉悦或失望的感觉状态，则满意水平可表示为感知效果与价值期望之间的差异函数，即：

$$满意水平=感知效果-价值期望$$

如果效果超过期望，顾客就会高度满意；如果效果与期望相等，顾客也会满意；但如果效果低于期望，顾客就会不满意。

案例

顾客永远是正确的

旧上海有一家永安公司，以经营百货著称。老板郭乐的经营宗旨是：在商品的花色品种上迎合市场的需要，在售货方式上千方百计地使顾客满意。商场的显眼处用霓虹灯制成英文标语：Customers are always right!（顾客永远是对的！）作为每个营业员必须恪守的准则。为了拢住一批常客，公司实行了这样一些服务方式：一是把为重点顾客送货上门订为一条制度，使得一些富翁成了永安公司的老主顾。二是公司鼓励营业员争取顾客的信任，密切与顾客的关系，对那些"拉"得住顾客的营业员特别器重，不惜酬以重薪和高额奖金。三是公司针对有钱人喜欢讲排场、比阔气、爱虚荣的心理，采取一种凭"折子"购货的赊销方式，顾客到永安公司来购物，不用付现款，只需到存折上记上账。四是争取把一般市民顾客吸引到商店里来。如此四策的实施，使永安公司成为这样一家特殊商店：无论上流社会和一般市民，只要光顾这里，都能满意而归。整个商场整天挤得水泄不通，生意格外红火。

4．交换与交易

需要和欲望只是市场营销活动的序幕，只有通过交换，营销活动才真正发生。交换是提供某种东西作为回报而与他人换取所需东西的行为，它需要满足以下五个条件：

第一，至少要有两方；

第二，每一方都要有对方所需要的有价值的东西；

第三，每一方都要有沟通信息和传递信息的能力；

第四，每一方都可以自由地接受或拒绝对方的交换条件；

第五，每一方都认为同对方的交换是称心如意的。

如果存在上述条件，交换就有可能，市场营销的中心任务就是促成交换。交换的最后一个条件是非常重要的，它是现代市场营销的一种境界，即通过创造性的市场营销，交换双方都达到双赢。

交易是交换的基本单元，是当事人双方的价值交换。或者说，如果交换成功，就有了交易。怎样达成交易是营销界长期关注的焦点，各种各样的营销课题理论实际上都可还原为对这一问题的不同看法。

5. 营销者

前面已经指出，市场营销就是以满足人们各种需要和欲望为目的，通过市场变潜在交换为现实交换的活动。毫无疑问，这种活动是指与市场有关的人类活动。在这种交换活动中，对交换双方来说，如果一方比另一方更积极主动地寻求交换，则前者称为营销者，后者称为潜在顾客。具体来说，营销者就是指希望从他人那里得到资源，并愿以某种有价值的东西作为交换的人。很明显，营销者可以是一个卖主，也可以是一个买方。假如有几个人同时想买某幢漂亮的房子，每个想成为房子主人的人都力图使自己被卖方选中，这些购买者就都在进行营销活动，也都是营销者。

| 课堂讨论 |

通过大数据了解客户需求

知道客户消费需求的相关信息是企业进行有效营销的前提。有一句使用频率颇高的美语口语"Mother knows best"，可译为"妈妈最清楚了"。可是在客户消费行为及需求方面，妈妈也最清楚吗？妈妈知道你通常在杯子里放几个冰块吗？知道你每天擤多少次鼻子吗？知道你在吃椒盐卷饼时，是喜欢先吃碎的，还是先吃整的呢？妈妈未必知道。但那些注重大数据分析的公司，却很可能知道。他们知道客户的需求是什么，也知道客户在什么时间、什么地点、什么场景下有需求，甚至能知道许多连人们自己都不知道的需求。例如，通过大数据分析，可口可乐公司知道美国人平均在一个杯子里放3.2个冰块，在气温39℃时喜欢喝自动售货机里的听装可乐，有100万美国人每天早餐都要喝可口可乐；生产纸面巾的金伯利公司发现美国人每人每年平均要擤256次鼻子；生产吸尘器的胡佛公司发现美国家庭每周平均花35分钟吸尘，每年吸出8磅灰尘，要用6个灰尘袋；至于你在吃椒盐卷饼时是喜欢先吃碎的还是先吃整的，你可以去问一下菲多利公司……这些非常琐碎的事实累积起来，就能为公司制定有效的营销战略提供重要依据。

讨论： 了解客户需求企业就成功了一半，你赞成这种观点吗？

任务二 市场营销的演进过程

一、市场营销学的发展过程

市场营销学是一门实践性较强的应用科学，它的产生与发展经历了形成、应用、变革、发展和现代五个时期，如图1-2所示。

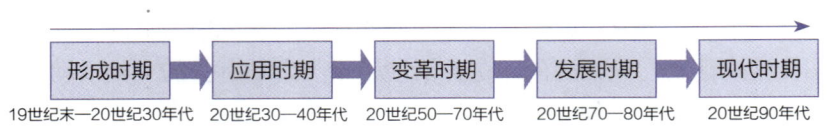

图1-2 市场营销学的发展过程

1. 形成时期

19世纪末到20世纪30年代期间，西方资本主义国家经过工业革命，生产力迅速提高，经济得以迅猛发展，商品需求量迅速增大，当时企业迫切需要解决的主要问题是如何增加生产，满足市场需求。20世纪初，美国一些大企业推行了泰罗的"科学管理法"，企业生产效率得到提高，生产增长速度超过了当时市场需求的增长速度，产品销售进入困境。当时，美国一些市场营销研究先驱深入企业，了解企业实际营销活动，研究广告和推销技巧，试图解决当时生产领域出现的问题。这一时期市场营销学的主要研究内容局限于推销方法和技巧等方面的问题，而且仅限于理论界，并未引起全社会的重视，也未应用于企业营销活动。

2. 应用时期

从20世纪30年代到第二次世界大战结束，是市场营销学的应用时期。1929—1933年，资本主义国家爆发了严重的经济危机，生产过剩，产品大量积压，社会购买力急剧下降，经济出现大萧条。这时，企业开始从关心产量转向关心销售。推销和广告成为企业和市场营销学家们认真思考和研究的课题，市场营销学也从课堂走向了社会实践。学术界和企业界对市场营销学也逐渐重视起来，并初步形成市场营销学的概念和理论体系。这一阶段的市场营销仍局限于产品的推销、广告宣传和推销策略等，并且各种活动仅限于流通领域。

3. 变革时期

20世纪50年代后，随着劳动生产率的大大提高，产品数量激增，产品品种不断增加，市场供过于求的矛盾进一步激化，原有的市场营销理论显然已经不能适应形势发展的需要。

针对这种状况，一些市场营销学家提出了一些新的观点，诸如生产的产品或服务要适应消费需求，营销活动的实质是企业对于动态环境的创造性适应等。这些观点的核心就是以消费者为中心的市场营销观念。这一时期，企业的经营观念逐步从"以生产为中心"转为"以消费者为中心"，市场成了生产过程的起点而不再是终点，营销也就突破了流通领域，延伸到生产过程及售后过程。市场营销理论进入了一个蓬勃发展的新阶段。

4. 发展时期

进入20世纪70年代，市场营销理论更加完善，市场营销学紧密地结合经济学、哲学、心理学、社会学、数学及统计学等学科，成为一门综合性的应用学科，并且出现了许多分支，如消费者行为学、行业市场营销学以及营销管理学等。在这一时期，市场营销领域出现了大量新的概念，市场营销学科也出现分化，营销应用范围得到不断扩展。

5. 现代时期

20世纪90年代后，随着信息时代的来临，互联网技术得到极大发展，市场营销理论也取得了突破性的进展，关系营销、整合营销、网络营销、绿色营销、大数据营销、体验营销、自媒体营销、非营利性组织营销以及营销伦理等新的营销理论与实践相结合，极大地丰富了市场营销学的内涵。

二、市场营销在企业地位中的演变

（一）市场营销在不同行业的扩散

管理大师彼得·德鲁克（Peter Drucker）曾指出，现代企业最重要的职能有两个：一个是创新；另一个就是营销。从企业实践来看，市场营销在不同时期曾引起过不同行业的重视。在美国，最先认识到市场营销重要性的是日用消费品公司，其次是耐用消费品公司，之后是工业设备公司。20世纪80年代以来，服务行业尤其是航空业、银行业等逐渐接受了市场营销的观点。航空公司开始研究顾客对他们所提供的各项服务的态度，包括时刻表的安排、行李的处理、飞行过程中的服务、态度是否友好、座椅是否舒适等。那些开始极力拒绝市场营销的银行家们，后来也逐渐接受了营销观念，并将营销理论应用到银行金融服务之中。互联网出现以后，市场营销又在IT行业得到快速发展，在电子商务、即时通信、搜索引擎和网络游戏等领域市场营销得到广泛应用，形成了有别于传统营销手段的数字化营销。近几十年来，市场营销理念已渗入各国的非营利组织，如学校、博物馆等。市场营销在这些行业中得到不同程度的重视，并得到了不同程度的发展。

（二）推动企业重视市场营销的主要因素

促使国内外企业认识到市场营销重要性的主要因素有以下几个。

1．业绩下滑

业绩下滑往往迫使企业反思自己的经营方法，以积极的态度来接受市场营销理论。例如，当人们将注意力转向网络时，报社马上会觉察报纸发行量的减少。发行人员意识到：过去他们对读者为什么读报以及他们想从报纸上得到什么简直了解得太少。于是，这些发行人员开始进行市场调查，并基于调研结果，重新设计出一种时间性强、内容新颖、能激发读者兴趣的报纸；或者适应大趋势，逐步转型，适时推出适应读者需求的数字化媒体。

2．营销成本过高

营销成本是与营销活动有关的各项费用支出。营销成本主要包括推销人员相关费用、产品推广费用、仓储费用以及运输费用，还包括一些诸如市场调研、营销策划等其他市场营销费用。这些营销成本连同企业的生产成本构成了企业的总成本。营销成本直接影响着企业的利润，因此，企业不仅要通过调整营销策略来控制销售额和市场占有率，同时还要通过调整营销策略来控制营销成本。自小米集团创建以来，高效的线上销售渠道为小米手机的销售节省了大量成本，这使小米手机价格可以定得很低，并快速抢占市场。

3．企业增长缓慢

企业要想成功地识别、评价和选择新机会，必须具备更多的市场营销理论。一些公司达到了其所在行业中的增长极限后，就需要考虑转向新市场或开发新产品。例如，功能手机市场饱和后，要学会向落后国家或地区市场投放产品（市场开发策略），或者要学会适时开发智能手机（产品开发策略）来满足市场需求。

4．消费者行为改变

当今的消费者行为已逐步呈现出移动化、碎片化、场景化的趋势。现在的消费者已经不再局限于在固定的时间、固定的购物场所进行消费，而是转变为随心所欲的全天候、多渠道的消费，消费者可以在任何时间、任何地点、通过任何方式购买他们所喜欢的商品。消费者在智能手机上花费的时间越来越长，消费行为越来越趋向移动化。如今，人人都是自媒体，个个都是消息源，大家的注意力被分散在各个媒体。这种状况加剧了消费碎片化趋势：消费地点的碎片化、消费时间的碎片化以及消费需求的碎片化。很多时候，营销策略要想触动消费者，一定要有匹配的营销场景。营销场景化成为所有企业都需要面对的问题。以瑞典家居企业宜家为代表的一些企业纷纷建立各类体验店就是一个很好的例证。

| 阅读与思考 |

用场景化思维应对年轻人消费行为的改变

伴随改革开放成长起来的90后，乃至新生代00后，他们的消费主张和上代人相比有很大不同。比如，他们收入虽然不高，但消费更随性，更关注品质，更乐于炫耀，这从他们使用的手机品牌及档次就可见一斑。空前发达的社交媒体和冗余的信息传播有时会使这些年轻消费者在进行消费时发生决策困惑。面对纷繁的消费选择，这些年轻的消费人群似乎更关注个性体验。这恰恰给企业提供了一个思路，即企业除了专注产品或服务本身以外，更要传达有情感、有温度的品牌故事，提高消费者的参与度和分享动力，让独特的消费体验成为一种被群体认同的生活方式。企业用最短时间锁定消费者，把单次消费变为黏性重复消费，以独特的场景体验树立自己的品牌形象，逐步培养目标市场群体的消费心智，这是场景化思维在营销策略上应用的重要方向。场景是指为满足特定场合需求而设定的特定支持和保障。场景可分为基于实体资源的原生场景，比如在餐厅吃饭、在学校上课；基于网络的网生场景，如VR（虚拟现实）、直播；基于线上线下对接的融合场景，比如O2O产品或服务。企业需要按照人群在特定场景中的需要来组织、设计、生产和提供产品或服务，并且使制定的营销策略与这种特定的场景匹配，实现场景化营销。

思考：给你印象最深的场景化营销体验是什么？

5. 行业竞争加剧

传统行业内，企业间的竞争正在逐步加剧。此外，正常经营的传统行业有可能会遭到新兴行业竞争对手的冲击。电子商务是当下互联网行业炙手可热的领域，它既是一个市场，也是一种渠道拓展。为了拓展更大的市场，一些企业纷纷涉足电商领域，因此也诞生了许多电商模式，如B2B、B2C、C2C、O2O等，其中O2O已成为中小企业关注的焦点、市场的"宠儿"。受利益驱使，一些电商巨头为了获得稳定的市场地位，不仅进行广告"轰炸"，而且还进行高额价格补贴，对于整个商业环境而言，企业间的竞争在不断加剧。

（三）市场营销职能在企业地位中的变迁

随着企业对市场营销工作认识的不断深化，市场营销职能在企业中的地位也在不断变化。最初，市场营销职能与其他部门的职能同等重要，处于平等的地位，如图1-3（a）所示。在需求不足的情况下，企业管理者意识到市场营销职能比其他部门的职能更重要，如图1-3（b）所示。一些重视市场营销的企业管理者则提出，没有顾客也就意味着企业的消亡，他们将市场营销置于中心位置，而将其他职能当作市场营销的辅助职能，如图1-3（c）所示。一些热心于顾客服务的企业管理者则主张，企业的中心应当是顾客，而不是市场营销，如图1-3（d）所示。随着营销实践的不断发展和市场竞争的不断加剧，越来越多的企业管理者对此达成共识：市场营销部门与其他职能部门不同，它

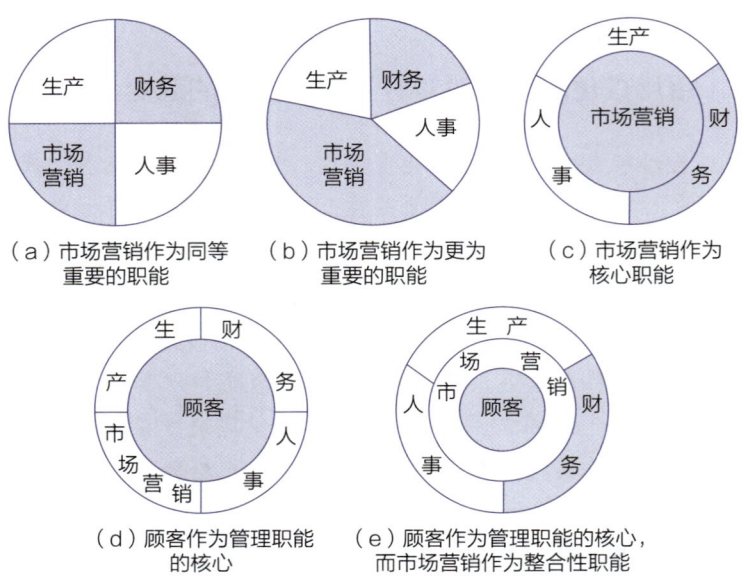

图 1-3 市场营销地位在企业中的变迁

是连接市场需求与企业间的桥梁、纽带,要想有效地满足顾客需求,就必须将市场营销置于企业的中心地位发挥整合性职能,如图1-3(e)所示。

| 课堂讨论 |

康佳公司的营销观念

深圳康佳公司成立于1980年,起初以来料加工的方式销售一些简单的电子钟、收录机,企业经营举步维艰。严峻的市场形势,迫使康佳人从市场出发,选择了电视机作为打开市场的产品。1995年,电视机市场已经被进口品牌和国有老厂的产品挤得水泄不通,一张新面孔挤进去谈何容易。为了寻找生存空间,康佳人坚持市场导向,推出了十几种产品大类、几百个项目的产品,除了通信设备要求通信部门批准入网以外,其他产品都是根据瞬息万变的市场需求及时推出的。每年保证有4个新产品推出市场,同时开发40种新产品,每年新产品产值占总产值的80%以上。康佳前总经理陈伟荣对市场营销观念的理解是:站在市场前沿,充分考虑未来市场需求的发展,及时开发新产品,市场上销售着一种,生产线上生产着一种,开发部里研究着一种,脑子里还构思着一种。

问题:(1)什么是市场营销观念?在市场营销发展中,存在哪些市场营销观念?请简述其内容。

(2)康佳所采取的是什么市场营销观念?为了实现这种营销观念康佳人是如何做的?

(3)二十大报告中提到完善科技创新体系,同学们思考一下,科技创新如何促进市场营销的发展。

任务三 市场营销观念及其演变

市场营销观念是企业开展市场营销工作的指导思想，或者说是企业的经营思想。它集中反映了企业以什么态度和思想方法去看待和处理组织、顾客和社会三者之间的利益关系。市场营销工作的指导思想正确与否对企业经营的成败兴衰具有决定性的意义。

企业市场营销的指导思想是在一定的社会经济环境下形成的，并随着这种环境的变化而变化。当然，指导思想的变化会促使企业的组织结构以及业务经营程序和方法发生调整和改变。一个世纪以来，企业的市场营销观念经历了一个漫长的演变过程，可分为：生产观念、产品观念、推销观念、市场营销观念和客户观念五种不同的观念。

一、生产观念

生产观念是古老的营销观念。生产观念认为，消费者喜欢那些可以随处买得到而且价格低廉的产品，企业应致力于提高生产效率和分销效率，扩大生产、降低成本以扩展市场。生产观念是一种重生产的商业哲学，以产定销的企业活动重点在于有效地利用资源，提高劳动生产率，降低成本，不考虑市场需要。生产观念一般是在卖方市场条件下产生的。在产品供不应求的时代，生产观念在企业经营管理中颇为流行。

迄今为止，生产观念在某些情景之下依然是行之有效的。例如，国内某家电制造企业通过廉价的劳动成本、较高的生产效率和有效的大众分销，在竞争激烈、价格敏感的国内市场上占据垄断地位。

二、产品观念

产品观念认为，消费者偏好那些高质量、多功能和具有创新特点的产品。在奉行这种观念的企业中，市场营销策略往往集中于持续的产品改善。企业在市场营销管理中缺乏远见，它们在设计产品时只依赖工程技术人员而极少让消费者介入，只看到自己的产品质量好，看不到市场需求在变化，因此很可能致使企业经营陷入困境。例如，一些制造商相信如果他们能够"制造出更好的捕鼠器，顾客就会涌上门"。但是，他们常常遭到市场的无情打击。人们可能为灭鼠问题寻求更好的解决之道，但不一定是更好的捕鼠器。更好的解决之道可能是化学喷剂、灭鼠服务或者其他比捕鼠器更好的东西。而且，除非制造商采用有吸引力的设计、包装和定价，选择方便的销售渠道，有效地吸引那些需要它的人们的注意，并说服他们相信自己的产品是有价值的，否则，即使再好的捕鼠器，也可能卖不出去。

三、推销观念

推销观念认为，消费者通常会表现出一种购买惰性，如果不采取强有力的促销手段，消费者就不会购买足够多的产品。推销观念通常适用于非渴求产品——那些在正常情况下，消费者不会主动想到要购买的产品，如保险或奢侈品。推销观念产生于"卖方市场"向"买方市场"过渡的阶段。推销观念虽然促使企业将目光从企业内部转向市场，但其特征仍是只着眼于原有产品的销售。

四、市场营销观念

市场营销观念认为，实现企业目标的关键在于比竞争对手更好地了解目标顾客的需要和欲望，并使顾客感到满意。在市场营销观念的指导下，顾客导向和创造价值是通往销售和利润的必由之路。与以产品为中心的"制造—销售"哲学不同，市场营销观念是以顾客为中心的"感知—反应"哲学，其任务不是为你的产品发现合适的顾客，而是为你的顾客发现恰当的产品。但是在很多情况下，顾客并不清楚自己到底想要什么，甚至可以要什么。企业有时要做的就是在顾客知道自己想去哪里之前，对他们进行引导。

市场营销观念与推销观念是两类本质不同的营销观念，如图1-4所示。

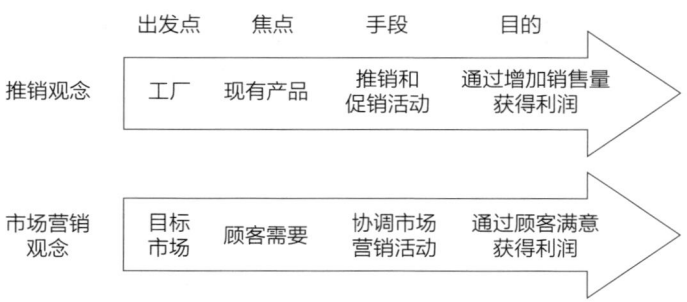

图1-4 市场营销观念与推销观念对比

推销观念采用由内向外的视角：它从工厂出发，侧重企业现有的产品，强调开展推销和促销活动，以实现销售盈利。它强调的是短期销售额，不怎么关注谁在购买以及为什么购买。

市场营销观念采用由外向内的视角：它从市场出发，侧重目标顾客需求，强调实现顾客价值和维护长期顾客关系，以实现销售盈利。它强调的是市场需求，关注谁在购买以及为什么购买。

五、客户观念

客户观念指的是企业根据顾客过去的交易信息、心理活动信息、人口统计信息、媒体使用信息、消费偏好信息等，为每一位顾客提供相应产品或服务，以此确认不同顾客的价值、提升顾客忠诚度、增加顾客的购买量和复购率，从而确保企业的利润持续增长。客户观念与市场营销观念存在一定差别。市场营销观念强调的是企业要满足某个细分市场里的顾客需求，而客户观念强调的是满足每一位顾客各自的特殊需求。简言之，客户观念强调了顾客的中心地位，"顾客就是上帝"。客户观念与上一节提及的市场营销观念都考虑到了顾客，但是这两种观念还是存在着明显差别。市场营销观念强调的是"企业需要考虑到顾客"，但只是强调企业需要考虑到"顾客"，顾客的具体特征、顾客的具体需求并没有得到具体关注。客户观念强调的是"企业需要考虑到每一位顾客"，强调企业需要考虑到每一位顾客的具体特征、每一位顾客的具体需求。市场营销观念的顾客是一个整体，没有差异性和特殊性，而客户观念中的顾客是一个个区别明显的个体，具有差异性和特殊性。

现代营销战略从产品导向转变为顾客导向，企业也更加注重顾客的需求。在实际经营中，企业逐渐发现，不同的细分市场存在不同的特殊需求，即使在相同的细分市场内，顾客也存在不同的特殊需求。因此，为了满足市场需求，进一步提升顾客满意度，企业需要更好地研究顾客需求，并尽最大可能满足每一位顾客的特殊需求。在这个背景下，越来越多企业的营销指导思想从市场营销观念逐步转变为客户观念。要满足每一位顾客的特殊需求并非易事，因此，并不是所有企业都能够顺利将客户观念融入自己的生产经营中。举例来说，房地产企业在建造一个住宅小区时，就面临着顾客的不同需求，有些顾客希望卧室足够大且都要朝南，有些顾客希望卧室够用就行而客厅要足够大，因此企业很难同时满足每一位顾客的每一项特殊需求。客户观念适合针对单个顾客进行服务的企业，这类企业可以针对每一位顾客提供具体化的产品或服务。

六、数字化时代的营销新策略

数字技术的迅猛发展改变了人们的生活方式——人际沟通、信息分享、娱乐和购物。随着智能手机的普及，人们用它来访问社交媒体网站，用它来进行社交沟通、购物、支付，甚至用它来发新年红包。智能手机已成为生活的一部分，消费者已被数字技术所包围。一项研究表明，超过一半的人睡觉时把手机放在枕边——早晨起床后的第一件事就是伸手去拿手机，晚上睡前最后放下的也是手机。

消费者对数字和移动技术的热爱和追逐为营销人员吸引顾客参与提供了沃土。移动互联网、数字技术和社交媒体的发展已给营销界带来了颠覆性的变化。数字和社交媒体营销（digital and social media marketing）涉及运用数字营销工具，诸如网站、社交媒体、商业Wi-Fi、网络视频、电子邮件、微博、微信公众号以及直播平台，随时随地吸引消费者借助他们的电脑、智能手机、平板电脑、网络电视机和其他数字设备参与。如今，几乎所有公司都或多或少地在运用企业网站、视频网站广告、多媒体电子邮件、微博、微信公众号、微信小程序、移动App软件，甚至直播平台进行品牌传播。这些公司不仅建立网站，还将社交和移动媒体整合进营销组合，试图通过这些新媒体来影响消费者，满足消费者的需求。

（一）社交媒体营销策略

社交媒体提供了让人们参与企业品牌活动的机会，已有越来越多的企业将运用社交媒体作为营销组合策略的一部分，有的企业还专门建立了社交媒体营销团队。

互联网增长较快的领域之一就是"社交媒体"，即具有互动性、以社区为主的网络平台。互联网用户可以利用这个平台来建立联系，谈论兴趣爱好，交换信息和内容，包括微博、微信、QQ，以及抖音、快手等短视频平台。

社交网络并非只是人们用来娱乐的形式，它们还对消费者的购买决策施加影响。尤其是当传统的沟通渠道越来越失去吸引力的时候，越来越多的消费者开始在做出购买决策之前参考他人的意见，社交媒体渠道上的意见就会在产品销售中扮演重要的角色。有调查研究显示，超过半数的受访消费者指出社交媒体渠道在手机等电子产品、化妆品和婴儿护理用品这几个类别中，对购买决策的影响很大。

社交网络把权力赋予了消费者，他们的在线交谈对于一个企业的品牌资产具有重要影响，无论是以正面还是负面的方式。因为社交媒体比报纸和电视等传统形式的媒体更难控制，如果消费者讨论的是不利于品牌的内容，那么企业品牌形象就有可能受到负面影响。

随着越来越多的企业采用互联网营销策略，品牌吸引消费者眼球的竞争也更加白热化，他们都在寻求更多的网络传播手段。要利用社交网络来营销就必须改变企业的思维定式。以前的方法集中在对消费者的单向宣传上，而社交网络能建立企业与消费者之间的沟通，架起企业与消费者、消费者与消费者之间的桥梁。通过这种双向沟通，消费者能对企业品牌有更深入的了解，企业也能从中获得有关品牌、产品及服务的反馈。

| 阅读与思考 |

基于4R理论的农产品短视频营销

相比于产品（Product）、价格（Price）、渠道（Place）、宣传（Promotion）的4P理论与消费者（Customer）、成本（Cost）、便利（Convenience）、和沟通（Communication），的4C理论，关联（Relevancy）、反映（Respond）、关系（Relation）和回报（Return）的4R理论更注重关系营销，拓展了顾客的需求，即在满足顾客需求的基础上，还要满足顾客在使用过程中对服务以及其他衍生服务的需求。短视频营销的特点使其具有极大的营销价值，并且与4R理论完美契合，在农产品营销中发挥了巨大作用。

1. 与顾客建立关联

在竞争性市场中，获得顾客的前提是与顾客建立联系。企业需要与顾客形成一种互助互需的关系，短视频创作门槛低，内容制作周期短，成本低，成为企业与顾客建立联系的重要平台。回乡务农或返乡创业的年轻人抓住短视频这一机遇，以"农村，农业和农民"为主题进行内容创作，为其他人展现新时代的农村面貌。短视频时长短，符合现今碎片化节奏；内容信息丰富，如原生态美景、地方特色美食、日常劳作和邻里往来等，满足了一些人对乡村生活的向往。短视频为内容创作者和顾客搭建了沟通交流的桥梁。

2. 了解市场反应，精准营销

短视频具有实时互动性，通过互动了解市场需求。随着生活水平的提高，人们不仅注重吃得饱，更加注重吃得好，人们愿意为高质量的产品付出更高的价格。贴有"绿色""健康""原生态"等标签的产品更容易刺激人们的消费需求。农村自媒体创作者通过拍摄短视频和不定期的直播，向顾客展示自家产品从播种到成熟的生长情况，实现生产过程的透明化，减少买卖双方的信息不对称，刺激潜在顾客的需求。

3. 互动性强

在多变的市场环境中，与顾客建立长期而稳固的关系成为企业抢占市场的关键，经营者要管理与顾客的互动关系，提高顾客忠诚度。短视频平台具有社交媒体的互动属性，点赞、评论和转发都会带来很多流量。部分农村自媒体创作者凭借独特的个人魅力和风格，与顾客建立了长期稳定的关系。

4. 流量转化，实现盈利

对经营者来说，市场营销的真正价值在于其具有为企业带来短期或长期的收入和利润的能力。自短视频兴起以来，短视频平台方一直在进行各种商业变现的探索和尝试，短视频营销变现模式逐渐得到各方认可。农村自媒体创作者前期的短视频是内容分享类视频，随着顾客对产品需求的增加，短视频的内容则以分享类视频为主、产品推销类视频为辅。

思考：
1. 农产品营销中有哪些注意事项？
2. 如何提升短视频内容的吸引力？

（二）移动营销策略

智能手机的兴起推动着移动互联网的快速发展，而移动互联网的出现又给企业营销带来了挑战。随着用户需求的不断变化，智能手机已成为连接企业与用户的重要工具。企业在移动互联网时代需要运用数字化的移动思维与营销策略进行规划，例如，利用移动互联网与客户实时通信；利用用户位置服务、用户消费偏好等信息，向消费者推送有针对性的商务信息，增强企业的传播效果。

移动互联网为消费者网上消费提供便利。有半数以上的智能手机用户在手机上进行过与购物相关的活动——通过App或WAP网站浏览产品信息；通过扫描二维码进行商品价格比较；阅读网上产品评价来指导购物决策；利用App寻找和兑换优惠券；利用App或微信小程序寻找推荐的饭店或外卖，等等。智能手机具有随身携带、始终在线、精准定位、高度个性化的特征，这使它们成为理想的数字化移动营销工具，企业也应将移动营销策略纳入整体营销工作中。

【课后练习】

一、单项选择题

1. 市场营销产生于（　　）。
   A．19世纪末　　　　　　　B．20世纪
   C．"二战"末期　　　　　　D．20世纪50年代
2. "酒香不怕巷子深"是一种（　　）观念。
   A．生产观念　　　　　　　B．产品观念
   C．推销观念　　　　　　　D．社会营销观念
3. 市场营销观念是以（　　）为中心的营销观念。
   A．产品质量　　　　　　　B．产品数量
   C．消费者需求　　　　　　D．推销
4. 企业市场营销观念的根本变革发生在（　　）时期。
   A．生产观念向产品观念转变
   B．产品观念向推销观念转变
   C．推销观念向市场营销观念转变
   D．市场营销观念向社会市场营销观念转变

二、多项选择题

1. 市场营销学的研究对象是企业所实施的以（　　）为主要内容的市场营销活动过程及其客观规律性。
   A．产品　　　　　　　　　B．定价
   C．地点　　　　　　　　　D．促销
2. （　　）是市场营销学的主要内容。
   A．消费者行为　　　　　　B．购买行为
   C．供应商行为　　　　　　D．市场营销机构行为
3. 市场营销理论在我国的传播与发展大致经历了（　　）。
   A．萌芽时期　　　　　　　B．引进时期
   C．传播时期　　　　　　　D．应用与扩展时期

4. 关于市场营销理论的产生背景，下列说法正确的是（   ）。
   A．市场规模迅速扩大　　　　　B．工业生产急剧发展
   C．分销系统发生变化　　　　　D．传统理论面临挑战

三、判断题
   1. 市场营销的框架是在20世纪20年代才形成的。（   ）
   2. 韦尔德首先使用"市场营销"一词，并第一个在课文中采用了这一术语。（   ）
   3. 交换是人们获得自己所需要的某种产品的一种方式。（   ）
   4. 市场营销者可以通过营销活动影响人们的欲望，进而影响人们的需求。（   ）
   5. 人们要想获得所需要的产品，必须通过交换。（   ）

四、简答题
   1. 如何理解市场营销的含义？市场营销与推销有哪些根本区别？
   2. 构成市场营销的核心概念有哪些？
   3. 什么是市场营销观念？传统市场营销观念与现代新型市场营销观念有何区别？
   4. 试述市场营销学的形成与发展过程。
   5. 企业采用社会营销观念指导市场营销活动，将对企业运作产生什么样的影响？
   6. 需求与需要有何不同，企业若把两者混淆将会产生什么不良的后果？
   7. 营销观念是否意味着企业就应当把自己局限于消费者想要满足的那些欲望和需求中来开展营销活动？

项目二

市场营销环境分析

学习目标

1. 了解市场营销宏观环境因素。
2. 了解市场营销微观环境因素。
3. 掌握 SWOT 分析法。

重点与难点

1. 微观环境的构成要素。
2. 宏观环境的构成要素。
3. SWOT 分析法。
4. 运用 SWOT 分析法来分析企业营销环境。

能力目标

1. 能够有效开展市场营销宏观环境分析。
2. 能够有效开展市场营销微观环境分析。
3. 识别市场机会与威胁,学会运用 SWOT 分析法来分析企业的优劣势。

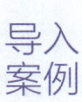

5G技术对企业营销活动的影响

随着我国的综合实力稳步上升，我国开始越来越注重核心科技的掌握和引领，而在移动互联网的大背景之下，不少中国企业也开始转移到核心技术层面，比如说5G技术。那么，5G技术对中国影响大吗？

5G技术发展的最终形态是全面迈入万物互联的时代，而阿里巴巴集团重点研发的"城市大脑"项目，也会迅速推广开来，在城市中的诸多场景，甚至是学校、医院、工厂、剧院等大型公共场所，都可以通过云端技术进行操作，让5G网络的应用遍布生活中的每一个角落。智能家居不再是某个科幻电影中的片段，而是成为习以为常的生活方式，智能汽车的自动驾驶，远程协同操作等技术也将迎来大发展，VR/AR也不再受限于当前的科技力，从而发生巨大的进步。

【案例分析】

请问以5G技术将对企业营销活动产生怎样的影响？

每个企业的营销活动都是在不断发展、变化的社会环境中进行的，它的生存和发展离不开企业的内外部环境。在现代市场经济条件下，企业必须时刻监测营销环境的发展变化，善于分析和识别由于环境变化而带来的机会和威胁，并及时采取相应的对策。

一、市场营销环境的内涵

现代市场营销学非常重视对**市场营销环境**的研究，因为任何企业的**市场营销**活动都不是在真空中进行，而是要受到各种**市场营销环境**的影响。企业的**市场营销**战略计划或是适应**市场营销环境**，使企业的**市场营销**活动能正常、迅速地展开，或是不适应其环境的要求，遭到挫折或失败。正如组织环境的适应理论所指出，企业必须随环境的变化来不断改变自己。也就是说，企业应该像生态系统中的机体一样，随环境的不同变迁而做出与之相适应的反应行为，即制定出适应市场营销环境变化的市场营销战略。

究竟什么是市场营销环境呢？

美国市场营销学家菲利普·科特勒对其作了以下定义："企业的市场营销环境是由企业市场营销管理职能以外的因素和力量组成的，这些因素和力量影响着市场营销管理者，使他们保持和发展同其目标顾客交换的能力。"从科特勒的定义和企业的市场营销实践来看，企业能否获得市场营销活动的成功，不仅受制约于企业外部因素，而且还要受到企业内部因素的影响。因此，简单而言，市场营销环境就是指一切影响和制约企业市场营销决策和实施的内部条件和外部环境的总和。

二、市场营销环境的内容

市场营销环境的内容既广泛又复杂。不同因素对营销活动各个方面的影响和制约不尽相同，相同的因素对不同的企业所产生的影响和制约也会不同。一般来说，市场营销环境主要包括微观营销环境和宏观营销环境，如图2-1所示。

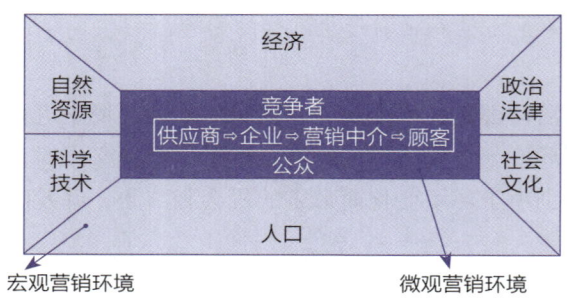

图2-1　企业市场营销环境

1. 微观营销环境

微观营销环境又称直接营销环境，是指与企业紧密相连，直接影响其营销能力的各种参与者，这些参与者包括企业内部因素、供应商、营销中介、顾客、公众及竞争者。

例如，某一企业的原材料供应商，突然减少对某一制造商的供应量，这势必直接影响该企业的生产产量。

2. 宏观营销环境

宏观营销环境又称间接营销环境，是指影响企业微观环境的巨大社会力量，包括人口、经济、政治法律、社会文化、自然资源及科学技术等多方面的因素。如国家的经济发展战略对于一个企业营销活动的影响不是直接的，而是间接的。国家经济发展战略先是影响到社会对一个行业的市场需求，再进一步影响到对这个行业中具体企业产品的需求。对企业来说，它所面临的环境因素影响不可能是单一的，而是由若干环境因素组成的集合系统。该系统呈现多层次、多变性和复杂性的特征，为此，企业对营销环境的分析一定要全面、系统，才能准确把握。

三、市场营销环境特征

市场营销环境的特征可以归纳为以下4个方面。

1．客观性

市场营销环境是除企业营销活动以外、影响营销部门营销绩效的各种因素的总称。它们的存在不以营销部门的意志为转移，具有强制性和不可控制的特点。企业营销管理者虽然能分析营销环境，但无法摆脱环境的约束，也无法控制营销环境，特别是间接的社会力量，更难以把握。企业不可能改变人口总量，也不可能改变社会文化，在客观的环境面前，只能研究它、适应它。

当然，企业可以认识营销环境中存在的机会和不利因素，调整营销策略和企业资源的配置以适应环境的变化。实际上，优秀的企业都能够敏锐识别环境因素带来的机遇和挑战，并做出及时和适当的调整。

2．动态性

营销环境是在不断发生变化的。尽管根据其变化程度的不同，可以分为较稳定的环境、缓慢变化的环境和骤然变化的环境，但变化是绝对的。例如，顾客的消费需求在变，宏观产业结构在调整等。一般来讲，科技、经济、政治与法律因素的变化相对其他因素变化要快些和强些，它们对企业市场营销的影响就相对较短且跳跃性较大，特别是科技因素的变化快且强，它是促使企业技术改造和产品创新的主要动力之一。而自然、社会和人口因素的变化则相对较弱、较慢一些，它们对企业市场营销的影响则相对较长和稳定。随着社会的发展，从总体上说，市场营销环境的变化速度呈加快趋势。每一个企业小系统都与社会大系统处在动态的平衡之中，一旦环境发生变化，平衡便被打破。因此，企业必须积极地适应这种变化，否则就会被市场淘汰。

3．差异性

市场营销环境的差异性不仅表现在不同的企业受不同环境的影响，而且同样一种环境因素的变化对不同企业的影响也不相同。例如，不同的国家、民族、地区之间在人口、经济、社会文化、政治法律、自然地理等各方面存在着广泛的差异性。这些差异性对企业营销活动的影响显然是很不相同的，对某个企业是威胁，对另一个企业而言可能是机会。由于外界环境因素的差异性，企业必须采取不同的营销策略才能应付和适应这种情况。

例如，海湾危机造成国际石油资源市场的供给和需求出现极大的波动，对消耗油料的相关产业，如石化系统的企业影响十分大，而对那些与石油关系不大的企业影响就相对小。

4. 相关性

市场营销环境不是由某个单一的因素决定的，而是受到一系列相关因素的影响。营销环境的相关性是指各环境因素间的相互影响和相互制约，这种相关性表现在两个方面：一方面，某一环境因素的变化，会引起其他因素的互动变化；另一方面，企业营销活动受多种环境因素的共同制约。这些因素相互依存、相互作用和相互制约，形成一个系统。例如，企业开发新产品时，不仅要受到经济因素的影响和制约，还要受到社会文化因素的影响和制约；价格不但受市场供求关系的影响，而且还受到科技进步和国家宏观政策的影响；而企业的产品开发，也要受制于国家环保政策、技术标准、消费者需求特点、竞争者产品、替代品等多种因素。因此，要充分注意各种因素之间的相互作用。

四、市场营销环境的研究方法

市场营销环境通常采用SWOT分析法。所谓SWOT分析法，即基于内外部竞争环境和竞争条件下的态势分析，就是将与研究对象（通常是企业）密切相关的各种主要内部优势S（strengths）、劣势W（weaknesses）和外部的机会O（opportunities）和环境威胁T(threats)等，通过调查列举出来，并依照矩阵形式排列，然后用系统分析的思想，把各种因素相互匹配起来加以分析，从中得出一系列相应的结论，而结论通常带有一定的决策性。运用这种方法，可以对研究对象所处的情景进行全面、系统、准确的研究，从而根据研究结果制定相应的发展战略、计划以及对策等。

1. 环境威胁与市场机会

营销环境的变化不仅会给企业带来威胁，同时也给企业带来了市场机会。企业分析市场营销环境，其意义在于使企业能了解所处的环境状况及预见环境的发展趋势，辨清所处环境给企业带来的各种威胁或机会，从而采取有针对性的营销策略。

（1）环境威胁。指营销环境中出现的不利于企业营销的发展趋势及因素。如：能源危机对汽车行业形成的威胁；限制性法律对烟酒业造成的威胁等。

企业若不能及时对此采取相应的策略，不利趋势将影响企业的市场地位。

（2）市场机会。指营销环境变化中出现的有利于企业发展的趋势或对企业经营赋予吸引力的领域。如：全民健身运动创造的体育用品销售机会；我国法定长假的实施为商业、旅游业、汽车行业等创造的商机。有些机会犹如"昙花一现"，可谓机不可失，时不再来。企业营销人员对商机的把握极为重要。

2. 环境威胁与市场机会的分析与评价

在分析环境威胁与市场机会时，通常运用"环境威胁矩阵图"和"市场机会矩阵图"。

（1）环境威胁矩阵图。营销者对环境威胁的分析主要结合两方面来考虑：一是环境威胁对企业的影响程度；二是环境威胁出现的概率大小，如图2-2所示。

图2-2的4个象限中，象限1是企业必须高度重视的，因为其危害程度大，出现的概

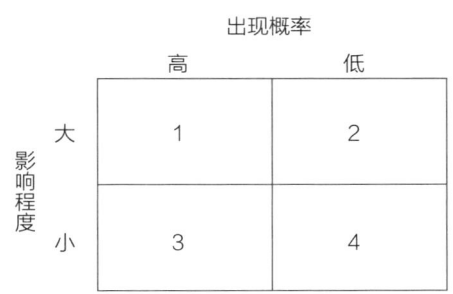

图2-2　环境威胁矩阵图

率高，是企业必须严密监视和预测其变化发展趋势，并及时制定措施来应对的环境因素；象限2和象限3也是企业应当密切关注其发展趋势的环境因素。因为象限2上的因素虽然出现概率低，一旦出现却会给企业营销带来极大的危害，象限3上的因素虽然对企业影响不大，但出现的概率却很高，因此也应当给予关注，随时准备应有的应对措施；象限4上的因素影响程度及出现概率均低，对其只需进行必要的追踪观察以监测其是否有向其他象限因素变化发展的可能。

（2）市场机会矩阵图。有效地捕捉和利用市场机会，是企业营销成功和发展的前提。只要企业能够密切关注营销环境变化带来的市场机会，适时地做出恰当的评价，并结合企业自身的资源和能力，及时将市场机会转化为企业机会，就能够开拓市场、扩大销售，提高企业的市场占有率。

分析评价市场机会主要考虑两个方面：一是市场机会的潜在吸引力大小；二是市场机会带来的成功可能性大小，如图2-3所示。

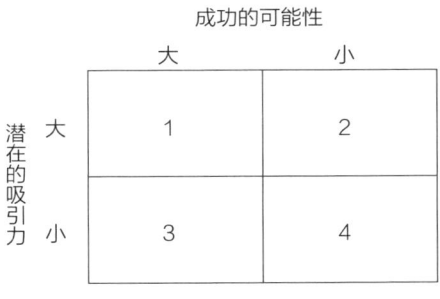

图2-3　市场机会矩阵图

图2-3中的4个象限中,象限1是企业应当特别重视的市场条件,因为其潜在吸引力与成功可能性都较大,是企业应当把握并全力发展的机会;象限2、象限3同样也是企业不可忽视的市场条件,象限2上的机会虽然成功可能性较低,一旦把握住却可以为企业带来巨大的潜在利益,象限3上的机会虽然潜在利益不大,但成功的可能性却很大,因此需要企业的充分关注,并制定相应的营销措施与对策;象限4上的市场条件,潜在吸引力与成功可能性都较低,对企业来说,主要是密切观察其发展变化,积极改善自身条件,审慎地开展营销活动。

(3)综合环境分析。在企业实际面临的客观环境中,单纯的威胁环境与机会环境是极少见的。一般情况下,营销环境都是机会与威胁并存,利益与风险并存的综合环境。

综合上述两个矩阵,不同水平的环境威胁、市场机会与企业共同作用,又可产生4种情况,形成如图2-4所示的环境分析综合评价图。

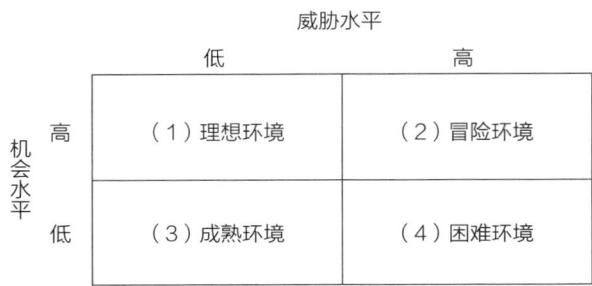

图2-4　环境分析综合评价图

如图2-4所示,企业面临着4种综合环境。

①理想环境,即高机会低威胁环境。这个环境是企业难得的好环境。企业应当及时抓住机遇,开拓市场。

②冒险环境,即高机会高威胁环境。这种环境在存在较大利益的同时还面临着较大的风险,企业必须加强调查研究,进行全面的环境分析,审慎决策,降低风险,争取利益。

③成熟环境,即低机会低威胁环境。这是一种较为平稳的环境。企业一方面要按常规经营、规范管理,正常运营以取得平均利润;另一方面要积蓄力量,为进入理想环境或冒险环境做准备。

④困难环境,即低机会高威胁环境。困难环境里风险大于机会,企业处境困难。企业必须设法扭转局面,果断决策,改变环境或转移目标市场,重新定位以求发展。

面临不同的威胁及机会环境,企业营销部门要制定恰当的营销对策,慎重行事。因为,有需要未必有市场,有市场未必有顾客,或者虽然有顾客时,但目前又未必是一个好市场,种种机会也许是个陷阱,而看上去是陷阱的也许是个好机会。

缺乏科学预测及经验的营销者,对某些领域表面上的机会可能会做出错误的判断,造成不可挽回的损失。所以，对市场机会，还必须深入分析市场机会的性质，以便寻找对自身发展最有利的市场机会。市场机会从性质上看，可分为4种。

①环境市场机会与企业市场机会。市场机会实质上看是"未满足的需求"。伴随着需求的变化与产品生命周期的演变，会有新的市场机会不断涌现，但市场机会对不同企业而言并非都是最佳机会。一般地，理想环境和成熟环境才是企业的最好机会。

②行业市场机会与边缘市场机会。企业通常都有其特定的经营领域，出现在企业经营领域内的市场机会，称之为行业市场机会；出现于不同行业之间的交叉及结合部的市场机会则称之为边缘市场机会。一般讲，边缘市场机会环境的进入难度大于行业市场机会环境，但行业与行业间的边缘地带通常会存在市场空隙，企业可以在这些市场空隙里发挥自己的优势以求得发展。

③目前市场机会与未来市场机会。从环境变化的动态性分析，企业既要注意目前环境变化中的市场机会，也要关注未来、预测未来可能出现的需求及消费倾向，以及时把握未来的市场机会。

④全面市场机会与局部市场机会。市场从其范围来看，有全面的、大范围的市场和局部的、小服务的市场之分。全面的市场机会是在大范围市场上出现的机会（如国际市场、全国性市场等）；局部的市场机会则是指在局部市场上出现的尚未满足的需求。

全面市场机会对各个企业都有普遍意义，因其反映了环境变化的一种普遍趋势；局部市场机会则对有意进入某个特定市场的企业有意义，因为这意味着该市场的变化有区别于其他市场的趋势。

任务二 市场营销宏观环境分析

市场营销宏观环境，是指影响企业市场营销活动的社会性力量和因素。企业及其所处的微观环境，都处在这些宏观力量的控制之下，对企业而言，这些因素一般是不可控制的，只能适应和加以利用。宏观环境包括人口、经济、自然资源、科学技术、政治法律、社会文化六大要素，企业及其微观环境都处在大的宏观环境下，所以它的影响较为广泛。

一、人口环境

人口是构成市场的第一要素。现代市场营销学认为，市场是由具有购买欲望和购买能力的消费群体组成。当企业进入市场时，首先要按某种标准对市场进行细分，然后再确定目标市场。而这种细分实质上就是将消费者群体（即人口）进行划分，因此人口状况成为企业市场营销的主要环境因素。人口的规模、年龄结构、性别结构、地理分布、婚姻状况、出生率、死亡率、人口密度、人口流动性及其文化教育等人口特征，会对市场格局产生深刻的影响，并直接影响企业的市场营销活动和企业的经营管理。对人口状况的研究，是企业成功开展市场营销活动的前提。

1．人口规模

哪里有人，哪里就有衣、食、住、行、用等各种消费需求，人口规模与市场容量有着密切的关系。我国现在人口已达14亿，庞大的人口数量及增长速度使得我国成为世界上较大的潜在市场，这也是国外企业纷纷进入中国市场的原因所在。企业在手舞足蹈之时也应看到，由于人口众多，基本生活资料、基本原材料、运输、能源等的供应出现紧张状况，这会进一步制约企业的市场营销活动。

2．人口分布

人口密度指的是一定时间、一定地区的人数与该地区的面积之比，通常以每平方千米居民人数表示。可以用公式表示：人口密度=该地区的人数/一定的地区面积。我国人口的地理分布极不平衡，东部沿海人口密度大，西部则小；城市人口密度大，农村则小。企业的市场营销工作不仅要考虑到由于地理位置的不同，产生的需求和购买习惯不同，而且还要考虑到目标市场的人口密度大小，以此确定企业产品的流向和流量。总之，人口分布及密度状况对企业的市场细分、目标市场的选择具有重大的意义。

3．人口构成

人口构成对企业市场营销工作极其重要，因为不同的人口构成中，其收入水平、生理需求、生活方式、价值观念不同，需求也不同，就会有不同的市场，而大多产品都是针对某一特定市场展开的。再以年龄结构为例，有婴儿市场、儿童市场、青少年市场、成年人市场、中年人市场、老年人市场。企业可根据各个市场的容量及自身条件，确定自己的目标市场，从而实现企业目标。

4．家庭组成

现代家庭仍是社会的细胞，也是商品采购的基本单位，一个国家或地区家庭单位的多少，直接影响着许多消费品的市场需求量。如家庭数目多，对家电、家具等生活必需品的需求就会大；否则，需求量就小。同时，家庭的变化趋势对企业的市场营销也有重大影响，家庭的变化趋势主要有以下几种。

（1）晚婚。这会导致结婚用品出现高档化的趋势。

（2）子女少。子女减少，一方面使子女在家庭中的消费地位提高，家庭中未成年子女对产品的态度和选择将大大影响父母的购物选择和态度；另一方面随着子女减少，儿童用品生产行业的营销机会在相应减少。

（3）离婚率增高。这将导致对许多居家用品的市场需求增多，同时，对于社会化的家务劳动的需求也在不断增加。

（4）双职工家庭增多。由此引起市场上的方便食品、速冻食品、节省时间的家庭用品以及其他照顾老人、儿童、洗衣、做饭的用品等需求增大，从而为有关行业带来了良好的经营机会。

案例

随着时间的推移，中国市场可能会由于许多不同的消费群体而越来越趋于分化。这些消费群体有都市的单身族、白领、夫妇工作无小孩的家庭和中上层收入者，等等。

例如，都市单身族都崇尚时尚，像听音乐会、看电影，使用高质量的视听系统、电脑信息、网络和软件或是去远足，吃些进口的新鲜、健康食品等。白领的主要消费对象包括个性服饰、去高档餐馆吃饭；她们喜欢的是葡萄酒、威士忌和啤酒。夫妇工作无小孩的家庭，他们的消费对象主要是家庭自助设备、节省劳力型电子产品、送货上门的服务以及方便食品。他们还需要有人替他们做些简单的家务，比如做饭、清洁工作等。收入中上层者会选择去国内的度假区度假，去健康俱乐部、文化中心或是体育中心，外出旅游是他们的主要生活消遣。

二、经济环境

经济环境是指企业市场营销活动所面临的外部社会经济条件，其运行状况和发展趋势会直接或间接地对企业市场营销活动产生影响。经济环境研究一般包括消费者收入与支出、消费者的储蓄和信贷、社会经济发展水平等。

1. 消费者收入

购买力是影响市场形成及其规模大小的决定因素，也是影响企业营销活动的直接经济因素。消费者收入是指消费者个人从各种来源中所得的全部收入，包括消费者个人的工资、退休金、红利、租金、赠予等收入。消费者的购买力来自消费者的收入，但消费者并不是把全部收入都用来购买商品或劳务，购买力只是收入的一部分。为了进一步认识收入还需要了解以下概念。

（1）国民生产总值。它是衡量一个国家经济实力与购买力的重要指标。从国民生产总值的增长幅度，可以了解一个国家经济发展的状况和速度。国民生产总值增长越快，对商品的需求和购买力就越大；反之，就越小。

（2）人均国民收入。它是国民收入总量除以总人口的比值。它表达和反映了一个国家人民生活水平的高低，也在一定程度上决定，商品需求的构成。一般来说，人均收入增长，对商品的需求和购买力就增大；反之，就减小。

（3）个人可支配收入。它是在个人收入中扣除税款和非税性负担后所得的余额，是个人收入中可以用于消费支出或储蓄的部分，构成实际的购买力，是影响消费者需求构成的活跃因素。

（4）个人可任意支配收入。它是在个人可支配收入中减去用于维持个人与家庭生存不可缺少的费用（如房租、水电、食物、衣着等项开支）后的剩余部分。这部分收入是消费需求变化中的活跃因素，也是企业开展营销活动时所要考虑的主要对象。因为这部分收入主要用于满足人们基本生活需要之外的开支，一般用于购买高档耐用消费品、旅游、储蓄等，是影响非生活必需品和服务销售的主要因素。

（5）家庭收入。很多产品是以家庭为基本消费单位的，家庭收入的高低会影响很多产品的市场需求。一般来讲，家庭收入高，对消费品需求大，购买力也大；反之，需求小，购买力也小。

2．消费者支出

随着消费者收入的变化，消费者支出模式也会发生相应的变化，进而影响到消费结构。德国统计学家恩格尔根据长期观察和大量统计资料得出结论：一个家庭越穷，总支出中用于食品的部分越多，食品支出在总支出中的比例，随富裕程度的降低而按几何级数增大。人们把食物支出占总支出的比例称为恩格尔系数。

$$恩格尔系数=食物支出变动百分比/收入变动百分比 \times 100\%$$

恩格尔系数是衡量一个国家、地区、城市、家庭生活水平高低的重要参数。食物开支占总消费量的比例越大，恩格尔系数就越高，生活水平越低；反之，食物开支所占比例越小，恩格尔系数就越小，生活水平越高。

消费结构指消费过程中人们所消耗的各种消费品及服务的构成，即各种消费支出占总支出的比例关系。优化的消费结构是优化产业结构的客观依据，也是企业开展营销活动的基本立足点。我国目前经济发展水平与发达国家相比还有很大差距，特别在广大的农村现行消费中衣、食等必要消费所占比例还相当大，随着社会主义市场经济的进一步发展，以及国家在住房、医疗等制度方面改革的深入，人们的消费模式和消费结构都会发生明显的变化。

3．消费者储蓄和信贷

消费者的购买力还受储蓄和信贷的直接影响。消费者个人收入不可能全部花掉，总有一部分以各种形式储蓄起来，这是一种推迟了的、潜在的购买力。当收入一定时，储蓄越多，显示消费量就越小，而潜在消费量越大；反之，储蓄越少，显示消费量就越大，而潜在消费量越小。另外，储蓄目的的不同，也往往会影响到潜在需求量、消费模式、消费内容、消费发展方向的不同。这就要求企业营销人员在调查、了解储蓄动机与目的的基础上，制定不同的营销策略，为消费者提供有效的产品和劳务。

消费者信贷对购买力的影响也很大。消费者信贷，指消费者凭信用先取得商品的使用权，然后按期归还贷款，以购买商品。信贷消费允许人们购买超过自己现实购买力的商品，创造了更多的需求。我国现阶段的信贷消费还停留在初级阶段，信贷商品基本上局限于住房、汽车等，但较以前已有了较大的发展。

| 课堂讨论 |

讨论如下消费观念

1. 量入为出
2. 用明天的钱圆今天的梦
3. 月光族
4. 前十五天，富翁；后十五天，负翁

4. 社会经济发展水平

企业的市场营销活动还要受到整个国家或地区的经济发展水平的制约。经济发展阶段不同，居民的收入不同，顾客对产品的需求也不一样，从而会在一定程度上影响企业的营销。如在经济发展水平比较高的地区，消费者更注重产品的款式、性能及特色，品质竞争多于价格竞争。而在经济发展水平比较低的地区，消费者往往更注重产品的功能及实用性，价格因素显得比产品品质更为重要。因此，对于不同经济发展水平的地区，企业应采取不同的市场营销策略。另外，经济发展阶段、经济体制、地区与行业发展状况、城市化程度都会给企业的营销活动带来一定的影响。

案例

"口红效应"是指一种有趣的经济现象。每当在经济不景气时，口红的销量反而会直线上升。因为口红是一种相对比较廉价的消费品，在经济不景气的情况下，人们会转向购买比较廉价的产品。口红作为一种"廉价的非必要之物"，对顾客可以起到一种"安慰"的作用，尤其是当柔软润泽的口红接触嘴唇的那一刻。

经济的衰退会让一些人的收入降低，这样他们很难攒钱去做一些"大事"，如买房、买车、出国旅游等，一般来说，奢侈品的销量在经济萧条时很低，这样人们手中反而会出现一些"小闲钱"，正好购买一些"廉价的非必要之物"。

三、自然环境

从企业市场营销的角度看，自然环境主要是指影响企业市场营销活动的自然物质环境。自然环境是企业赖以生存的基本环境，自然环境的优劣不仅影响到企业的生产经营活动，而且影响一个国家或地区的经济结构和发展水平，还有经济环境和人口环境等均会受到连带影响。因此，企业必须密切关注自然环境的变化。

1．自然资源短缺

我国地大物博，资源丰富，许多金属和非金属矿产资源的绝对量名列世界前茅。但是由于我国人口约占世界人口的五分之一，14亿的人口使人均占有明显不足，资源短缺。以水资源为例，我国水资源的总量在世界居第一位，而人均量却只相当于世界人均占有量的四分之一，许多大、中城市还被用水问题困扰。同样，由于资源的短缺，企业的生产经营也出现了难题，原材料供应不足，产品成本剧增。针对这些情况，要求企业努力完善产品的设计，进行技术改造，尽力降低原材料和燃料动力等资源的消耗，减少浪费，提高资源的利用效率，用同样的资源生产出更多更好、能满足人们生产和生活需要的产品。另外，企业还可以开发利用新的资源，研究和生产代用品，增强市场竞争力。

2．自然环境污染

自然环境的污染问题日益严重。例如，部分工业发达国家，其工业废物的排放量约占世界废物排放量的一半以上。我国属发展中国家，工业"三废"（废水、废气、废渣）对自然环境也造成了严重污染，给人们的生产、生活带来了极大的威胁。世界各国政府、人民群众、新闻舆论纷纷指责污染的危害性，面对压力，部分企业不得不采取措施控制和消除污染，从而增加了生产成本，加大了市场营销的难度，与此同时，却给生产控制污染设备的企业打开了市场，带来市场机会。

3．自然资源的管理和干预加强

资源的短缺和环境污染，势必引起政府对自然资源的干预。虽然这种干预很有必要，但是往往又会同企业的经济效益和增长政策产生矛盾。因此，一方面，要尽力做好工作，力争既保护管理好资源，又保证企业的经济增长；另一方面，企业要制定相应的市场营销策略，研究开发新的生产技术，既提高资源利用率，又能减少环境污染。

四、科学技术环境

科学技术是第一生产力，作为一种特殊的生产力要素，它无时无刻不改变着人类的生活、生产，推动着社会的进步。蒸汽机、纺织机及与此联系的机器制造技术曾牵引历史由农业经济社会进入工业经济社会；化工、电力、内燃机技术曾加速工业经济社会历史车轮的旋转，并创造出两个世纪的辉煌，即汽车、火车、飞机、轮船、电灯等无数的发明被创造出来；人类利用机器将自然资源转化为物质财富的能力空前提高，工业经济社会巨大的生产力为人类带来无穷无尽的享受。20世纪中叶以来，以电子计算机为代表的微电子技术，以及光导纤维、生物工程、新材料、新能源、空间技术、海洋技术等技术群的产生与发展，即将把历史的列车牵引到一个新的经济时代——知识经济时代。作为企业的市场营销，亟须与科学技术紧密联系，每一个企业都应密切关注技术环境的新变动，随时调整市场营销策略。科学技术进步给市场营销主要带来了以下几个方面的影响。

1．产品生命周期缩短

据有关资料表明，近50年人类的各种新发明、新发现比过去2000年的总和还要多，到2010年，人类拥有或掌握的知识就占2050年时知识总量的10%。与此同时，新技术、新产品的更新速度越来越快，据有关资料显示，最近20年推出的一些工业技术，到20世纪90年代中期已有30%过时，尤其是电子行业，有50%过时。科研成果转化为产品的周期，在18世纪大约要100年，在19世纪是50年，到第二次世界大战是30年，二战后为7年，近几年是3～5年，甚至2～3年就可以变成产品。在当代科学技术迅速发展、消费需求变化加快、市场竞争激烈的情况下，企业要持续不断地发展壮大，就必须不断地推出**新产品，更新换代**，以适应产品生命周期日益缩短的趋势。

2．产品的科学技术含量提高

随着科技的进步，市场上畅销的产品都是科技含量较高的产品，如新式计算机、移动电话、电子报纸、信息数码相机等。高新技术产品问世之后，由于公众一时难以认识和认可，企业市场营销就担负起向公众传播知识的任务，正如目前兴起的学习型市场营销。

3．竞争愈加激烈

每一种新技术都会给某些行业造成新的市场营销机会，并由此产生新的行业；而同时也会给某些企业或行业造成环境威胁，使行业受到冲击，以至被淘汰。例如，电子技术的进步，晶体管的发明，产生了晶体管业，从而取代了电子管业；集成电路的发明，又对晶体管的生产和经营产生了极大的威胁。因此，企业如果不对新技术的发展、变化进行密切关注，就可能遭到"灭顶之灾"。同时，经济的全球化、网络化趋势使企业间的竞争范围大大拓宽。

4．新技术革命对人们的消费习惯产生冲击

新技术革命，特别是互联网的发展，使网上购物成为时尚，人们只要坐在家里，便可以从网络上获取大量信息，直接向生产者订货。这样对企业原有销售渠道是一个沉重的打击。科技的快速发展要求企业不断调整自己的市场营销战略，唯有如此才能跟上时代的步伐，才能在未来激烈的市场竞争中占有一席之地。

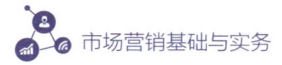

案例

海底捞与万达影院的微信营销

作为国内口碑较好的餐饮连锁服务机构之一，海底捞是较早试水O2O（Online To Offline，线上到线下）营销的餐饮连锁服务企业之一。用户一关注海底捞的微信公众号，就会收到一条关于发送图片可以在海底捞门店等位区现场免费制作、打印美图照片的消息。通过微信，用户可预订座位、要求门店送餐上门，甚至可以在商城选购底料。用户订外卖只需输入送货信息，就可以坐等美食送到嘴边！最后，加上线下优质的服务配合，用户还可以享受"微信价"。据悉，海底捞每日通过微信公众号收到的订餐量高达100万单。

用户关注万达影院的微信公众号，就可以轻松实现在线预订、在线选座、查询热映影片和待上映影片等信息，实现足不出户轻松预订。试想一下，你和朋友在附近吃饭时突然想看电影了，便可掏出手机订票、选座，吃完饭可以不慌不忙地过去，不用排队，不用担心没票，也不用担心座位不好。万达影院的微信公众号还会不定期地针对会员做一些活动，以增强其黏性。例如，用户关注其微信公众号可"一分钱"看电影（限场次），还有赠送的可乐、爆米花等。

对万达影院而言，闲时的空位不如拿出来回馈会员，这种回馈也为万达影院带来了非常理想的效果，使其微信渠道的日均出票数明显增多。

五、政治法律环境

政治法律环境是影响企业营销的重要宏观环境因素，包括政治环境和法律环境。政治环境引导着企业营销活动的方向，法律环境则是规定企业经营活动的行为准则。政治和法律相互联系，共同对企业的市场营销活动产生影响和发挥作用。

1. 政治环境

政治环境指企业市场营销活动的外部政治形势。一个国家的政局稳定与否，会给企业的营销活动带来重大的影响。如果政局稳定，人民安居乐业，就会给企业造成良好的营销环境。相反，政局动荡、社会矛盾尖锐、秩序混乱，就会影响经济发展和人们的购买力。所以企业在对外营销活动中，一定要考虑东道国政局变动和社会稳定情况可能造成的影响。政治环境可具体表现为国家政府所制定的方针政策，如人口政策、能源政策、物价政策、财政政策、金融与货币政策等，这些政策都会对企业的营销活动造成影响。例如，国家通过降低利率来鼓励消费，通过征收个人收入调节税调节消费者收入，从而影响消费者的购买力来影响消费者需求；通过增加产品税（如香烟、酒）来抑制消费者的消费需求。

2. 法律环境

法律环境是指国家或地方政府所颁布的各项法规、法令和条例等，它是企业营销活动的准则，企业只有依法进行各种营销活动，才能受到国家法律的有效保护。企业一方面要严格依法经营，另一方面也可以运用法律手段来保障自身的权益。法律环境能调节市场供求的形成和实现。例如，国家颁布了对中国房地产市场进行管理的一系列法律、法规，对房地产市场供求起很大的调控作用。对从事国际营销活动的企业来说，不仅要遵守本国的法律制度，还要了解国外的法律制度和有关的国际法律、惯例和准则。如日本政府规定，任何外国公司进入日本市场，必须找一个日本公司合伙，以此来限制外国企业的进入。

六、社会文化环境

任何企业都处在一定的社会文化中，它的经营活动必然要受到社会文化的影响和制约。社会文化环境主要包括影响社会的基本价值观念、偏好和行为的风俗习惯和其他因素。社会文化对生活于其中的人们的行为有着潜移默化的影响，它体现着一个国家或地区的社会文明程度。作为影响企业市场营销活动的社会文化环境，通常包括在一定社会形态下的教育水平、风俗习惯、价值观念等。

1. 教育水平

教育水平反映并影响着社会生产力、生产关系和经济状况，对企业的市场营销调研、目标市场选择、促销方式和产品形式等均有重大影响。处于不同国家和地区的消费者，对产品的要求不同，因而决定企业选择的目标市场也就不同。例如，教育水平的不同决定企业市场营销调研时须针对不同情况采取不同方法。在受教育程度高的国家和地区，可就地雇用调研人员或委托当地的调研公司或机构完成具体项目，而在受教育程度较低的国家或地区，企业开展调研要有充分的人员准备和适当的方法。

2. 风俗习惯

不同的国家，不同的民族，有着不同的风俗习惯。一般而言，风俗是指世代相袭固化而成的一种风尚，习惯则指由于重复或练习而巩固下来的并变成需要的行动方式，两者合称习俗。各地习俗要求市场营销必须有针对性，提供适当的产品。同时，习俗也给厂家提供了机会，可以说，当今假日经济的火热与各地习惯有着密切联系。

例如，在饮食方面，我国的云贵川地区喜辣，江浙地区喜甜，山西喜酸，广东喜鲜，各具特色。人们在新年前夕要购买各种食品、礼品、贴春联进行庆祝；而在西方国

家，人们每逢12月25日圣诞节前，就购买圣诞树、食品，欢度圣诞节。

| 阅读与思考 |

抖音正能量，让中国文化走出去

2020年，抖音国际版TikTok备受大众欢迎。数据分析平台发布的数据显示，抖音和TikTok在全球App Store和Google Play的总下载量突破20亿次，创出历史最高纪录。从之前达到15亿次下载量到现在超过20亿次，抖音和TikTok仅仅花了5个月时间。

其中，主打国际市场的TikTok在2020年第一季度的下载量达到3.15亿次，创下全球任意一款App的单季下载纪录，也刷新了它自己在2018年第四季度创下的2.057亿次下载的世界纪录，环比大增近60%。仅2月，它就实现了1.13亿次的下载量。

纵观近些年我国文化"出海"，其载体随着技术的变化而不断迭代。有以孔子学院为代表的"学院派"文化"出海"，还有以全聚德、西少爷和庆丰包子铺等为代表的餐饮品牌"出海"。现在短视频同样成为文化输出的载体。TikTok在商业上的成功之外，大家更愿意看到这款App在国际化的过程中被赋予更多的社会价值，肩负输出我国优秀文化的重任。

思考：
1. 抖音是如何打入国际市场的？
2. 你还知道哪些成功进入国际市场的中国品牌？

3．价值观念

价值观念是指人们对社会生活中各种事情的态度和看法。在不同的国家或民族之间，甚至是同一国家或民族的不同群体之间，人们的价值观念可能迥然不同。不同的价值观，影响着人们的消费需求和消费行为，企业的市场营销就要采取不同的策略。

任务三 市场营销微观环境分析

企业的微观营销环境主要是指与企业市场营销活动直接相关的组织和力量。构成微观环境的主要因素有企业内部、供应商、营销中介、顾客、竞争者和公众等。

一、企业内部

企业开展营销活动首先要充分考虑到企业内部的环境力量。企业内部设立了管理、行政、财务、研发、采购、生产、营销等诸多部门。营销部门又由品牌、管理、营销研究人员、广告及促销专家、销售经理及销售代表等组成。

企业营销部门与企业其他业务部门之间既有多方面的合作，也存在争取资源方面的矛盾，所以在制订营销计划、开展营销活动时，必须考虑到与企业其他各部门的合作和协调。现代企业管理没有协调就难以避免内部摩擦与消耗，因此，如何通过内部有效沟通，协调好企业的各职能部门和营销管理系统的内部关系，就成为营造良好微观环境，更好地实现营销计划的关键。

另外，企业所拥有的人、财、物等各方面的资源对企业的营销过程和营销效果的影响也是深远的，如企业的特殊资源、企业家的素质、员工素质、企业文化、企业制度等。面对相同的外部环境，不同企业的营销活动所取得的效果往往不一样，这是因为它们有着不同的内部环境。在内部各环境要素中，人员是企业营销策略的确定者与执行者，是企业重要的资源；企业管理水平的高低、规章制度的优劣决定着企业营销机制的工作效率；资金状况与厂房设备等条件是企业进行一切营销活动的物质基础，这些物质条件的状况决定了企业营销活动的规模。此外，企业文化和企业组织结构是两个需要格外注意的内部环境要素。

二、供应商

供应商是指向企业及其竞争者提供生产产品和服务所需资源的企业和个人。供应商所提供的资源主要包括原材料、设备、能源、劳务、资金等。这些资源的变化直接影响到企业产品的产量、质量及利润，从而影响企业营销计划和营销目标的完成。供应商对企业营销活动的影响主要表现在以下几个方面。

1. 供货的稳定性

原材料、零部件、能源及机器设备等货源的保证，是企业营销活动顺利进行的前提。例如，葡萄酒厂不仅需要葡萄等原料来进行酿造加工，还需要设备、能源等其他生产要素，任何一个环节在供应上出了问题，都会导致企业的生产与经营活动无法正常开展。因此，企业必须和供应商保持密切的联系，及时了解和掌握供应商的变化和动态，使货源的供应在数量上、时间上和连续性上能得到切实的保证。

2. 供货的价格

供货的价格直接影响企业的成本。供应物资的价格变动会影响企业的产品成本的变化，如果供应商提高原材料价格，生产企业也被迫提高其产品价格，由此可能影响到企业的销售量和利润。

3. 供货的质量

供货物资的质量直接影响到企业产品的质量，进一步会影响到销售量、利润及企业的信誉。一方面，是供应商提供的商品本身的质量，如果提供的货物质量不高，或有这样那样的问题，那么，企业所生产出来的产品就不可能是高质量的产品。另一方面，供货的质量还包括各种售前和售后服务水平，如有的机械设备需要有优良的维修服务保障，才能保证机器设备本身的质量水平。

三、营销中介

企业向顾客和用户提供产品和服务，一般离不开营销中介转售、促销和提供营销服务，营销中介提供的服务主要有储存、保险、运输、广告、咨询等。营销中介既可以为某一企业提供中介服务，也可以为具有竞争关系的若干企业提供中介服务。除了拥有完整营销体系的少数大公司，在一般情况下，与营销企业合作的营销中介越多，中介服务能力越强；营销中介的分布越广泛、合理，营销企业对微观环境的适应性和利用能力就越强。营销中介一般包括中间商、实体分配公司、营销服务机构和金融机构。

1. 中间商

中间商是协助企业寻找顾客或直接与顾客交易的商业性企业或者个人。中间商可分为两类：代理中间商和买卖中间商。代理中间商有代理商、经纪人和生产商代表。他们专门介绍客户或与客户磋商交易合同，但并不拥有商品所有权。买卖中间商又称经销中间商，主要有批发商、零售商和其他再售商。他们购买商品，拥有商品所有权，再售商品。中间商对企业产品从生产领域流向消费领域具有极其重要的影响。中间商由于与目标顾客直接打交道，因而他的销售效率、服务质量就直接影响到企业的产品销售。因此，必须选择使用合适的中间商。在与中间商建立合作关系后，要随时了解和掌握其经营活动，并可采取一些激励性合作措施，推动其业务活动的开展，而当中间商不能履行其职责或市场环境变化时，企业应及时解除与中间商的合作关系。

2. 实体分配公司

实体分配公司主要是指储运公司，它是协助厂商储存货物并把货物从产地运送到目的地的专业企业。仓储公司提供的服务可以是针对生产出来的产品，也可以是针对原材料及零部件。一般情况下，企业只有在建立自己的销售渠道时，才会主要依靠仓储公司。在委托中间商销售产品的场合，仓储服务往往由中间商去承担，仓储公司储存并保管要运送到下一站的货物。运输公司包括铁路、公路、航空、货轮等货运公司，生产企业主要通过权衡成本、速度和安全等因素，来选择成本效益最佳的货运方式。因此，仓储公司的作用在于帮助企业创造时空效益。

3. 营销服务机构

营销服务机构主要有营销调研公司、广告公司、传播媒介公司和营销咨询公司等，范围比较广泛，主要是帮助生产企业向恰当的市场推出和促销其产品。如今大多数企业都要借助这些服务机构来开展营销活动，如请广告公司制作产品广告、依靠传播媒介公司传播信息等。企业选择这些服务机构时，须对他们所提供的服务、质量、创造力等方面进行评估，并定期考核其业绩，及时替换那些不具有预期服务水平和效果的机构，这样才能提高经济效益。

4. 金融机构

金融机构包括银行、信用公司、保险公司和其他协助融资或保障货物的购买与销售风险的公司。在现代经济生活中，企业与金融机构有着不可分割的联系，如企业间的财务往来要通过银行账户进行结算，企业财产和货物要通过保险公司进行投保等。银行的贷款利率上升或是保险公司的保险金额上升，会使企业的营销活动受到影响；信贷来源受到限制会使企业处于困境，诸如此类的情况都将直接影响到企业的日常运转。因此，企业必须与金融机构建立密切的关系，以保证企业资金渠道的畅通。

四、顾客

企业的营销活动应以满足顾客的需要为中心，顾客是企业产品及服务的对象，也是影响企业营销的重要力量，任何企业的产品和服务，得到了顾客的认可就取得了市场。所以，分析顾客的心理、了解顾客对企业产品的态度是企业营销管理的核心。

一般来说，企业的顾客来自5种市场。

（1）消费者市场。消费者市场是指由为了个人消费而购买的个人和家庭所构成的市场。

（2）生产者市场。生产者市场是指由为了生产、取得利润而购买的个人和企业所构成的市场。

（4）中间商市场。中间商市场是指由为了转卖、取得利润而购买的批发商和零售商所构成的市场。

（4）政府市场。政府市场是指由为了履行职责而购买的政府机构所构成的市场。

（5）国际市场。国际市场是指由国外的消费者、生产者、中间商、政府机构等所构成的市场。

上述5种市场的需求各不相同，要求企业以不同的方式提供产品或服务，他们的需求欲望和偏好直接影响到企业营销决策的制定。而对于顾客而言，营销者主要分析顾客的数量、购买力、需求特点和购买行为等内容。

五、竞争者

竞争是商品经济的基本特性，只要存在着商品生产和商品交换，就必然存在着竞争。企业在目标市场进行营销活动的过程中，不可避免地会遇到竞争者或竞争对手的挑战。因为只有一个企业垄断整个目标市场的情况是很少出现的，即使一个企业已经垄断了整个目标市场，竞争对手仍然有可能想参与进来。只要存在着需求向替代品转移的可能性，潜在的竞争对手就会出现。竞争者的营销战略及营销活动的变化，会直接影响到企业的营销。例如，竞争对手的价格、广告宣传、促销手段的变化，新产品的开发，售前、售后服务的加强等，都将直接对企业造成威胁，因而企业必须密切注视竞争者的任何细微变化，并做出相应的对策。

迈克尔·波特从竞争的角度提出有5种力量决定了一个市场或细分市场的长期内在吸引力。这5种力量是供应商的议价能力、购买者的议价能力、潜在竞争者进入的能力、替代品的替代能力、行业内竞争者现在的竞争能力。5种力量的不同组合变化，最终影响行业利润潜力的变化。

1．供应商的议价能力

供方主要通过其提高投入要素价格与降低单位价值质量的能力，来影响行业中现有企业的盈利能力与产品竞争力。供方力量的强弱主要取决于他们所提供给买主的是什么投入要素，当供方所提供的投入要素的价值构成了买主产品总成本的较大比例、对买主产品生产过程非常重要，或者严重影响买主产品的质量时，供方对于买主的潜在讨价还价力量就大大增强。一般来说，满足以下条件的供方集团会具有比较强大的讨价还价力量。

（1）供方行业为一些具有比较稳固市场地位而不受市场激烈竞争困扰的企业所控制，其产品的买主很多，以至于单个买主都不可能成为供方的重要客户。

（2）供方各企业的产品各具有一定特色，以至于买主难以转换或转换成本太高，或者很难找到可与供方企业产品相竞争的替代品。

2．购买者的议价能力

购买者主要通过其压价与要求提供较高的产品或服务质量的能力，来影响行业中现有企业的盈利能力。一般来说，满足以下条件的购买者可能具有较强的讨价还价力量。

（1）购买者的总数较少，而每个购买者的购买量较大，占了卖方销售量的很大比例。

（2）卖方行业由大量相对来说规模较小的企业组成。

（3）购买者所购买的基本上是一种标准化产品，同时向多个卖主购买产品在经济上也完全可行。

3．潜在竞争者进入的能力

潜在竞争者在给行业带来新生产能力、新资源的同时，也希望在已被现有企业瓜分完毕的市场中赢得一席之地，这就有可能会与现有企业发生原材料与市场份额的竞争，最终导致行业中现有企业盈利水平降低，严重的还有可能危及这些企业的生存。竞争者产生威胁的严重程度取决于两方面的因素，这就是进入新领域的障碍大小与预期现有企业对于进入者的反应情况。

4．替代品的替代能力

两个处于同行业或不同行业中的企业，可能会由于所生产的产品是互为替代品，从而在他们之间产生相互竞争行为，这种源自于替代品的竞争会以各种形式影响行业中现有企业的竞争战略。首先，现有企业产品售价及获利潜力的提高，将由于存在着能被用户方便接受的替代品而受到限制；第二，由于替代品生产者的侵入，使得现有企业必须提高产品质量，或者通过降低成本来降低售价，或者使其产品具有特色，否则其销量与利润增长的目标就有可能受挫；第三，源自替代品生产者的竞争强度，受产品买主转换成本高低的影响。总之，替代品价格越低、质量越好、用户转换成本越低，其所能产生的竞争压力就越强；这种来自替代品生产者的竞争压力的强度，可以具体通过考察替代品销售增长率、替代品厂家生产能力与盈利扩张情况来加以描述。

5．行业内竞争者现在的竞争能力

大部分行业中的企业，相互之间的利益都是紧密联系在一起的，作为企业整体战略一部分的各企业竞争战略，其目标都在于使得自己的企业获得相对于竞争对手的优势，所以，在实施中就必然会产生冲突与对抗现象，这些冲突与对抗就构成了现有企业之间的竞争。现有企业之间的竞争常常表现在价格、广告、产品介绍、售后服务等方面，其竞争强度与许多因素有关。

一般来说，出现下述情况将意味着行业中现有企业之间竞争的加剧，这就是：行业进入门槛较低，势均力敌的竞争对手较多，竞争参与者范围广泛；市场趋于成熟，产品需求增长缓慢；竞争者企图采用降价等手段促销；竞争者提供几乎相同的产品或服务，用户转换成本很低；一个战略行动如果取得成功，其收入相当可观；行业外部实力强大的公司在接收了行业中实力薄弱企业后，发起进攻性行动，结果使得刚被接收的企业成为市场的主要竞争者；退出障碍较大，即退出竞争要比继续参与竞争代价更高。在这里，退出障碍主要受经济、战略、感情及社会政治关系等方面的影响。

根据上面对于5种竞争力量的描述可以看出，每个企业都必须认真研究，明确自己的主要竞争对手，了解竞争对手的主要策略及双方的实力对比情况，这样才能知己知彼，扬长避短，在竞争中取胜。

六、公众

公众是指对企业完成营销目标的能力有着实际或者潜在利益关系和影响力的群众或

个人。公众对企业的态度会对企业的营销活动产生巨大影响，它既可能有助于增强企业实现自己营销目标的能力，也可能妨碍这种能力，所以企业必须采取一定措施，成功地处理与公众的关系，争取公众的支持和偏爱，为自己营造和谐宽松的营销环境。企业面临的公众主要有以下几类。

1．金融公众

指那些关心和影响企业取得资金能力的集团，包括银行、投资公司、证券公司、保险公司等。金融公众对企业的融资能力有着重要影响。

2．媒介公众

指那些联系企业和外界的大众媒介，包括报纸、杂志、电视合、电台等。他们掌握传媒工具，有着广泛的社会关系，能直接影响到社会舆论对企业的认识和评价。

3．政府公众

指与企业经营活动有关的各级政府机构部门、企业，在开展营销活动时，必须认真研究政府政策方针与措施的发展变化情况，从中把握对企业营销的限制与机遇。

4．社会组织

指与企业营销活动有关的非政府机构，如消费者协会、保护环境团体等。企业营销涉及社会各方面的利益，来自社会组织的意见、建议对企业营销决策有着十分重要的影响。

5．地方公众

指企业周围居民和团体组织，他们对企业的态度会影响企业的营销活动。

6．内部公众

指企业内部全体员工，包括领导（董事长）、经理、管理人员、职工，处理好内部公众关系是搞好外部公众关系的前提。

【课后练习】

一、单项选择题

1．根据不同（　　）水平，可以推测对高档耐用消费品或服务的需求状况。

　　A．居民的年人均收入　　　　B．年人均国民收入

　　C．可任意支配收入　　　　　D．居民储蓄收入

2．（　　）是指消费者个人收入中扣除生活必要支出、储蓄和税金的余额。

　　A．个人全部收入　　　　　　B．个人可支配收入

C．个人可任意支配收入　　　　D．人均国民收入

3. 食物开支占总消费数量的比重越大，则（　　）。

   A．恩格尔系数越高，生活水平越低　　B．恩格尔系数越高，生活水平越高

   C．恩格尔系数越低，生活水平越高　　D．恩格尔系数越低，生活水平越低

4. 恩格尔系数越高，表明（　　）。

   A．生活水平越高　　　　　　B．生活水平越低

   C．生活水平越稳定　　　　　D．生活水平越波动

5. 企业不能控制但必须适应的外部力量是（　　）。

   A．供应者　　　B．营销中介　　　C．宏观环境　　　D．竞争者

6. 我国人口文化教育结构的特征是（　　）。

   A．人口结构老龄化，银色市场成规模

   B．教育支出占消费总支出的比例递增

   C．妇女文化素质不断提高，但各地区发展不平衡

   D．全民文化素质不断提高，但各地区发展不平衡

7. （　　）发展对企业的生存发展来说，既是一种新产品的"创造性力量"，又是一种淘汰老产品的"毁灭性力量"。

   A．自然生态　　　　　　　B．政治法律

   C．科学技术　　　　　　　D．社会文化

8. 对需求弹性较大的消费有很大影响的是（　　）。

   A．年人均国民收入　　　　B．居民的年人均收入

   C．居民储蓄状况　　　　　D．可任意支配收入

二、多项选择题

1. 企业市场营销中的竞争者包括（　　）。

   A．愿望竞争者　　　B．一般竞争者　　　C．产品形式竞争者

   D．价格竞争者　　　E．品牌竞争者

2. 企业市场营销中的宏观环境包括（　　）。

   A．人口和经济环境　　B．自然和技术环境　　C．政治和法律环境

   D．社会和文化环境　　E．竞争和公众环境

3. 属于企业市场营销的微观环境的因素有（　　）。

   A．科技　　　　　　B．竞争者　　　　　　C．公众

   D．营销中介　　　　E．经济

三、判断题

1. 宏观环境因素是企业在一定程度上能够控制的因素。　　　　　　　　　　（　　）

2. 市场是由人组成的，但人不是市场营销活动中所需研究的最重要的部分。（　　）

3. 在人数不变的情况下，人口越多，需求量越大；反之，需求量越小。　　（　）
4. 一定时期内，居民储蓄存款较少会推迟购买力的实现而使目前消费支出减少。
　　　　　　　　　　　　　　　　　　　　　　　　　　　　　　　（　）
5. 随着家庭收入的增加，用于购买食品的支出的比重会下降。　　　（　）

四、简答题

1. 联系实际，谈谈宏观环境对企业营销活动的影响。
2. 简述科技环境对市场营销活动的影响。
3. 简述企业在进行经济环境分析时，主要考虑哪些因素。

项目三
消费者购买行为分析

学习目标

1. 了解消费者市场特点与购买行为。
2. 掌握影响消费者购买行为的因素。
3. 掌握购买行为的参与者及其作用。

重点与难点

1. 影响消费者购买行为的主要因素。
2. 消费者购买决策过程。

能力目标

1. 能够利用影响消费者购买行为的因素设计营销刺激。
2. 能够利用购买群体决策中的角色及各自的作用开展营销活动。

导入案例

江小白和它的年轻消费者们

传统白酒营销给消费者的定位是：厚重的历史文化、圆桌文化、身份和阶层的象征、父辈交际必需品、高大上的品牌形象，口感辛辣，自带中老年人的气质！据相关数据统计，在中国白酒消费者中，70后占整个消费群体的40%，80后、90后只占26%，现在主要消费者年龄在45岁左右。对于年轻一代的80后、90后，没什么太大吸引力。白酒行业这几年一直深陷隆冬期，国窖、茅台这种高端老牌都面临着营销艰难的状况。白酒大多定位于高端市场，是中年人饭桌上"拉场面"的标配，而对于如今市场份额逐渐增加的年轻一代人而言，他们不懂白酒，白酒也很少被邀上圆桌，白酒正在失去年轻消费者……

但是，在白酒行业的隆冬期，一个新品牌却从零做起，每年销售同比增长100%，自2012年成立至2017年，短短5年时间，销售额突破10亿元，成为红遍全国的酒类黑马，它就是白酒行业里的新秀——江小白。

江小白有这么一段简介：

江小白提倡直面青春的情绪，不回避，不惧怕。与其让情绪煎熬压抑，不如任其释放。

从这段简介中，可以看出江小白将目标人群定位在"有情绪""青春"的年轻群体，江小白按照年轻人的喜好打造了全新的品牌，无论是产品的外包装还是口感等方面，都进行了大胆的尝试，极力讨好这群年轻的用户群体。

江小白把形象设计成一个卡通人物：大众脸、黑框眼镜、围格子围脖的小男生，时尚简单的形象吸引了大批年轻消费者的关注。一句"我是江小白，生活很简单"更是切中奋斗在都市中的青年落寞、无奈的痛点。

口味方面，江小白的工艺是小曲清香酒的延伸，小曲清香酒是一种比较适合于入门的白酒种类，其口感纯净，香味清新，不像浓香酒那般浓烈；丰富的窖泥气息，不像酱香酒那样有极具冲击力的焦烟味道。不过，小曲清香酒因其工艺特点导致糟香味较大，而江小白在其工艺基础上，弱化了酒体的糟香，增加了酒体的甜香、醇香，使得其品质更适合于初次尝试白酒的年轻消费者。在度数上，为了便于消费者接受其产品，江小白选择了40°的烈酒黄金度数（52°~53°是烈酒较适合品鉴的度数，40°是烈酒适合于饮用的度数），这个度数不仅适合消费者大量饮用，同时酒体也不会因为其度数太低而香味寡淡。

与传统白酒的区别更重要的还体现在江小白的包装。它的瓶身设计别致，瓶子上会印刷各种不同的语录，或是表达情感，或是发表对生活的见解，这种白酒瓶就是江小白特有的"表达瓶"。消费者还可以在江小白表达瓶上扫一扫二维码，进入表达瓶互动页面，在活动页面写下想说的话，上传自己的照片，定制出属于自己的江小白"表达瓶"。如果表达特别精彩，还有可能被江小白采用，成为下一批"表达瓶"之一。

江小白定位百元以下，还推出了小瓶装酒，而这更适合年轻人独自一人在家小酌或三两个人小聚。在电视机前，在大排档里，一盘花生米，几瓶江小白，享受难得的惬意，畅聊理想与奋斗，不多不少不浪费。在宣传上，有年轻人的地方就能看到江小白，无论是互联网上、地铁里，还是青春偶像剧中，江小白都应景地出现在年轻人的视野里。

江小白改变了行业认知，白酒也可年轻化、个性化；江小白改变了消费场景，白酒不再只是圆桌文化、阶层文化，也可以是简单纯粹三五好友小聚小饮的小时刻；江小白改变了品牌消费认知，互联网信息时代消费者对产品和品牌有更深层的了解和认知，不再是厂商卖什么消费者买什么的时代，而是消费者内心有什么需求，就去购买什么；这就是江小白当初凭一个卡通 Logo 和一句语录就能让消费者买单的底层逻辑。

【案例分析】

江小白为什么能够打破传统白酒的营销模式，赢得年轻消费者的青睐？

任务一 消费者行为的一般模式

一、购买心理类型

经济学家和心理学家对消费者购买心理进行了长期研究，并把不同的消费者购买心理抽象归纳为十种类型。

1. 从众心理

在从众心理诱导下的购买动机具有跟随性，在购买行为中常常表现为群体聚集购买，消费者争相购买某一商品，购买行为呈现出无目的性、偶发性、冲动性的特点。

2. 仰慕心理

在仰慕心理诱导下的购买动机具有趋向性和追求性，表现为购买名优产品、新产品、大城市产品以及进口商品，购买行为一般具有选择性和目标追求性的特点。

3. 自豪心理

在自豪心理诱导下的购买动机具有地方性和显示性，常常表现为购买家乡或某一地区的名优、土特产品，其购买行为具有馈赠性的特点。

4．炫耀心理

在炫耀心理诱导下的购买动机具有虚荣性，常常表现为购买名贵商品、紧俏商品和时髦商品，其购买行为具有攀比性和超前性的特点。

5．实惠心理

在实惠心理诱导下的购买动机具有求实性和求廉性，常常表现为愿意购买价格低廉、经久耐用的传统商品和降价处理商品，其购买行为具有节俭性和实用性特点。

6．占有心理

在占有心理支配下的购买动机具有恐失性，常常表现为购买有价证券、文物古董、名人字画和珍贵工艺品，其购买行为具有收藏性和保值性的特征。

7．享受心理

在享受心理支持下的购买动机具有养生性和保健性，常常表现为购买高档生活用品和文化保健用品，如名贵补品、高级食品饮料、家具、家用电器、化妆品、装饰品以及健身用品等，其购买行为具有求质性和率先性，对整个社会消费方式和消费结构的改变有导向作用。

8．保值心理

在保值心理诱导下的购买动机具有守财性，常常表现为购买金银制品、耐用消费品和生活必需品，其购买行为具有盲目性、冲动性和抢购性的特点。

9．好恶心理

在好恶心理诱导下的购买动机具有主观性和选择性，常常表现为购买某种商品时，对不同产地、不同包装、不同厂家、不同零售商店、不同售货员的选择上，其购买行为具有习惯性和主观评价性的特点。

10．怀旧心理

在怀旧心理诱导下的购买动机具有复古性，常常表现为只购买有某一历史时期特征的传统商品和仿古制品，其购买行为具有明确的目的性、专一性和观赏性的特点。

案例

"颜值"消费中的消费者行为

"颜值"表示人的靓丽程度，用来评价人的容貌。每个人都拥有爱美之心，在现代社会中，"颜值"引发了一系列越来越普遍的"颜值"消费现象。"颜值"消费，是指为了获得高"颜值"而产生的消费。许多消费者为了打造良好的外貌形象，在"颜值"消费方面花费了大量金钱，包括购买各类化妆品及护肤品、进行医疗美容消费等。

"颜值"消费的特点主要有3个。一是消费购买行为的差异化、主流化，"颜值"消费者不但注重产品的功能，而且注重与产品和自身高度相关的个性化购买行为，"颜值"消费购买行为逐步趋于主流化，模仿跟随效应显著。二是冲动式购买增加，大多数"颜值"消费者缺乏对产品进行鉴别和评估的专业知识，主要依赖网络了解市场信息，这导致许多购买行为具有极强的冲动性。三是追求品牌消费，大多数"颜值"消费者通过网络了解知名品牌产品的各方面信息，以确定自身的消费。

"颜值"消费者的特征有以下5点。一是"颜值"消费者以年轻消费者为主，他们追求时尚与潮流，思想开放，更加注重自己的"颜值"。二是"颜值"消费者以女性消费者为主，她们更加注重自己的个人形象，追求美的欲望强烈，是"颜值"消费的重要群体。三是"颜值"消费者通常拥有足够的收入或拥有稳定的收入来源，以满足他们对于"颜值"消费的需求。四是"颜值"消费者的消费易受他人影响，可能缺乏理性，存在冲动消费，同时情感消费特点突出，易受广告及代言人的影响，从而产生从众消费。五是"颜值"消费者通常非常关注他人对自己的评价。

二、购买心理特征

我国消费者购买心理按性别和年龄划分，可做如下一般性特征描述。

1. 男性的购买动机和消费心理

一般来说，在家庭生活中男子操持家务不如女性精细、周到，占用的时间也不多，因此，购买机会也不如女性多。与女性购物相比，男性购物心理具有理智、自信、务实和勤俭的特性。他们没有更多的兴趣和时间游览橱窗，一般情况下很少光顾商场；他们在购物前就有明确的购物对象，不愿花费更多的时间去挑选商品、询问、讨价还价，即使有些不顺心，总体过得去就算了；退货和后悔的情况比女性少；特别是中年男子对传统和习惯用品感兴趣，而对新产品往往持观望和怀疑态度；在决定是否购买家庭耐用消费品或贵重商品时，常常具有权威性和决定权。

2. 女性的购买动机和消费心理

在多数家庭中，女性料理家务、购买日常生活用品多于男性，她们了解市场行情，在购物行为中有更多的发言权和决策权。女性购物容易受周围环境和市场气氛的影响，商品的款式、色彩、商标、广告会刺激她们的购物欲望；被动型购物的根源是冲动性、随意性和从众性的购物心理，虽然她们购物比男性更有耐心、更细心，但退货率大大高于男性，她们有时热衷于购买"处理品"，而抢购之后又容易后悔，其购物常表现为勤俭性与被动制约性并存的特点。

3. 老年人的购买动机和消费心理

老年人在家庭中受人尊重、购买力强，在购物中具有权威性。老年人自尊感强烈，心理需求高于生理需求。他们购物时呈现理智和自信的特点，比年轻人保守和大众化；他们希望所购商品多功能、高质量、物美价廉；在疼爱晚辈心理的作用下，宁可自己省吃俭用也得为子孙花钱，并容易受冲动性、时尚性和攀比性购物心理支配。

4. 青年人的购买动机和消费心理

与老年人购物相比，年轻人购物具有求新性。他们对新产品特别青睐，易于接受新的生活方式，购物呈现时尚性和攀比性的特点。由于收入有限，购买行为的挑选性明显，对质高价昂的商品购买犹豫不决。

案例

"00后"消费的六大特点

如果说"95后"是一批在青春期时被互联网化的人，那么"00后"就是童年时期被互联网化的一批人，所以他们的人生受到很多影响。《腾讯"00后"研究报告》显示，"00后"的世界观、人生观、价值观和消费观等属性都明显不同，呈现出更多元化、包容化、自主化的特点。

"80后"比较注重质量和价格，而"90后""95后"则除好用的诉求之外，还有好玩有趣的心理诉求，而逐渐"接棒"的"00后"的消费态度存在以下六大特点。

（1）更向往专注且有信念的品牌。

（2）愿意为自己的兴趣付费。

（3）在自己的能力范围内付费。

（4）关键意见领袖（Key Opinion Leader，KOL）的影响力在降低。他们认为KOL和粉丝的关系偏向于功利化，KOL的可信度在降低。

（5）内容=社交工具。他们渴求和同辈做更多的互动，而内容是激发互动的工具，也是他们展示自己所长的方式。

（6）认为国产品牌不比国外品牌差。超过一半的"00后"认为国外品牌不是加分项。现在"00后"在学校更洋溢着民族自豪感和自尊心，支持国产是他们关心国家的一种方式。

三、消费者行为的一般模式

消费者行为是指消费者为获取、使用、处置消费物品或服务所采取的各种行动，包括先于决定这些行动的决策过程。消费者行为是与产品或服务的交换密切联系在一起的。在现代市场经济条件下，企业研究消费者行为是着眼于与消费者建立和发展长期的交换关系。为此，不仅需要了解消费者是如何获取产品与服务的，而且也需要了解消费者是如何消费产品，以及产品在用完之后是如何被处置的。

图3-1给出了本项目的消费者行为分析的基本框架。这个模型是基于德尔 I.霍金斯等人合著的《消费者行为学》一书得出的。

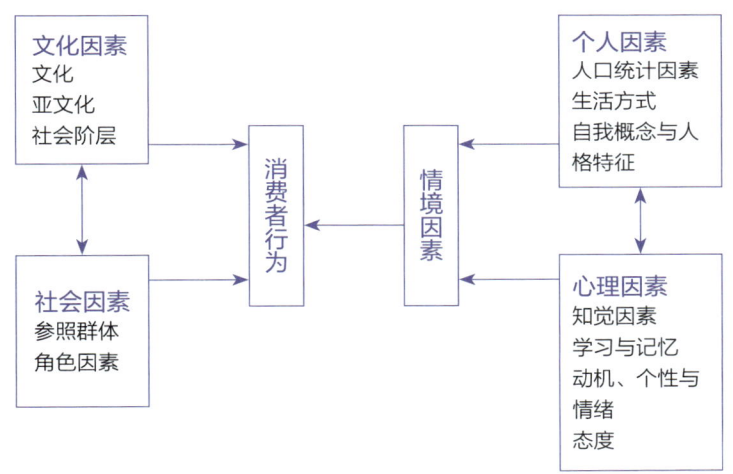

图 3-1 消费者行为总体模型

该模型是一个概念性模型，它所包含的细节不足以预测某种特定的消费者行为。然而，它的确反映了人们对消费者行为性质的信念和认识。消费者行为同时受到文化、社会、个人和心理因素的影响，其中个人和心理因素又通过特定的情境因素表现出来。

观察图3-1，人们可能会以为消费者行为似乎是简单的、有意识的，同时又是机械的、线性的。其实仔细观察周围的现实生活就可以发现，消费者行为通常是复杂的、无意识的、杂乱无章的和周而复始的。这也决定了研究消费者行为的复杂性。图中文化、社会、个人和心理因素又分别包含不同的方面，将在下面的内容逐一介绍。

任务二

影响消费者行为的主要因素

从图3-1可知，影响消费者行为的文化和社会因素有：文化，亚文化，社会阶层，参照群体和角色因素。影响消费者行为的个人与心理因素有：人口统计因素，生活方式，自我概念与人格特征，知觉因素，学习与记忆，动机、个性与情绪，态度。这些因素不仅在某种程度上决定消费者的决策行为，而且对外部环境与营销刺激的影响起放大或抑制作用。

一、文化因素

1. 文化

文化有广义与狭义之分。广义文化是指人类创造的一切物质财富和精神财富的总和；狭义文化是指人类精神活动所创造的成果，如哲学、宗教、科学、艺术、道德等。在消费者行为研究中，由于研究者主要关心文化对消费者行为的影响，所以将文化定义为一定社会经过学习获得的、用以指导消费者行为的信念、价值观和习惯的总和。文化具有习得性、动态性、群体性、社会性和无形性的特点。

文化通过对个体行为进行规范和界定进而影响家庭等组织。文化本身也随着价值观、环境的变化或随着重大事件的发生而变化。价值观是关于理想的最终状态和行为方式的持久信念。它代表着一个社会或群体对理想的最终状态和行为方式的某种共同看法。文化价值观为社会成员提供了关于什么是重要的、什么是正确的，以及人们应追求一个什么最终状态的共同信念。它是人们用于指导其行为、态度和判断的标准，而人们对于特定事物的态度一般也是反映和支持他的价值观的。

文化价值观可分为三类：有关社会成员间关系的价值观，有关人类环境的价值观，以及有关自我的价值观。这些价值观对于消费者行为具有重要影响，并最终影响着企业营销策略的选择及其成败得失。有关社会成员之间关系的价值观反映的是一个社会关于该社会中个体与群体、个体之间以及群体之间适当关系的看法，其中包括个人与集体、成人与孩子、青年与老年、男人与妇女、竞争与协作等方面。

有关人类环境的价值观反映的是一个社会关于该社会与其自然、经济以及技术等环境之间关系的看法，其中包括自然界、个人成就与出身、风险与安全、乐观与悲观等方面。

有关自我的价值观反映的是社会各成员的理想生活目标及其实现途径，其中包括动与静、物质与非物质主义、工作与休闲、现在与未来、欲望与节制、幽默与严肃等方面。

不同国家、地区或不同群体之间，语言上的差异是比较容易察觉的。但是易于为人们所忽视的往往是那些影响非语言沟通的文化因素，包括时间、空间、礼仪、象征、契约和友谊等。这些因素上的差异往往也是难以察觉、理解和处理的。对一定社会各种文化因素的了解将有助于营销者提高消费者对其产品的接受程度。

案例

"名片是你的脸面。"

"名片在这里是必需的，是绝对必不可少的。"

"在日本一个没有名片的人是没有身份的。"

在一个社交礼节十分考究的国度里，名片的交换是一种基本的社交礼节。它强化了人际之接触，而人际接触对一个人的成功至关重要。交换名片折射出很深的社会寓意。一旦完成这样一种看似细小的礼节，双方都能了解对方在公司或政府机关的位置，从而较准确地把握彼此之间的交往尺度。

两人彼此交换名片，这在美国是十分普遍、简单的活动，而在日本则是一种不可缺少的复杂社会交往。

2. 亚文化

亚文化是一个不同于文化类型的概念。所谓亚文化，是指某一文化群体所属次级群体的成员共有的独特信念、价值观和生活习惯。每一种亚文化都会坚持其所在的更大社会群体中大多数主要的文化信念、价值观和行为模式。同时，每一种文化都包含着能为其成员提供更为具体的认同感和社会化的较小的亚文化。

3. 社会阶层

社会阶层是由具有相同或类似社会地位的社会成员组成的相对持久的群体。每一个体都会在社会中占据一定的位置，使社会成员分成高低有序的层次或阶层。社会阶层是一种普遍存在的社会现象。导致社会阶层的终极原因是社会分工和财产的个人所有。

消费者行为学中讨论社会阶层，可以了解不同阶层的消费者在购买、消费、沟通、个人偏好等方面具有哪些独特性，哪些行为是各社会阶层成员所共有的。

吉尔伯特（Jilbert）和卡尔（Kahl）将决定社会阶层的因素分为3类：经济变量、社会互动变量和政治变量。经济变量包括职业、收入和教育；社会互动变量包括个人声望、社会联系和社会化；政治变量则包括权力、阶层意识和流动性。

个人声望表明群体其他成员对某人是否尊重，尊重程度如何。社会联系涉及个体与其他成员的日常交往，他与哪些人在一起，与哪些人相处得好。社会化则是个体习得技能、态度和习惯的过程。家庭、学校、朋友对个体的社会化具有决定性影响。阶层意识是指某一社会阶层的人，意识到自己属于一个具有共同的政治和经济利益的独特群体的程度。人们越具有阶层或群体意识，就越可能组织政治团体、工会来推进和维护其利益。

不同社会阶层消费者的行为在很多方面存在差异，比如：支出模式上的差异；休闲活动上的差异；信息接收和处理上的差异；购物方式上的差异，等等。对于某些产品，社会阶层提供了一种合适的细分依据或细分基础，依据社会阶层可以制定相应的市场营销战略，具体步骤如下：首先，决定企业的产品及其消费过程在哪些方面受社会阶层的影响，然后将相关的阶层变量与产品消费联系起来。为此，除了运用相关变量对社会阶层分层以外，还要搜集消费者在产品使用、购买动机、产品的社会含义等方面的数据。其次，确定应以哪一社会阶层的消费者为目标市场。这既要考虑不同社会阶层作为市场的吸引力，也要考虑企业自身的优势和特点。再次，根据目标消费者的需要与特点，为产品定位。最后，制定市场营销组合策略，以达到定位目的。

需要注意的是，不同社会阶层的消费者由于在职业、收入、教育等方面存在明显差异，因此即使购买同一产品，其趣味、偏好和动机也会不同。比如同样是买牛仔裤，劳动阶层的消费者可能看中的是它的耐用性和经济性，而上层社会的消费者可能注重的是它的流行程度和自我表现力。事实上，对于市场上的现有产品和品牌，消费者会自觉或不自觉地将它们归入适合或不适合哪一阶层的人消费。

另外，处于某一社会阶层的消费者会试图模仿或追求更高层次的生活方式。因此，以中层消费者为目标市场的品牌，根据中上层生活方式定位可能更为合适。

| 阅读与思考 |

从"到此一游"变"雪糕打卡"

"气温太高了，雪糕要是融化了，这张照片可就难拍了。"市民魏先生在长沙世界之窗游乐场内花费15元购买一支原味摩天轮造型雪糕后，兴致勃勃跑到入口处新天鹅城堡前找到最佳拍摄角度，拍下一张颇为满意的"打卡照"。

一支草莓牛奶口味冰棍，当披上黄鹤楼、岳阳楼、故宫、兵马俑等世界遗产或全国重点文物的外衣后，便成了游客口中的"文创雪糕"，不仅身价大涨，还成了景点"一票难求"的限购产品。

35℃的高温，确实能为雪糕这一文创产品加持，从故宫"瑞兽雪糕"到西安"城墙味道"，从圆明园"荷花雪糕"到西湖"断桥相会"，仿佛一夜之间，全国的景点或文化主题公园都掀起了一股"万物皆可被雪糕"的风潮。

"凭借稀缺性和唯一性，景区文创雪糕不仅仅是产品，更是景区连接消费者情绪价值的媒介。如同数年前的旅游明信片一般，文创雪糕的价值在于场景。"业内人士认为，文创产品想要实现"持久红"，不能简单地追求形态上的二次复制，更要让其成为凝聚文化价值和感情的产物,让顾客在吃完雪糕后,能用一种更加轻松、有趣的方式去解读中国传统文化内涵。

思考:文创雪糕如何突破高成本和消费场景的限制,实现"持久红"?

二、社会因素

1. 参照群体

参照群体是与消费者密切相关的社会群体,它与隶属群体相对应。社会群体是指通过一定的社会关系结合起来进行共同活动而产生相互作用的集体。社会成员构成一个群体,应具备以下基本特征:①群体成员需以一定纽带联系起来;②成员之间有共同目标和持续的相互交往;③群体成员有共同的群体意识和规范。

与消费者密切相关的有五种基本的参照群体:①家庭;②朋友;③正式的社会群体;④购物群体;⑤工作群体。参照群体具有规范和比较两大功能。

参照群体对其成员的影响程度取决于多方面的因素,主要有以下几个方面:①产品使用时的可见性;②产品的必需程度;③产品与群体的相关性;④产品的生命周期;⑤个体对群体的忠诚程度;⑥个体在购买中的自信程度。

参照群体在营销中的运用如下。

(1)名人效应。对很多人来说,名人代表了一种理想化的生活模式。正因为如此,企业花巨额费用聘请名人来促销其产品。研究发现,用名人作支持的广告较不用名人的广告评价更正面和积极,这一点在青少年群体上体现得更为明显。运用名人效应的方式多种多样。如可以用名人作为产品或公司代言人;也可以用名人作证词广告,即在广告中引述广告产品或服务的优点和长处,或介绍其使用该产品或服务的体验;还可以采用将名人的名字使用于产品或包装上等做法。

(2)专家效应。专家是指在某一专业领域受过专门训练、具有专门知识、经验和特长的人。医生、律师、营养学家等均是各自领域的专家。专家所具有的丰富知识和经验,使其在介绍、推荐产品与服务时较一般人更具权威性,从而产生专家所特有的公信力和影响力。当然,在运用专家效应时,一方面应注意法律的限制,如有的国家不允许医生为药品作证词广告;另一方面,应避免公众对专家的公正性、客观性产生怀疑。

(3)"普通人"效应。运用满意顾客的证词来宣传企业的产品,是广告中常用的方法之一。由于出现在荧屏上或画面上的代言人是和潜在顾客一样的普通消费者,使受众感到亲近,从而广告诉求更容易引起共鸣。比如北京大宝化妆品有限公司就曾运用过"普通人"证词广告。还有一些公司在电视广告中展示普通消费者或普通家庭如何用广告中的产品解决其遇到的问题,如何从产品的消费中获得乐趣等,也是"普通人"效应的运用。

(4)经理型代言人。自20世纪70年代以来,越来越多的企业在广告中用公司总裁或总经理作代言人。例如，我国桂林三金药业股份有限公司，在其生产的桂林西瓜霜上使用公司总经理和产品发明人邹节明的名字和图像，就是经理型代言人的运用。

2．角色因素

（1）角色概述。角色是个体在特定社会或群体中占有的位置和被社会或群体所规定的行为模式。对于特定的角色，无论是由谁来承担，人们对其行为都有相同或类似的期待。

虽然承担某一具体角色的所有人都被期待展现某些行为，但每个人实现这些期待的方式却各不相同。期望角色与实践角色之间的差距被称为角色差距，适度的角色差距是允许的，但这种差距不能太大，否则意味着角色扮演的不称职，社会或群体的惩罚也就不可避免。因此，大多数人都力求使自己的行为与群体对特定角色的期待相一致。

（2）角色因素中涉及如下几个重要概念。

①角色关联产品集。角色关联产品集是承担某一角色所需要的一系列产品。这些产品或者有助于角色扮演，或者具有重要的象征意义。例如，靴子与牛仔角色相联系。角色关联产品集规定了哪些产品适合某一角色。营销者的主要任务，就是确保其产品能满足目标角色的实用或象征需要，从而使人们认为其产品适用于该角色。计算机制造商强调笔记本电脑为商人所需，保险公司强调人寿保险对于扮演父母角色的重要性，这些公司实际上都是力图使自己的产品进入某类角色关联产品集。

②角色超载和角色冲突。角色超载是指个体超越了时间、金钱和精力所允许的限度而承担太多的角色或承担对个体具有太多要求的角色。比如，一位教师既面临教学、科研、家务的多重压力，同时又担任很多的社会职务或在外兼职。此时，由于其角色集过于庞大，他会感到顾此失彼和出现角色超载。角色超载的直接后果是个体的紧张、压力和角色扮演的不称职。

角色冲突是指不同的角色由于在某些方面不相容，或人们对同一角色的期待和理解的不同而导致的矛盾和抵触。角色冲突有两种基本类型：一种是角色间的冲突；一种是角色内的冲突。很多现代女性所体验到的既要成为事业上的强者又要当贤妻良母的冲突，就是角色间的冲突。

③角色演化。角色演化是指人们对某种角色行为的期待随着时代和社会的发展而发生变化。角色演化既给营销者带来机会也提出挑战。例如，妇女在职业领域的广泛参与，改变了她们的购物方式，许多零售商也因此调整其地理位置和营业时间，以适应这种变化。研究发现，全职家庭主妇视购物为主妇角色的重要组成部分，而承担大部分家庭购物活动的职业女性对此并不认同。显然，在宣传产品和对产品定位的过程中，零售商需要认识到基于角色认同而产生的购物动机上的差别。

④角色获取与转化。在人的一生中，个人所承担的角色并不是固定不变的。随着生

活的变迁和环境的变化，个体会放弃原有的一些角色、获得新的角色和学会从一种角色转换成另外的角色。在此过程中，个体的角色相应地发生了改变，由此也会引起他对与角色相关的行为和产品需求的变化。

三、个人因素

1. 人口统计因素

人口统计是根据人口规模、分布和结构对人口环境进行的描述。人口规模指的是人口的数量。人口分布说明人口的地理分布，即多少人生活在农村、城市和郊区。而人口结构反映人口在年龄、收入、教育和职业方面的状况。上述每个因素都影响着消费者的行为，并对不同产品和服务的总需求产生影响。

（1）人口规模和分布。人口增长是许多行业是否盈利甚至能否生存的关键因素。例如，有些快速消费品的人均消费量会随着时间的变化而呈递减趋势，但由于人口规模的增加则可以使这种消费品的总销售额保持不变。我国是人口大国，从某种程度上也促进了我国消费者市场的繁荣。

（2）年龄。年龄对于购物的地点、使用产品的方式和对营销活动的态度有重要影响。目前包括我国在内的世界上的大多数国家都面临着人口老龄化的问题。根据预测，我国65岁以上的老年人口在总人口中的比重在2025年左右将达到14%，这必然会导致更多新的针对老年人的细分市场的出现。

案例

场景营销，培育年轻人的购买习惯

随着"Z世代"成为新兴消费市场的主力军，追求个性的他们，对于品牌的要求越来越挑剔。玩转场景营销，成为很多品牌突出重围的方式。比如，从豆浆机起家的家电品牌九阳，发现年轻人越来越追求下厨的乐趣和仪式感，推出了各种造型可爱、功能多样的厨房小家电，营造出健康潮流的下厨氛围，引发了年轻消费者的抢购。老字号东阿阿胶也开启了不一样的营销新玩法，引领了养生潮流，不断焕新品牌形象。

近年来，年轻消费者对健康养生的关注度持续提升。再加上全民养生的氛围，使得健康消费成为年轻人的刚需。为了满足年轻人随时随地的养生需求，东阿阿胶发布了新产品"健康小金条"东阿阿胶粉。东阿阿胶在微博联合多位来自健康养生、生活方式等领域的大V，发起了"惜命如金的样子有多努力"的话题以及"限时领取健康小

金条"的抽奖互动，用趣味的方式引发年轻人对养生的讨论，吸引了大量用户的自发参与。在小红书上，东阿阿胶和时尚博主、白领等不同身份的达人合作，邀请他们创作真实的种草笔记，内容形式多样，包括体验分享、美食食谱等。

有着深厚文化内涵、承载着大众情感的各种节日，成为品牌借势营销的好机会。截至2020年，东阿阿胶已经连续举办13年冬至阿胶滋补节。在2020年冬至滋补节前夕，东阿阿胶发布了创意条漫"站队啦！养生也分派别，你是哪一派？"，以生活化、趣味化的方式刻画了当下年轻人对待冬季养生的不同态度和做法。从年轻人熟悉的生活场景出发，以简单易懂、轻松幽默的方式剖析各种养生误区，并进行科普，瞬间拉近了和年轻人之间的距离。

（3）职业。由于所从事的职业不同，人们的价值观念、消费习惯和行为方式存在着较大的差异。职业的差别使人们在衣食住行等方面有着显著的不同。譬如，通常不同职业的消费者在衣着的款式、质量上会做出不同的选择，以符合自己的职业特点。

（4）教育。受教育的程度越来越成为影响家庭收入高低的重要因素。传统上，制造业中的一些高薪职位并不要求很高的受教育程度，但现在不同了。如今，制造业和服务业的许多高薪工作需要专业技能、抽象思维能力以及快速阅读和掌握新技巧的能力。这些能力往往通过受教育才能获得。受教育的程度部分决定了人们的收入和职业，进而影响着人们的购买行为。同时，它也影响着人们的思维方式、决策方式以及与他人交往的方式，从而极大地影响着人们的消费品位和消费偏好。

（5）收入。家庭收入水平和家庭财产共同决定了家庭的购买力。很多购买行为是以分期付款的方式进行的，而人们分期付款的能力最终是由人们目前的收入和过去的收入决定的。

由以上五个方面的因素可以看到，人口统计因素既能直接地影响消费行为，同时又能通过影响人们的其他特征，如个人价值观、决策方式等间接影响消费者的行为。综合运用人口统计资料可以帮助企业界定其主要的目标市场，并规划相应的营销策略。

2．生活方式

生活方式是个体在成长过程中，在与社会因素相互作用下表现出来的活动、兴趣和态度模式。生活方式包括个人和家庭两个方面，两者相互影响。

生活方式与个性既有联系又有区别。一方面，生活方式很大程度上受个性的影响。一个具有保守、拘谨性格的消费者，其生活方式不大可能太多地包容诸如攀岩、跳伞、蹦极之类的活动。另一方面，生活方式关心的是人们如何生活，如何花费，如何消磨时间等外在行为，而个性则侧重从内部来描述个体，它更多地反映个体思维、情感和知觉特征。可以说，两者是从不同的层面来刻画个体。区分个性和生活方式在营销上具有重要的意义。一些研究人员认为，在市场细分过程中过早以个性区分市场，会使目标市场过于狭窄。因此，他们建议，营销者应先根据生活方式细分市场，然后再分析每一细分市场内消费者在个性上的差异。如此，可使营销者识别出具有相似生活方式的大量消费者。

研究消费者生活方式通常有两种途径：一种途径是直接研究人们的生活方式；另一种途径是通过具体的消费活动进行研究。生活方式对消费者购买决策的影响往往是隐性的。例如，在购买登山鞋、野营帐篷等产品时，很少有消费者想到这是为了保持其生活方式。然而，对于那些喜欢户外活动的人来说这种影响是客观存在的。

3. 自我概念与人格特征

（1）自我概念的含义与类型。自我概念是个体对自身一切的知觉、了解和感受的总和。自我概念回答的是"我是谁"和"我是什么样的人"诸如此类的问题，它是个体自身体验和外部环境综合作用的结果。一般来说，消费者将选择那些与其自我概念相一致的产品与服务，避免选择与其自我概念相抵触的产品和服务。所以，研究消费者的自我概念对企业特别重要。

消费者不止有一种自我概念，而是拥有多种类型的自我概念：①实际的自我概念；②理想的自我概念；③社会的自我概念；④期待的自我。期待的自我即消费者期待在将来如何看待自己，它是介于实际的自我与理想的自我之间的一种形式。由于期待的自我折射出个体改变"自我"的现实机会，对营销者来说，它也许较理想的自我和现实的自我更有价值。

（2）自我概念与产品的象征性。在很多情况下，消费者购买产品不仅仅是为了获得产品所提供的功能效用，而是要获得产品所代表的象征价值。对于购买"劳斯莱斯""宝马"的消费者来说，显然不是购买一种单纯的交通工具。一些学者认为，某些产品对拥有者而言具有特别具体的含义，它们能够向别人传递关于自我的很重要的信息。从某种意义上来说，消费者是什么样的人是由其使用的产品来界定的。如果丧失了某些关键拥有物，那么，他或她就成为不同于现在的个体。

一般来说，能够成为表现自我概念的象征品应具有3个方面的特征。首先，应具有使用时的易见性，即这些产品的购买、使用和处置能够很容易被人看到。其次，应具有差异性，即某些消费者有能力购买，而另一些消费者无能力购买。如果每人都可拥有一辆"奔驰"车，那么这一产品的象征价值就所剩无几了。最后，应具有拟人化性质，即能在某种程度上体现使用者的特别形象。比如汽车、珠宝等产品均具有上述特征，因此，它们很自然地被人们作为传递自我概念的象征品。

四、心理因素

案例

看餐厅如何利用不同营销方式吸引消费者

近年来,情绪消费逐渐演化成一股强大的消费动力。怀旧本身是人的一种情感,当个人怀旧成为一种群体性情绪时,怀旧营销也就有了生存的土壤。怀旧营销就是在营销活动中给予消费者一定的怀旧元素刺激,激发消费者的怀旧情怀,勾起他们记忆深处的共同记忆符号,以此来引发购买倾向。

1. "70后"饭吧

"70后"饭吧在整体装修设计上,采用时尚与复古相融合的风格,让顾客仿佛回到了小时候。在这里,你可以自己盛饭、自己倒茶,随手可翻阅书籍,玩一下儿时玩过的飞行棋和跳棋等,随意得好似在要好的朋友家做客。

这里不仅吸引了一大群"70后",更是小资和白领释放心情的好去处。这里特色的江浙菜、粤菜、川菜,还有让人回忆儿时的妈妈常烧拿手菜,不由你不馋,加上轻松舒适的个性化就餐环境,食客们络绎不绝。

2. 武侠文化特色餐饮

风波庄酒家,以"武侠文化特色餐饮"为立店宗旨,独树一帜提出了"品尝私家菜肴,感受武侠文化""有人就有江湖,有江湖就有风波庄"等鲜明主张。风波庄酒家致力于中国武学和华夏美食的完美结合,开创并形成独具风格的武侠主题新餐饮模式,在国内餐饮界影响深远,被誉为"江湖圣地,美食乐园"。

消费者在风波庄酒家内不但可以品尝到特色美食,还可以体验到特色的武侠文化,与其说是一场美食盛宴,不如说是一次独特的中国武侠美食体验。

"70后饭吧"和武侠文化特色餐饮的案例表明,消费者在购买商品的过程中,会产生包括感觉、知觉、注意等一系列心理活动。

1. 知觉因素

所谓知觉,是人脑对刺激物各种属性和各个部分的整体反映,它是对感觉信息加工和解释的过程。产品、广告等营销刺激只有被消费者知觉才会对其行为产生影响。消费者形成何种知觉,既取决于知觉对象,又与知觉时的情境和消费者先前的知识与经验密切相关。

消费者的知觉过程包括三个相互联系的阶段,即展露、注意和理解。这三个阶段也是消费者处理信息的过程。在信息处理过程中,如果一则信息不能依次在这几个阶段生存下来,它就很难贮存到消费者的记忆中,从而也无法有效地对消费者的行为产生影响。

(1)展露。展露是指将刺激物展现在消费者的感觉神经范围内,使其感官有机会被激活的过程。展露只需把刺激对象置于个人相关环境之内,并不一定要求个人接收到刺激信息。比如,电视里正在播放一则广告,而你正在和家人或朋友聊天而没有注意到,但广告展露在你面前则是事实。

对于消费者来说,展露并不完全是一种被动的行为,很多情况下是主动选择的结果。很多情况下,消费者往往根据刺激物所展露出来的各种物理因素而挑选商品。这些因素有强度、对比度、大小、颜色、运动状态、位置、隔离、格式及信息数量等。

(2)注意。注意是指个体对展露于其感觉神经系统面前的刺激物进行进一步加工和处理的行为,它实际上是为刺激物分配某种处理能力。注意具有选择性的特点,这要求企业认真分析影响注意的各种因素,并在此基础上设计出能引起消费者注意的广告、包装、品牌等营销刺激物。需要注意的是,消费者对某一节目或某一版面内容的关心程度或介入程度,会影响他对插入其中的广告的注意程度。

(3)理解。知觉的最后一个阶段,是个体对刺激物的理解,它是个体赋予刺激物以某种含义或意义的过程。理解涉及个体依据现有知识对刺激物进行的组织、分类和描述,它受到个体因素、刺激物因素和情境因素的制约和影响。

(4)营销启示。通过对消费者知觉过程的认识,企业应针对自己的产品或服务展开调查,以了解消费者主要依据哪些线索做出质量判断,并据此制定营销策略。如果某些产品特征被消费者作为质量认知线索,那么,它就具有双重的重要性:一方面作为产品的一个部分具有相应的功能和效用;另一方面对消费者具有信息传递作用。后一作用在企业制定广告等促销策略时具有重要的参照作用。另外,把不构成认知线索的产品特征或特性大加宣传,将很难收到预期的营销效果。

另外,企业还应充分重视形成质量认知的外在因素。这些因素有价格、商标知名度、出售场所等,企业应了解这些因素对消费者的相对重要程度,以及不同消费者在这些评价因素上存在的差异,并据此采取措施。比如,高品质的产品应有相应的价格、包装与之相符合,分销渠道的选择上应避免过于大众化,短期促销活动也应格外慎重。

2. 学习与记忆

(1)学习的含义。所谓学习,是指人在生活过程中,因经验而产生的行为或能力的比较持久的变化。学习是因经验而生的,同时伴有行为或能力的改变。此外,学习所引起的行为或能力的变化是相对持久的。

(2)学习的分类。根据学习材料与学习者原有知识结构的关系,学习可分为机械学习与意义学习。机械学习是指将符号所代表的新知识与消费者认知结构中已有的知识建立人为的联系。消费者对一些拗口的外国品牌的记忆,很多就属于这种类型。意义学习是将符号所代表的知识与消费者认知结构中已经存在的某些观念建立自然的和合乎逻辑的联系。比如，用"健力宝"作为饮料商标，消费者自然会产生强身健体之类的联想，这就属于意义学习的范畴。

机械学习通过两种作用表现出来：①经典性条件反射，即借助于某种刺激与某一反应之间的已有联系，经过练习建立起另一种刺激与这种反应之间的联系。经典性条件反射理论已经被广泛地运用到市场营销实践中。比如，在一则沙发广告中，一只可爱的波斯猫坐在柔软的沙发上，悠闲自得地欣赏着美妙的音乐，似乎在诉说着沙发的舒适和生活的美好。很显然，该广告试图通过营造一种美好的氛围，激发受众的遐想，使之与画面中的沙发相联系，从而增加人们对该沙发的兴趣与好感。②操作性条件反射，即通过强化作用来增强刺激与反应之间的联结。所以，企业要想与顾客保持长期的交换关系，还需采取一些经常性的强化手段。这也说明了为什么产品或品牌形象难以改变，因为品牌形象是消费者在长期的消费体验中，经过点滴的积累逐步形成的。

（3）记忆的含义。消费者的学习与记忆是紧密联系在一起的，没有记忆，学习是无法进行的。

记忆是以前的经验在人脑中的反映。记忆是一个复杂的心理过程，它包括识记、保持、回忆三个基本环节。从信息加工的观点看，记忆就是对输入信息的编码、贮存和提取的过程。虽然从理论上讲，消费者的记忆容量很大，对信息保持的时间也可以很长，但在现代市场条件下，消费者接触的信息实在太多，能够进入其记忆并被长期保持的实际上只有很小的一部分。正因为如此，企业才需要对消费者的记忆予以特别的重视。一方面，企业应了解消费者的记忆机制，即信息是如何进入消费者的长期记忆的，有哪些因素影响消费者的记忆，进入消费者记忆中的信息是如何被存储和被提取的；另一方面，企业应了解已经进入消费者长期记忆的信息为什么被遗忘和在什么条件下被遗忘，才能在防止或阻止消费者遗忘方面有所作为。

（4）遗忘及其影响因素。遗忘与记忆相对应，是对识记过的内容不能正确地回忆和再认识。从信息加工的角度看，遗忘就是信息提取不出来，或提取出现错误。除了时间以外，识记材料的意义、性质、数量、顺序位置、学习程度、学习情绪等均会对遗忘的程度产生影响。

3．动机、个性与情绪

（1）消费者的动机。动机指引起、维持、促使某种活动向某一目标进行的内在作用。消费者具体的购买动机有：求值动机、求新动机、求美动机、求名动机、求廉动机、从众动机、喜好动机等。以上购买动机是相互交错、相互制约的。

关于动机的理论很多。精神分析说认为，人的行为与动机主要由潜意识所支配，研究人的动机，必须深入到人类的内心深处。仅仅通过观察消费者行为和询问消费者都不可能获得消费者的真正购买意图。

美国人本主义心理学家马斯洛提出了著名的需要层次理论。马斯洛认为，人的需要可分为五个层次，即生理需要、安全需要、爱与归属需要、自尊需要、自我实现的需要。上述五种需要是按从低级到高级的层次组织起来的，只有当较低层次的需要得到了满足，较高层次的需要才会出现并要求得到满足。

（2）消费者的个性。个性是在个体生理素质的基础上，经过外界环境的作用逐步形成的行为特点。个性的形成既受遗传和生理因素的影响，又与后天的社会环境尤其是童年时的经验具有直接关系。

消费者的个性对品牌的选择和新产品的接受程度有很大影响。由于个性的不同，消费者对某一品牌会自然判断出是否适合自己。个性不仅使某一品牌与其他品牌相区别，而且使这种品牌具有激发情绪，为消费者提供潜在满足的作用。另外，有些人对几乎所有新生事物持开放和乐于接受的态度，有些人则相反；有些人是新产品的率先采用者，有些人则是落后采用者。了解率先采用者和落后采用者有哪些区别，有助于消费者市场的细分。

（3）消费者的情绪。情绪是一种相对来说难以控制且影响消费者行为的强烈情感。每个人都有一系列的情绪，所以每个人对情绪的描述和分类也千差万别。普拉契克（Plutchik）认为情绪有8种基本类型：恐惧、愤怒、喜悦、悲哀、接受、厌恶、期待和惊奇。其他任何情绪都是这些类型的组合。例如，欣喜是惊奇和喜悦的组合，轻蔑是厌恶和愤怒的组合。

很多产品把激发消费者的某种情绪作为重要的产品价值，比较常见的有电影、书籍和音乐。 其他如长途电话、软饮料、汽车等也是经常被定位于"激发情绪"的产品。此外，许多商品被定位于防止或缓解不愉快的情绪。例如，鲜花被宣传为能够消除悲哀；减肥产品和其他有助自我完善的产品也常以缓解忧虑和消除厌恶感等来定位。

4．态度

（1）消费者态度的含义。态度是由情感、认知和行为构成的综合体。态度有助于消费者更加有效地适应动态的购买环境，使之不必对每一新事物或新的产品、新的营销手段都以新的方式做出解释和反应。

（2）消费者态度与行为。消费者态度对购买行为有重要影响。态度影响消费者的学习兴趣与学习效果，并将影响消费者对产品、商标的判断与评价，进而影响购买行为。

态度一般通过购买意向来影响消费者的购买行为。但是态度与行为之间在很多情况下并不一致。造成不一致的原因，除了主观规范、意外事件以外，还有很多其他的因素，如购买动机、购买能力、情境因素等。

（3）消费者态度的改变。消费者态度的改变包括两层含义：一是指态度强度的改变，一是指态度方向的改变。消费者态度的改变，一般是在某一信息或意见的影响下发生的。在某种程度上，态度改变的过程也就是劝说或说服的过程。

①消费者态度改变的影响因素。消费者态度改变主要受到三个因素的影响，即信息源、传播方式与情境。信息源是指持有某种见解并力图使别人也接受这种见解的个人或

组织。传播方式是指以何种方式把一种观点或见解传递给信息的接收者。情境是指对传播活动和信息接收者有相应影响的周围环境。

②信息源对消费者态度改变的影响。一般来说，影响说服效果的信息源特征主要有4个，即信息传递者的权威性、可靠性、外表的吸引力和受众对传递者的喜爱程度。

③传播方式对消费者态度改变的影响。传播方式主要包括：信息传递者发出的态度信息与消费者原有态度的差异；恐惧的唤起；一面与两面表述。多项研究发现，中等态度差异引起的态度变化量大；当差异度超过中等差异之后再进一步增大，态度改变则会越来越困难。恐惧唤起是广告宣传中常常运用的一种说服手段，如诉说头皮屑带来的烦恼，就是用恐惧诉求来劝说消费者。双面表述即同时陈述正、反两方面意见与论据。情境因素对于双面表述能否达到效果有着重要的影响。

出于趋利避害的考虑，消费者更倾向于接纳那些与其态度相一致的信息。当消费者对某种产品有好感时，与此相关的信息更容易被注意，反之则会出现相反的结果。因此，态度是进行市场细分和制定新产品开发策略的基础。

五、情境因素

情境因素既包括环境中独立于中心刺激物的那些成分，又包括暂时的个人特征，如个体当时的身体状况等。一个十分忙碌的人较一个空闲的人而言，前者可能更少注意到呈现在其面前的刺激物。处于不安或不愉快情境中的消费者，会注意不到很多展露在他面前的信息，因为他可能想尽快地从目前的情境中逃脱。

一些情境因素，如饥饿、孤独、匆忙等暂时的个人特征，以及气温、在场人数、外界干扰等外部环境特征，均会影响个体如何理解信息。可口可乐公司和通用食品公司均不在新闻节目之后播放其食品广告，他们认为新闻中的"坏消息"可能会影响受众对其广告与食品的反应。可口可乐公司负责广告的副总经理夏普（Sharp）指出："不在新闻节目中作广告是可口可乐公司的一贯政策，因为新闻中有时会有不好的消息，而可口可乐是一种助兴和娱乐饮料。"夏普所说的这段话，实际上反映了企业对"背景引发效果"的关切。背景引发效果是指与广告相伴随的物质环境对消费者理解广告内容所产生的影响。广告的前后背景通常是穿插该广告的电视节目、广播节目或报刊。虽然目前有关背景引发效果的实证资料十分有限，但初步研究表明，出现在正面节目中的广告获得的评价更加正面和积极。

任务三

消费者购买决策过程

一、购买决策类型

消费者购买决策是指消费者谨慎地评价某一产品、品牌或服务的属性，并进行理性的选择的过程。它具有理性化、功能化的双重内涵。但也有许多消费者在做购买决策时更多地关注购买或使用时的感受、情绪和环境。尽管如此，消费者决策过程仍对各种类型的购买行为产生了关键作用。

首先介绍两个概念：购买介入程度和购买介入。前者指消费者由某一特定购买需要而产生的对决策过程关心或感兴趣的程度。类似地，购买介入是消费者的一种暂时状态，它受个人、产品、情境特征的相互作用的影响。根据消费者在购买决策过程中介入程度的不同可以把消费者购买决策划分为以下类型。

1. 名义型决策

当一个消费问题被意识到以后，经内部信息搜集，消费者脑海里马上浮现出某个偏爱的产品或品牌，该产品或品牌随即被选择和购买等即属于这一类的购买决策。此时消费者的购买介入程度较低。名义型决策通常分为两种：品牌忠诚型决策和习惯型购买决策。

2. 有限型决策

当消费者对某一产品领域或该领域的各种品牌有了一定程度的了解，或者对产品和品牌的选择建立起了一些基本的评价标准，但还没有形成对某些特定品牌的偏好时，消费者面临的就是有限型决策。它一般是在消费者认为备选品之间的差异不是很大，介入程度不是很高，解决需求问题的时间比较短的情况下所做的购买决策。

3. 扩展型决策

当消费者对某类产品或对这类产品的具体品牌不熟悉，也未建立起相应的产品与品牌评价标准，更没有将选择范围限定在少数几个品牌上时，消费者面临的就是扩展型决策。它一般是在消费者介入程度较高，品牌间差异程度比较大，而且消费者有较多时间进行斟酌的情况下所做的购买决策。

需要指出的是，这三种类型的决策并非截然分明，而是有重叠的部分。但同时也表明，消费过程的每一阶段都受到购买介入程度的影响，应对不同的消费者决策类型制定不同的营销策略。不同的消费者决策类型如图3-2所示。

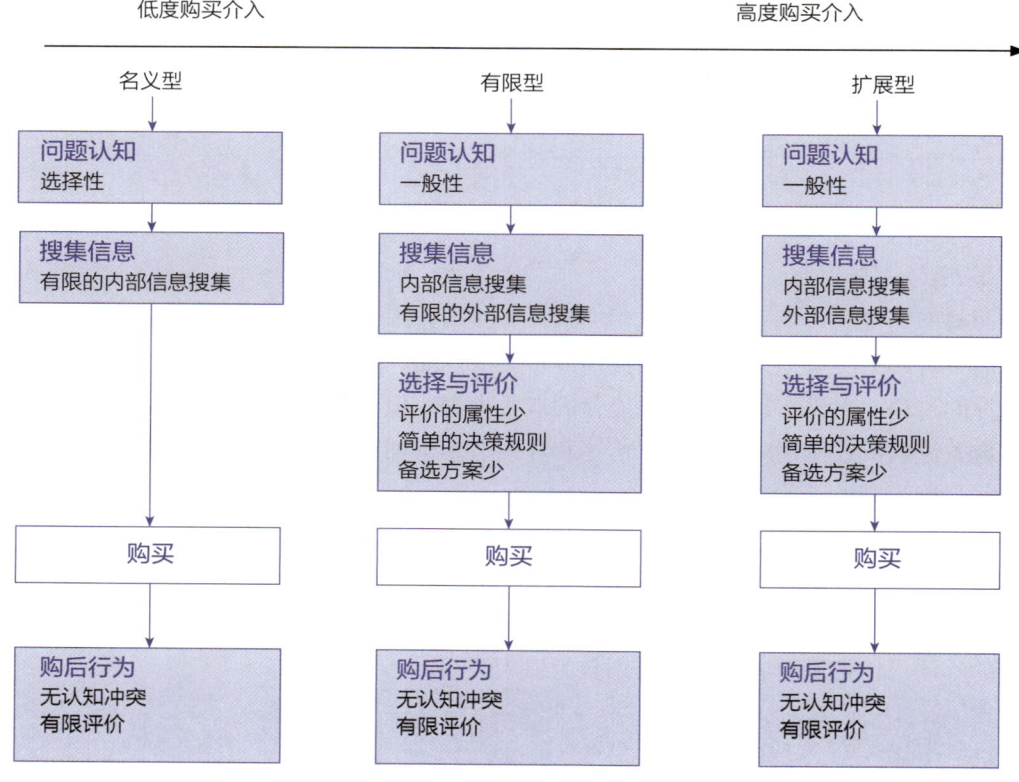

图 3-2 介入程度与决策类型

二、消费者购买决策过程一般模型

消费者决策过程是介于营销战略和营销结果之间的中间变量。也就是说,营销战略所产生的营销结果是由战略与消费者决策过程的相互影响所决定的。只有消费者感到产品能满足某种需要,并觉得物有所值才会去购买,公司才能达到营销效果。图3-3表示消费者决策过程的一般模型。

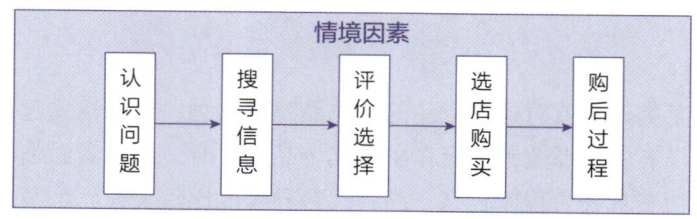

图 3-3 消费者决策过程的一般模型

从图3-3可以看出,消费者决策发生在一定的情境下,并受其中的情境因素的影响。在图3-3中,认识问题是消费者购买决策的第一步,它是指消费者意识到理想状态与实际状态之间存在差距，从而需要进一步采取行动的过程。比如说，意识到饿了，同时发现附近能够买到充饥的食品，于是就会产生购买食品的活动。另外，还可以看出消费者行为是一个整体，是一个过程，获取或者购买只是这一过程的一个阶段。因此，研究消费者行为，既应调查、了解消费者在获取产品、服务之前的评价与选择活动，也应重视在产品获取后对产品的使用、处置等活动。

作为对问题认知的反应，消费者采取何种行动取决于问题对于消费者的重要性、当时情境、该问题引起的不满或不便的程度等多种因素。需要指出的是，导致问题认知的是消费者对实际状态的感知或认识，而并非客观的实际状态。

营销管理者通常关注4个与问题认知有关的问题：①需要明白消费者面临的问题是什么；②需要知道如何运用营销组合解决这些问题；③需要激发消费者的问题认知；④在有些情况下需要压制消费者的问题认知。下面我们将讨论搜寻信息、评价选择、选店购买、购后过程这四个方面的内容。

三、搜寻信息

认识问题之后，消费者可能进行广泛的内部与外部信息搜集，有限的内外部信息搜集或仅仅是内部信息搜集。消费者搜寻的信息有：①问题解决方案的评价标准；②各种备选方案；③每一种备选方案符合评价标准的程度。

当面临某个问题，大多数消费者会回忆起少数几个可以接受的备选品牌。这些可接受的品牌，是在随后的内外部信息搜寻过程中消费者进一步搜集信息的出发点。因此，营销者非常关注他们的品牌是否落入大多数目标消费者的考虑范围。

消费者内部信息，即储存在记忆中的信息可能是通过以前的搜集或个人经验主动地获得，也可能是经低介入度学习被动地获得。除了从自己的记忆中获得信息，消费者还可以从4种主要的来源获得外部信息：①个人来源，如家庭和亲友；②公众来源，如消费者协会、政府机构；③商业来源，如销售人员、广告；④经验来源，如产品的直接观测与试用。

认识问题之后，显性的外部信息搜集是较为有限的。由此在问题认知之前与消费者进行有效沟通是必要的。市场特征、产品特征、消费者和情境特征相互作用，共同影响个体的信息搜集水平。

很多人认为，消费者在购买某一商品前，应从事较为广泛的外部信息搜集，然而也应看到信息的获取是需要成本的。搜集信息除了花费时间、精力和金钱外，消费者通常还要放弃一些自己所喜欢的其他活动。所以，消费者进行外部信息搜集止于一定的水平，在此水平下，预期的收益（如价格的降低、满意度的提高）超过信息搜集所引起的成本。

有效的营销战略应考虑消费者进行信息搜集的详细程度。信息搜集的详细程度与企业品牌是否处于消费者考虑范围以及在消费者心目中的地位如何是两个非常重要的考虑因素。以此为基础，有6种潜在的信息战略：①保持战略；②瓦解战略；③捕获战略；④拦截战略；⑤偏好战略；⑥接受战略。

> **案例**
>
> ### 小红书，"种草"容易"拔草"难
>
> "我已经习惯买东西之前都先上小红书上搜一下了。"95后女生静静（化名）是小红书的资深用户。平时只要涉及消费决策的事情，她都会到小红书寻找答案，小到粉底、口红的色号，各个季节的衣服穿搭，大到出行旅游、家居装饰、婚礼安排等。
>
> 小红书正在褪去根植于人们心中的小众、女性、种草的标签，变成了一座分享生活方式的城池，并不断抢占其他垂直类平台的流量。
>
> 从"种草"到"拔草"，看似水到渠成，但小红书在打造电商闭环这条路上努力多年，一直在为别人做嫁衣。用户的常态是，在小红书完成"种草"，再跳转到其他平台"拔草"。目前价格优势在小红书不是特别明显，消费者也在进化迭代。当小红书面临着一群对价格敏感、对消费更理性的年轻用户，却没有提供相应的价格价值，用户自然"种草"之后就会走掉。
>
> 小红书未来的商业增长潜力主要取决于2点：一是能否在克制的商业化下，不断拓展内容生态的变现价值；二是能不能真正从一个流量平台变成一个商业平台，深入人与货、人与服务交易的核心链条。作为积累了大量用户和内容的综合性社区平台，小红书的未来依然充溢着向上的希望。但前提是，必须在维持内容生态和加速商业化变现的矛盾点上，尽快给出解答。

四、评价选择

消费者意识到问题之后，就开始寻求不同的解决方案。在收集与此有关的信息的过程中，他们评价各备选对象，并选择可能解决问题的方案。图3-4描述了消费者在备选产品之间进行评价和选择的过程。

评价标准是消费者针对特定问题而考虑的各种特性和利益。它们是消费者根据特定消费问题，用来对不同品牌进行比较的依据。消费者应用的评价标准的数量、类型和重要程度因消费者和产品类别的不同而不同。

在运用评价标准制定营销策略时，关键的一步是衡量以下三个问题：①消费者应用了哪些评价标准；②消费者在每一标准上对各个备选对象的看法如何；③每个标准的相

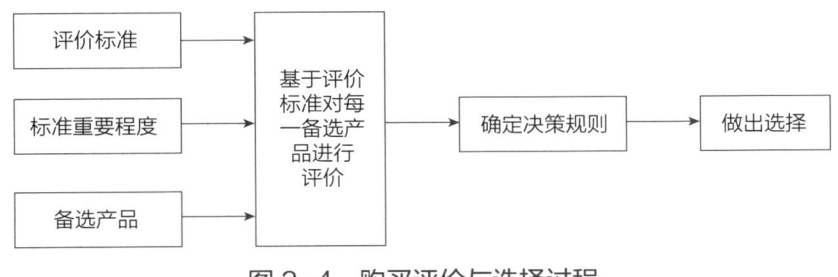

图 3-4 购买评价与选择过程

对重要性如何。上述问题的测量并非易事，企业可运用直接询问、投射技术、多维量表等各种技术进行测量。

对于像价格、尺寸和色彩等的评价标准，消费者很容易准确判断。另外一些标准，如质量、耐久力和健康属性等的评价则要困难得多。此时，消费者常用价格、品牌名称或其他一些变量作为替代指标。

当消费者根据几个评价标准来判断备选品牌时，他们必须用某些方法从各选项中选择某一品牌。决策规则就是用来描述消费者如何比较两个或多个品牌的。5种常用的决策规则是连接式、析取式、编纂式、排除式和补偿式。这些决策规则更适合于运用在功能性产品的购买和认知性接触场合。因为不同的决策规则需要不同的营销策略，市场营销管理者必须意识到目标市场所用的决策规则。

五、进店购买

消费者一般要对产品和店铺都做出选择。通常有3种决策方式：①同时选择；②先商品后商店；③先商店后商品。制造商和零售者应该了解目标市场的选择顺序，因为它对制定营销策略有重大影响。

消费者选择零售店的过程如同选择品牌的过程一样，唯一的区别在于使用的标准不同。商店形象是消费者选择商店的一项重要评价标准。商店形象的主要构成因素是商品、店员、物质设施、方便程度、促销效果、店堂气氛和售后服务。店铺位置对于消费者来说是一个重要特点，因为大多数消费者喜欢就近购物。大零售店通常比小零售店更受欢迎。上述变量被用于各种形式的零售引力模型，这些模型可以较为精确地预测出某一行业商业圈的市场份额。

消费者去零售店和购物商场有多种原因。然而在商店里，消费者常常购买与进店前所计划的不同的商品，这种购买被称为冲动型购买。冲动型购买是商店可以增加销售的重要机会。下面这些变量对冲动型购买有重大影响，它们是：商品陈列、商店布局、销售人员、品牌和商品热销程度。

六、购后过程

在购买活动后,消费者可能会后悔所做出的购买决策,这被称为购买后冲突。在下面4种情况下购后冲突很容易出现:①消费者有焦虑倾向;②购买是不可改变的;③购买的物品对消费者很重要;④购买时替代品很多。

无论消费者是否经历购买后冲突,多数购买者在购回产品后会使用产品。产品可以是购买者本人使用也可以是购买单位的其他成员使用。跟踪产品如何被使用可以发现现有产品的新用途、新的使用方法、产品在哪些方面需要改进,还对广告主题的确定和新产品开发有所帮助。

产品不使用或闲弃也是需要引起注意的问题。如果消费者购买产品后不使用或实际使用比原计划少得多,销售者和消费者都不会感到满意。因此,销售者不仅要试图影响消费者购买决策,同时也要试图影响其使用决策。

产品及其包装物的处理可以发生在产品使用前、使用后或使用过程中。由于消费者对生态问题的日益关注、原材料的稀缺及成本的上升、相关法规的制约,销售经理对这些处理行为的了解变得越来越重要。

购买后冲突、产品使用方式和产品处理都有可能影响购买过程。消费者对产品满足其实用性和象征性需要的能力形成了一定程度的期望。如果产品在期望的水平上满足了消费者需要,那么消费者满意就有可能产生。如果期望不能满足,就可能导致消费者的不满。更换品牌、产品或商店、告诫朋友都是消费者不满的常见反应。一般而言,销售经理应该鼓励不满意顾客直接向厂家而不是别人抱怨或投诉。采取各种措施和办法如建立消费者热线可以提高不满意顾客向厂商抱怨的比例。

在评价过程和抱怨过程后,消费者会产生某种程度的再购买动机。消费者可能强烈希望在未来避免选择该品牌,或者愿意将来一直购买该品牌,甚至成为该品牌的忠诚顾客。在后一种情况下,消费者对品牌形成偏爱并乐意重复选择该品牌。

营销战略并不总是以创造忠诚的顾客为目标。营销经理应该审视该品牌当前顾客与潜在顾客的构成,然后根据组织的整体目标来确定营销目标。关系营销试图在企业与顾客之间建立一种持久的信任关系,它被用来促进产品消费、重复购买和创造忠诚的顾客。

【课后练习】

一、单项选择题

1. 对消费者的需求和购买行为影响最广、最普遍的因素是(   )。
    A. 个人因素   B. 社会文化因素
    C. 心理因素   D. 地理因素
2. 对消费者影响最直接的因素是(   )。
    A. 文化和亚文化   B. 文化和心理

C．个人和文化因素　　　　　D．个人和心理
3．（　　）是影响消费者需求和行为的最基本的因素。
　　A．社会阶层　　　　　　　B．相关群体
　　C．家庭　　　　　　　　　D．文化
4．因为多数人都有从众心理，所以相关群众对人们行为（　　）产生压力。
　　A．差异性　　　　　　　　B．相关性
　　C．矛盾性　　　　　　　　D．一致性
5．需要层次理论是由（　　）提出的。
　　A．宇野正雄　　　　　　　B．菲利普•科特勒
　　C．赫茨伯格　　　　　　　D．马斯洛
6．对企业来说，最重要的是分析和研究在（　　）中发生的情况。
　　A．消费者的外部刺激　　　B．消费者反应
　　C．消费者行为中　　　　　D．消费者黑箱
7．消费者购买决策过程的最后一步是（　　）。
　　A．评价选择　　　　　　　B．购后过程
　　C．购买决策　　　　　　　D．收集信息
8．消费者从大众媒体的宣传报道方面获得信息属于（　　）。
　　A．个人来源　　　　　　　B．商务来源
　　C．公共来源　　　　　　　D．经营来源

二、多项选择题

1．在消费者购买决策过程中，参与购买的角色有（　　）。
　　A．发起者　　　　B．影响者　　　　C．购买者
　　D．使用者　　　　E．决策者
2．影响消费者购买行为的主要因素为（　　）。
　　A．文化因素　　　B．环境因素　　　C．社会因素
　　D．人际因素　　　E．心理因素
3．消费者信息的主要来源有（　　）。
　　A．个人来源　　　B．生理来源　　　C．公众来源
　　D．经验来源　　　E．商业来源

三、判断题

1．需求是人们在生存和发展中感到不足，期望通过相应的东西以求得满足的一种心理现象。　　　　　　　　　　　　　　　　　　　　　　　　　　　　（　　）
2．需要是人们在生存和发展中感到不足，期望通过相应的东西以求得满足的一种社会现象。　　　　　　　　　　　　　　　　　　　　　　　　　　　　（　　）

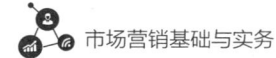

3. 欲望是人们为满足其需求而对特定目标物的某种期望。　　　　　　(　)
4. 人的欲望是近似的、有限的，而需要是千差万别、无限延伸的。　(　)
5. 当某种需要建立于一定的购买力的基础上时，形成了需求。　　　(　)

四、简答题

1. 消费者市场有哪些特点？
2. 影响消费者购买行为的因素有哪些？
3. 简述消费者购买决策过程。

项目四

STP战略分析

学习目标

1. 了解市场细分的含义和意义。
2. 了解目标市场的含义,熟悉目标市场的选择。
3. 了解市场定位的含义。
4. 掌握市场定位的程序。
5. 掌握市场细分的标准和方法。
6. 掌握目标市场的营销策略。
7. 掌握市场定位的策略和重新定位策略。

重点与难点

1. 市场细分的方法。
2. 目标市场的选择。
3. 市场定位的程序与策略。
4. STP 战略的运用。

能力目标

能够开展有效的市场细分,能够比较细分市场,选择和确定目标市场,并能够为每一个目标市场进行有效市场定位,拟定针对性营销组合策略,为企业生产经营服务。

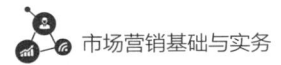

导入案例：海尔的洗衣机市场

海尔集团依靠雄厚的技术力量，有针对性地研制开发了多品种、多规格的洗衣机产品，以满足不同的需求，使海尔洗衣机成为中国洗衣机行业跨度大、规格全、品种多的企业。

海尔能同时规模生产亚洲波轮式、欧洲滚筒式、美洲搅拌式洗衣机，使中国消费者可以得到不同风格的洗衣机享受。

海尔的洗衣机，大到一家人一周所有的衣服，小到孩子的一双袜子，总有一款洗衣机满足消费者的洗衣需要。

海尔的洗衣机，从双桶半自动、全自动洗衣机到洗衣、脱水、烘干三合一洗衣机，应有尽有。

海尔根据目前国内许多家庭居住面积小，没有足够的洗衣机空间的情况，设计了中国第一台"极限设计，全塑外壳"的"小神童"系列洗衣机。

海尔了解到一部分用户在使用全自动洗衣机时，往往不是一次性将洗衣、脱水、程序完成，而是希望将不同的衣服分开洗涤，然后一起脱水的愿望，第一台电脑后置，仿生设计的"小神童"全自动洗衣机问世。

海尔在市场调研、分析中发现：消费者在使用洗衣机时，最烦恼的是同一台洗衣机只有一个洗涤速度（约150转/分钟）、一个甩干速度（约800转/分钟），使有的衣物因洗涤、甩干转速过高容易磨损，又费电；有些衣物则因转速过低，洗不净，甩不干。海尔开发出最少耗电、最低磨损、最佳洗涤效果的变速洗衣机。

海尔洗衣机推到农村市场后，发现洗衣机在农村不是用来洗衣服，而是用来洗蔬菜、洗红薯，日子一长，排水管内自然淤积了大量的油污和泥沙。海尔开发出命名为"大地瓜"的功率更为强劲，能专门用于蔬菜洗涤的洗衣机。

【案例分析】

海尔的成功可以归因于其精准的市场细分、明确的目标市场选择和恰当的市场定位。请同学分小组讨论：海尔洗衣机厂如何进行市场细分，并针对不同细分市场推出相应的产品？海尔如何确定目标市场，并在这个市场中建立自己的定位。

在营销环境分析的基础上，企业通过市场调研进一步掌握了市场需求和消费者的购买心理，接着是市场细分和目标市场选择。在买方市场的情况下，除了极个别的产品外，大多数产品对顾客而言，都有很多种的选择。同时，任何企业也不可能满足一种产品的所有市场需求，而只能满足其中一部分消费者的需要。企业怎样把"这一部分顾客"筛选出来，确定为自己的主攻市场即目标市场，并充分利用企业的资源，发挥企业优势，树立企业的特色，制定出有针对性的市场营销策略。

目标市场营销（STP战略）是现代战略营销的核心，包括市场细分（Segmentation）、选择目标市场（Targeting）和定位（Positioning）三个环节，如图4-1所示。

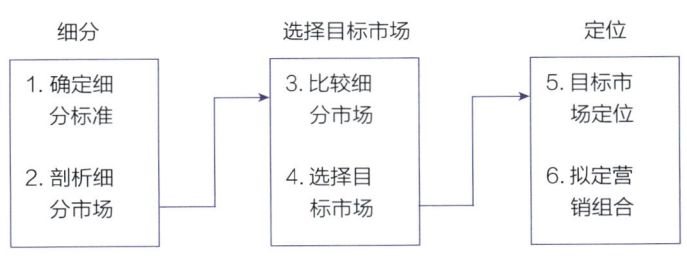

图 4-1　目标市场营销（STP 战略）

任务一　市场细分战略

一、市场细分的概念与理论依据

市场有多种类型，如超级市场、股票市场、劳动力市场、鱼类市场、跳蚤市场等，所有类型的市场都有一些共同之处：第一，它们由人（消费者市场）或组织（产业市场）构成。第二，这些人或组织具有可以由特定的产品范畴来满足的需要或需求。第三，他们有能力购买他们想要的产品。第四，他们愿意用他们的资源（通常是货币或信用）来交换他们想要的产品。

在市场内，细分市场是具有一个或多个相同特征并由此产生类似产品需求的人或组织组成的亚群体。从一个极端来讲，如果世界上的每个人或组织对某种产品的需求与欲望是完全一致的，即无差异需求时，人们可以把整个消费者市场定义为一个大的细分市场，把产业市场定义为另一个大的细分市场。从另一个极端来讲，如果世界上的每个人或组织的需求具有不同特点时，则每个人或每个组织都可以定义为一个细分市场（定制营销）。企业应制定有针对性的营销来满足消费者或组织具有不同特色的需求，但这种情况在现阶段对企业营销是极其困难的，因为这需要受到许多营销因素（如企业预期利润目标）的制约和影响。在现实生活中，当顾客的某些因素比较接近的时候，顾客的需求与欲望也会有相似之处（图4-2），营销管理人员会按照"求大同，存小异"的原则，进一步归纳这些不同需求。这些会在后面结合市场细分的标准进一步说明。

（a）在收入基础上的市场细分　　（b）在年龄段基础上的市场细分　　（c）在年龄和收入基础上的市场细分　　（d）无市场细分　　（e）完全市场细分

图 4-2　市场细分概念

市场细分是指营销者利用一定需求差别因素（细分因素），把某一产品整体市场消费者划分为若干具有不同需求差别的群体的过程或行为。值得注意的是：

（1）市场细分不是对自己的产品进行分类。
（2）市场细分不是按企业的性质进行分类。
（3）市场细分是按照顾客的需要和欲望进行分类。

二、市场细分的作用

随着人们生活水平的不断提高，消费者需求日益多样化，对消费品的要求品位也在不断提高，需求的个性化日益突出。加上生活水平的提高并不人人同步，市场需求的构成就更为复杂。如大米市场，十几年前人们的需求是：只要是"米"，能吃就行，而现在许多人要求米要香而且要黏、要好吃，也有些人为生活所迫，仍然要求可以果腹就可以了。

竞争是市场经济中避免不了的，唯有勇敢面对。"避其锋芒，攻其不备"是亘古不变的竞争战术。需求市场的分解和小型化可为企业实践这一战术创造大量机会。

由于企业不论规模有多大、实力有多强，相对于整体市场的消费者来说，企业绝不可能生产出能够完全满足消费者需求的产品。如何有效地把企业有限的资源集中到一部分购买者身上，更好地为顾客服务，开展有效的竞争，更有效地实现企业的利润目标，其基础就是市场细分。具体来说，市场细分的意义有以下几个方面。

1. 市场细分有利于发现市场机会

通过市场细分，企业可以有效地分析和了解整体市场中存在哪些需求相似的消费群，各部分消费群的消费需求是什么，发现哪些消费需求已经满足，哪些需求满足不够，哪些需求尚需适销对路的产品去满足；发现满足哪些需求的竞争激烈，哪些竞争较少，哪些目前还没有竞争，满足需求有待开发。尚未满足的需求便是企业的市场机会。只有通过细分，企业才能发现这种市场机会。例如：广东洗衣机市场有多个厂家，如广州洗衣机厂、航海洗衣机厂、中山洗衣机厂和江门洗衣机厂等。这些厂家都沿着单缸半自动→双缸半自动→全自动的方向进行产品更新换代，而且几乎都是同步发展。但随着产品产量的增加，市场的饱和，竞争非常激烈。为此，江门洗衣机厂通过市场调查，细分洗衣机市场的需求，发现原来购买单缸半自动洗衣机的家庭，有相当一部分家庭从节俭出发，不愿遗弃仍可用的单缸洗衣机，但他们又希望有脱水的功能。这是市场机会，该厂抓住了这一机会，开发了脱水机这一产品，独占了市场。

2. 市场细分有利于企业制定营销组合策略

通过市场细分，企业可以更清楚地了解市场的结构，了解市场上消费者的需求特点，才能制定有针对性的营销策略。如A食店是以脖子上挂着钥匙的小学生为主要对象，应树立的是"薄利多销，诚挚服务"的形象；B大酒店是以来华经商的富豪、商家为主要对象，应树立的是"豪华排场，一流享受"的形象，其产品、价格、渠道及促销都必须围绕不同的形象来制定。

3. 市场细分有利于提高企业的竞争力

通过市场细分，企业可以更好地了解每一个细分市场上竞争者的优势和劣势，环境因素给行业带来的机会能否成为本企业的机会，企业在这个细分市场上能否有效开发和利用本企业的资源优势，把自己有效的资源优势集中到与自己优势相适应的某个市场上，企业才能形成优势，提高企业的竞争力。

三、市场细分的要求

企业在进行市场细分时，一般来说，应把握下面4个要求。

1. 要有明显特征

市场细分应使企业营销人员能够识别有相似需求的顾客群体，这些群体应有企业能分析的明显的特征和行为。

2. 企业可以接受

要根据企业的实力，量力而行。在进行细分时，企业应考虑划分出来的细分市场，必须是企业有足够的能力去占领的子市场，在这个子市场上，能充分发挥企业的资源优势。

3. 企业有适当的盈利

在市场细分中，被企业选中的子市场还必须有一定的规模，即有充足的需求量，能够使企业有利可图，并实现预期的利润目标。如果细分市场的规模过大，企业"吃不了，无法消化"，则会在竞争中处于弱势；如果规模过小，企业又"吃不饱"，现有的资源得不到最佳利用，利润都难以确保。因此，细分出的市场规模必须恰当，才能使企业得到合理的利润。

4．市场要有发展潜力

市场细分应有相对的稳定性，因为，如果细分市场一旦被企业选定为目标市场，它应给企业带来的利益不仅是目前的，还必须是能够给企业带来较长远的利益。所以，企业在进行细分时必须考虑市场的未来发展是否有潜力。

| 阅读与思考 |

华为在运营商业务中的市场细分

"以农村包围城市"是华为早期的细分市场策略。华为进入通信市场的时候，中国的通信市场非常广阔，但竞争也比较激烈，尤其面对强大的国外和合资品牌厂商。华为作为市场后入者和挑战者，不可能在通信市场上与强大对手硬碰硬，所以华为选择了对手的薄弱环节——农村市场作为突破口。这时华为细分市场的基础是地理细分。

随着华为实力的增强，华为以接入网逐步切入通信市场，面对竞争对手的远端接入模块，它细分市场的依据是"标准差异"，一个产品可应用于多个市场，即强调"V5接口有利于建立灵活而相对独立于各制造厂商的接入网体系"，从而赢得崇拜这一技术的用户需求。

当华为以接入服务器进入数据通信产品市场时，它细分市场的依据是"需求差异"，即根据自身对中国通信网络的了解，满足国内运营商对适合国情的接入服务器的需求。

当华为提出"宽带城域网"概念时，它细分市场的依据则是地理差异、需求差异、心理差异综合考虑。宽带城域网能顺应城市信息化的发展趋势，能满足运营商网络改造的需求，能迎合国内运营商因担心国外运营商竞争而"先下手为强"的防御心理。

（资料来源：王水清. 市场营销基础与实务［M］. 北京：北京邮电大学出版社，2021.）

思考：
1. 华为的市场细分为何一直在变化？
2. 华为市场细分的成功对其他品牌有何借鉴意义？

四、市场细分的标准

企业要进行市场细分，首先就是要确定按照什么样的标准来进行细分。一般来说，凡是影响消费者需求的一切因素，都可以作为市场细分的依据。市场细分的标准必须能区分不同的需求。企业可以根据行业和自己的情况选择适当的因素作为标准（或变数）来对市场进行细分。

1．消费者市场细分的标准

消费者市场细分可以按照地理环境因素、人口因素、心理因素和行为因素等进行细分。

（1）地理环境因素。不同地理环境下的顾客，由于居住地区、气候、生活习惯、经济水平等不同，对同一类产品往往会有不同的需求和偏好，以至于对企业的产品、价格、销售渠道及广告等营销措施的反应也常常存在差别。

①消费者居住的地区。如我国的茶叶市场，南方消费者喜欢红茶和绿茶，华北、华东地区消费者喜欢花茶。如食品，不同地区有不同的口味，所谓"东甜南辣西酸北咸"；南方以米饭为主食，北方以面粉为主食。

②地形气候。地形可分为山区、平原、丘陵；气温可分为热带、温带；湿度可分为干旱地区、多雨地区。如洗衣机市场，多雨地区湿度大，顾客喜欢有脱水、烘干的功能，而在干旱地区，这类功能的洗衣机可能并没有那么抢手。

（2）人口因素。不同的年龄、性别、收入、职业、教育、宗教、种族或国籍的顾客，会有不同的价值观念、生活情趣、审美观念和消费方式，因而对同一类产品，必定会产生不同的消费需求。

①年龄。人们在不同的年龄阶段，由于生理、心理等因素的不同，对商品的需求和欲望有着很大的区别。如玩具市场，因年龄的不同，应有启蒙、智力、科技、消遣、装饰等功能不同的玩具。

②性别。男性和女性，在不少商品的使用上存在很大的区别。如服装市场、化妆品市场，一般可以按照性别的不同，分为女性市场和男性市场。

③收入。收入水平不同的顾客，在购买时对商品的要求也不同，高收入的顾客，对产品比较注重"质"的需求，购物场所习惯到百货公司和专卖店，低收入的顾客，则侧重"量"的需求，通常喜欢到货仓商场、超市及普通商店。但若以收入作为细分标准，不应忽视低收入群由于"补偿"心理或自身水平有限，也会购买高质量、高价格的产品。

④文化程度和职业。不同文化程度的人，他们的价值观、信念、习惯等存在较大的差异；不同职业的特点，也会使人们有很多购买上的差异。如工人、农民、教师、艺术家、干部、学生，对报纸、书刊的消费有明显的不同。

⑤民族。我国有56个民族，绝大多数民族都有自己特殊的消费习惯和爱好。

（3）心理因素。以上地理因素、人口因素相同或相近的顾客，对同一产品的爱好和态度也会截然不同，这主要是受心理因素的影响。

①生活方式。生活方式是人们生活的格局和格调，表现人们对活动、兴趣和思想的见解上，人们形成的生活方式不同，消费倾向也不一样。如深圳的高级白领就很少去东门一带购物，就和他们的生活格调相关；妇女服装可根据顾客的不同生活方式，分别设计出"朴素型""时髦型""新潮型""保守型"等。

②购买动机。购买动机是指顾客购买行为的直接原因。有些人为实用而购买，有些人为价格便宜而购买，有些人为追赶时髦而购买。

③性格。内向与外向；追求独特与愿意依赖；乐观与悲观。不同性格的顾客对产品的要求不同。如对产品的色彩，内向的人比较喜欢冷色调，外向的人却喜欢暖色调；对产品的款式，追求独特的人喜欢标新立异，依赖的人却爱跟随众人。

（4）行为因素。行为因素是按照顾客购买过程中对产品的认知、态度、使用来进行细分的。

①购买时机。按顾客对产品的需要、购买、使用的时机的认知,将其作为市场细分的标准。如旅行社可为每年的几个公众长假提供专门的旅游线路和品种,为中小学生每年的寒暑假提供专门的旅游服务。公共汽车公司根据上下班高峰期和非高峰期这一标准,把乘客市场一分为二,分别采取不同的营销策略。如在上下班高峰期加派公共汽车,非高峰期减少公共汽车,以降低成本,提高效益。

②追求利益。顾客对产品的购买所追求的不同利益是细分市场的有效依据。如钟表市场,购买手表的消费者追求的利益大致可以分为三类:一是追求价格低廉;二是侧重耐用性和产品的质量;三是注重产品品牌的声望。因此,生产钟表的企业,如果用追求的利益来细分市场,就必须了解消费者在购买某种产品时所寻求的主要利益是什么;了解寻求某种利益的消费者主要是哪些人;还要了解市场上满足这种利益的有哪些品牌;哪种利益还没有得到满足,然后确定自己的产品应突出那种特性,从而最大限度吸引某一个消费者群。美国学者海利(Haley)曾运用追求的利益不同对牙膏市场进行细分而获得成功。他把牙膏需求者寻求的利益分为经济实惠、防治牙病、洁齿美容和口味清爽四种,如表4-1所示。

表4-1 牙膏市场的利益细分

利益细分	人口统计特征	行为特征	心理特征	符合利益的品牌
经济实惠	男性	大量使用者	自主性强者	大减价的品牌
防治牙病	大家庭	大量使用者	忧虑保守者	品牌A、E
洁齿美容	青年	吸烟者	社交活动多者	品牌B
口味清爽	儿童	薄荷爱好者	喜好享乐者	品牌C

③使用情况。许多产品可以按照消费者对产品的使用情况进行分类。使用情况可以分为:"从未使用过""曾经使用过""准备使用""初次使用""经常使用"五种类型。对于不同的使用者情况,企业所施用的策略也不相同。一般而言,资产雄厚、市场占有率高的企业,特别注重吸引潜在购买者,通过他们的营销策略,把潜在使用者变为实际使用者。一些中、小型的企业,主要是吸引现有的使用者,提高他们对产品的使用率和对品牌的信赖和忠诚;或让使用者从竞争者的品牌转向本企业的品牌。

2. 产业市场细分的标准

产业市场的细分标准,有些与消费者市场的细分标准相同。如追求利益、使用者情况、地理因素等,但还有一些不同的标准。美国的波罗玛(Bouoma)和夏皮罗(Shapiro)两位学者,提出了一个产业市场细分变量表,较系统地列举了产业市场细分的主要变量,并提出了企业在选择目标市场时应考虑的主要问题(表4-2)。

表4-2 产业市场主要细分标准

人口变量

- □ 行业：我们应把重点放在购买这种产品的哪些行业？
- □ 公司规模：我们应把重点放在多大规模的公司？
- □ 地理位置：我们应把重点放在哪些地区？

经营变量

- □ 技术：我们应把重点放在顾客所重视的哪些技术上？
- □ 使用者或非使用者情况：我们应把重点放在经常使用者、较少使用者、首次使用者或从未使用者身上吗？
- □ 顾客能力：我们应把重点放在需要很多服务的顾客上，还是只需少量服务的顾客上？

采购方法

- □ 采购职能组织：我们应将重点放在那些采购组织高度集中的公司上，还是那些采购组织相对分散的公司上？
- □ 权力结构：我们应选择那些工程技术人员占主导地位的公司，还是财务人员占主导地位的公司？
- □ 与用户的关系：我们应选择那些现在与我们有牢固关系的公司，还是追求最理想的公司？
- □ 总的采购政策：我们应把重点放在乐于采用租赁、服务合同、系统采购的公司，还是采用密封投标等贸易方式的公司上？
- □ 购买标准：我们是选择追求质量、重视服务的公司，还是注重价格的公司？

情况因素

- □ 紧急：我们是否应把重点放在那些要求迅速和突击交货或提供服务的公司？
- □ 特别用途：我们应将力量集中于本公司产品的某些用途上，还是将力量平均花在各种用途上？
- □ 订货量：我们应侧重于大宗订货的用户，还是少量订货者？

个人特性

- □ 购销双方的相似性：我们是否应把重点放在那些其人员及其价值观念与本公司相似的公司上？
- □ 对待风险的态度：我们应把重点放在敢于冒风险的用户还是不愿冒风险的用户上？
- □ 忠诚度：我们是否应该选择那些对本公司产品非常忠诚的用户？

五、市场细分的具体方法

按照选择市场细分标准的多少，市场细分可以有3种方法。

1．单一变数法

单一变数法是指只选择一个细分标准进行市场细分的方法。例如：玩具市场，不同年龄的消费者对玩具的需求不同，可按年龄标准把市场细分为：1～3岁玩具市场，4～5岁玩具市场，6～7岁玩具市场，8～12岁玩具市场，12岁以上玩具市场等几个细分市场。1~3岁的玩具应该具有启蒙功能，而12岁以上的玩具应具有智力开发或科技功能。

2. 综合变数法

综合变数法是指只选择两个以上（少数几个）的细分标准进行市场细分的方法。例如：某公司对家具市场的细分采用了三个标准（表4-3）。

表4-3　某公司对家具市场的细分

户主年龄	65岁以上、50~64岁、35~49岁、18~34岁
家庭人口	1~2人、3~4人、5人以上
月收入水平	1000元以下、1000~3000元、3000元以上

3. 系列变数法（完全细分法）

系列变数法（完全细分法）是指根据企业经营的需要，选择多个细分标准，由大到小，由粗到细进行市场细分的方法。例如：某服装公司选择多标准对服装市场进行细分（图4-3）。

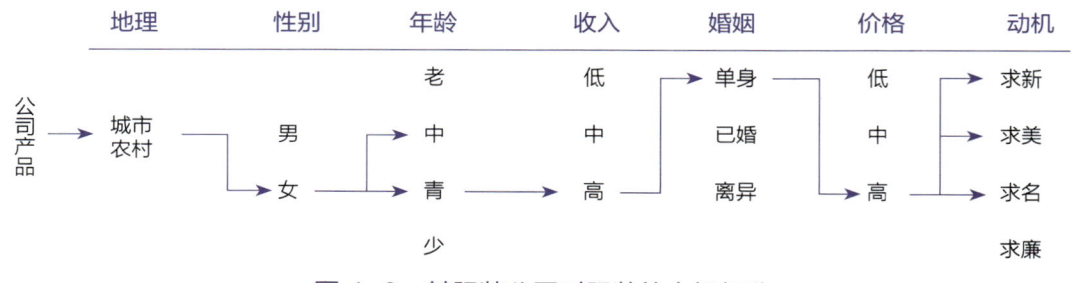

图 4-3　某服装公司对服装的市场细分

任务二　目标市场竞争战略

随着一个产品的市场步入成熟，企业在行业中所占市场份额逐渐拉开并维持一个相对稳定的局面，不同市场份额者之间开始进行比较长久的竞争。因此，研究市场领先者、挑战者、追随者和补缺者的竞争战略，对于掌握一般的竞争方法，有重要意义。

一、市场领先者的竞争战略

市场领先者是在行业中处于领先地位的营销者，占有最大市场份额，一般是该行业的领导者。这类企业更关心的是自己市场地位的稳固性和能否有效保持已有的市场份额。作为市场领先者，需要对自身的弱点经常地进行检讨，并正确地选择竞争战略。市场领先者要保持自己的市场占有额和在行业中的经营优势，有3种主要的战略可供选择。

一是扩大市场总规模战略，属于发展战略类型。企业需要找到扩大市场总规模的方法；因此，采用"欲望竞争"的观念，是市场领先企业应具有的主要竞争观念。

二是保持现有市场份额的战略，属于防御战略和维持性战略。市场领先企业应采取较好的防御措施和有针对性的进攻，来保持自己的市场地位。尤其需强调的是，市场领先者绝不能一味地采取"防御"，或说是单纯消极的防御。如同军事上所奉行的"最好的防御是进攻"的原则一样，市场领先者也应该使自己具有竞争的主动性和应变能力。

三是扩大市场份额的战略。这属于用进攻方法达到防御目的的战略。在市场需求总规模还能有效扩大的情况下，市场领先者也应随市场情况变化调整自己的营销组合，努力在现有市场规模下扩大自己的市场份额。

1. 扩大市场总规模的战略

一般地，在同行业产品结构基本不变时，当市场总规模扩大，市场领先者得到的好处会大于同行业中其他企业。因此，市场领先者总是首先考虑扩大现有市场规模。

市场领先者可以通过以下途径扩大市场的总规模。

（1）寻找新用户。当产品具有吸引新购买者的潜力时，寻找新用户是扩大市场总规模的简便途径，主要策略有如下几种。

①新市场战略。针对未用产品的群体用户（一个新的细分市场），说服他们采用产品。比如，说服男子采用化妆品。

②市场渗透战略。这是对现有细分市场中还未使用产品的顾客，或只偶尔使用的顾客，说服他们采用产品或是增加使用量。如口服滋补品的营销者强调产品日常保健功能，使顾客认为不是只有患病才要使用。如果平时也使用，就可增加产品的消费量。

③地理扩展战略。即将产品销售到国外或是其他地区市场去。

（2）发现产品的新用途。现有产品的市场可以通过发现产品新用途并推广这些新用途来扩大市场对产品的需求。比如，为小型普通录音机增添自动录音功能、并能连接到电话线路上使用，使之成为电话录音器，就可在音响产品进入市场并对小型录音机产品被大量替代以后，使顾客再购买小型录音机。

2. 保持现有市场份额的战略

保持现有市场份额的战略是市场领导者经常要实行的战略，一般有如下几种。

（1）阵地防御。采取阵地防御，是在现有市场四周构筑起相应的"防御工事"。典型的做法是企业向市场提供较多的产品品种和采用较大分销覆盖面，并尽可能地在同行业中采用低定价策略。这是一种极为保守的竞争作法，因缺少主动进攻，长期实行，会使企业滋生不思进取的思想和习惯。美国的福特汽车公司和克莱斯勒汽车公司都曾由于采取过这种做法而先后从顶峰上跌下来；而美国可口可乐公司，在不同的时期，都积极地向市场提供消费者喜欢的产品，而不是据守于单品种的可乐饮料市场，公司不仅开发了各种非可乐饮料得以在软饮料市场上不断进取，而且在酒精饮料市场上也大肆图谋。这就没有给竞争对手更多的可乘之机。作为世界饮料业的巨子，可口可乐公司的市场领先地位长期得以稳固。

（2）侧翼防御。侧翼防御是指市场领先者对在市场上最易受攻击处，设法建立较大的业务经营实力或是显示出更大的进取意向，借以向竞争对手表明：在这一方面或领域内，本企业是有所防备的。比如，20世纪80年代中期，当IBM公司在美国连续丢失个人计算机市场和计算机软件市场份额后，对行业或是组织市场的用户所使用的小型计算机加强了营销力度，率先采用改良机型、降低产品销售价格的办法来顶住日本和德国几家计算机公司在这一细分市场上的进攻。

（3）先发制人的防御。这是一种以进攻的姿态进行积极防御的做法，即在竞争对手欲发动进攻的领域内，或是在其可能的进攻方向上，首先挫伤它，使其无法进攻或不敢再轻举妄动。例如日本精工公司在世界各地市场分销达2300种钟表产品，使竞争对手很难找到其没有涉足的领域。日本本田技研工业股份有限公司（简称本田汽车公司），素以生产摩托车闻名，该公司从20世纪80年代中期开始进入轿车生产领域，但仍然保持每年推出几款新型摩托车产品的状态。每当有竞争对手生产同样摩托车产品时，本田汽车公司就采取首先降价的防御措施，因此该公司在摩托车市场的领先地位得以长久保持。

（4）反击式防御。当市场领先者已经受到竞争对手攻击时，采取主动的，甚至是大规模的进攻，而不是仅仅采取单纯防御作法，就是反击式防御。如日本的松下集团，每当发现竞争对手意欲采取新促销措施或是降价销售时，总是采取增强广告力度或是更大幅度降价的做法，以保持该公司在电视、录像机、洗衣机等主要家电产品的市场领先地位。

（5）运动防御。运动防御指市场领先者将其业务活动范围扩大到其他领域中，一般是扩大到和现有业务相关的领域中。如美国施乐公司为保持其在复印机产品市场的领先地位，从1994年开始，积极开发电脑复印技术和相应软件，并重新定义本公司是"文件处理公司"而不再是"文件复制公司"，以防止随着计算机技术对办公商业文件处理领域的渗入而使公司市场地位被削弱。

（6）收缩防御。当市场领先者的市场地位已经受到来自多个方面的竞争对手的攻击时，企业自己可能受到短期资源不足与竞争能力的限制，只好采取放弃较弱业务领域或业务范围、收缩到企业应该主要保持的市场范围或业务领域内，就是收缩防御。收缩防御并不放弃企业现有细分市场，只是在特定时期，集中企业优势，应付来自各方面竞争的威胁和压力。例如，可口可乐公司在20世纪80年代放弃了公司曾经新进入的房地产业和电影娱乐业，以收缩公司力量来应对饮料业20世纪80年代中越来越激烈的竞争。

3. 扩大市场份额的战略

市场领先者也可以在有需求增长潜力的市场中，通过进一步地扩大市场占有额来寻求发展。据有关的研究认为，"市场份额在10%以下的企业，其投资报酬率在9%左右……而市场份额超过40%的企业将得到30%的平均投资报酬率，或者是市场份额在10%以下的企业的平均投资报酬率的3倍"。

对于市场领先者来说，实行扩大市场份额的战略能取得有效结果的条件是：一是具有较陡峭行业经验曲线。这样通过扩大市场占有额可以取得成本经济性；二是顾客对产品具有"质量响应"特点。所谓"质量响应"是指随着产品质量提高，顾客愿意为之支付更高的产品售价。这样，企业就可能为质量的提高而获取质量溢价。扩大市场份额战略的主要做法有以下几种。

（1）产品创新。产品创新是市场领先者主要采取的能有效保持现有市场地位的竞争策略。20世纪80年代中期，日本松下集团平均每6个月对其录像机产品进行更新，英特尔（Intel）公司每6个月会更新其CPU产品。

（2）质量策略。质量策略也是市场领先企业采用较多的市场竞争策略，即不断向市场提供超出平均质量水平的产品。这种竞争做法，或者是为了直接从高质量产品中得到超过平均投资报酬率的收入；或者是在高质量产品的市场容量过小时，不是依靠其获得主要营销收入，而仅仅是为了维持品牌声誉或保持企业产品的市场号召力，从而能为企业的一般产品保持较大市场销售量。

（3）多品牌策略。此策略为美国的宝洁（P&G）公司首创，即在企业销路较大的产品项目中，采用多品牌营销，使品牌转换者在转换品牌时，都是在购买本企业的产品。

（4）增加大量广告策略。市场领先企业，往往可以在一定时期，采用高强度多频度的广告来促使消费者经常保持对自己的品牌印象，增加其对品牌熟悉的程度或产生较强的品牌偏好。

（5）有效或较强力度销售促进策略。这说的是通过更多销售改进工作来维持市场份额，如不断加强售后服务，提供更多质量保证，建立更多的销售和顾客服务网点等。

| 阅读与思考 |

国产微波炉龙头问鼎全球第一

中国航天已经进入空间站时代，在这样一个万众瞩目的领域，一样小家电航天版的出现引起了业内外的广泛关注。这款家电正是第一台航天微波炉，出自国民家电品牌格兰仕之手，让中国航天员在空间站中的"出差"生活变得更日常、更丰富。

对于格兰仕，或许有不少消费者都只是略有耳闻。的确，相比格力、美的等知名国产家电巨头，格兰仕在业内的知名度并不算高。不过，这家国产品牌的实力却不容小觑。公开资料显示，格兰仕正式成立于1987年，虽然号称"综合性健康家电和智能家居解决方案供应商"，但该公司专攻的产品一直是微波炉。而且，格兰仕还是让微波炉在中国市场从奢侈品转变为现代家庭普通家电的国产微波炉时代开创者。早在1995年时，格兰仕微波炉在中国市场的份额就达到25.1%，位列第一。如今，根据奥维云网线下渠道统计数据显示，在2021年的1月至10月份的台式单功能微波炉市场中，该品牌的销售额占比高达57%、销量占比达到59.67%，遥遥领先于其他品牌。当然，格兰仕发展至今，能拿得出手的家电并非只有微波炉。据奥维云网公布的另外一组数据显示，2021年1月至10月份，台式单功能电烤箱市场中，格兰仕也凭借34.03%的销量占比位列中国第一。

值得一提的是，格兰仕不仅在产品制造、生产以及销售等方面是佼佼者，该公司还对上游产业链积极展开了部署。响应国家对企业发展智能制造的号召，格兰仕大力布局工业互联网平台，目前已经通过数字化手段打通了产业链所有环节。据悉，在该公司的智能化工厂中，全线生产过程均由机器人处理，管理端通过云端数字化技术进行监督管控，生产精度高达0.1毫米。更令人惊讶的是，格兰仕在部署上游产业链以及数字化转型的同时，还解决了"卡脖子"问题，在芯片、磁控管、压缩机等核心零部件上实现了自主研发和供应。不仅如此，格兰仕还成功研制出了全球家电行业第一款物联网芯片——"BF-细滘"。这在很大程度上增强了格兰仕的行业竞争力，在推动国内打造一个属于中国的开源芯片生态上也起到了一定的积极作用。能够在各方面做到业界领先，格兰仕绝非全靠运气和大环境的助力，还归功于格兰仕在研发和创新上的坚持不懈以及敢为天下先的魄力。

格兰仕为了让微波炉"登天"，早在2011年便组建了专业的航天微波炉项目团队。至2021年格兰仕微波炉真正进入太空，格兰仕已经为之努力了长达十年的时间，所谓"十年磨一剑"正是如此。

思考： 格兰仕是怎样成为微波炉市场的佼佼者的？

二、市场挑战者的竞争战略

市场挑战者是市场占有率位居市场领先者之后而在其他的竞争对手之上的企业。并不能完全把它们看成是竞争实力一定次于市场领先者的。因为有时很可能它们是一些很有实力的企业，因为暂时对某项业务还没有投入更多精力或还没有将其作为主要业务来发展。市场挑战者往往可以采取两种竞争战略：一是向市场领先者发起进攻，夺取更多的市场份额；二是固守已有的市场地位，使自己成为不容易受到其他竞争者攻击的对象。

1. 市场挑战者的战略目标

市场挑战者可有两类战略目标，即进攻目标和固守目标。

（1）进攻目标。市场挑战者在市场上发起进攻，或是攻击市场领先者较弱的细分市场；或是攻击比自己更小的企业。当市场挑战者具有如下的条件时，就可以考虑选取进攻目标。

①当企业在行业中具有一定的市场声望，并且可以利用已有声望来扩大现有的市场份额，而又难以寻找到新的市场时。

②当企业财力较强，有充足的资金积累，却还没有更为适宜的新投资领域时。

③当主要的竞争者——他们可能是一个市场领先者，也可能是一个和自己的地位相差不多的挑战者——转换了战略目标，而竞争对手所实行的新的营销战略和本企业已经实行的营销战略很类似时。

④主要的竞争者如果正在犯某种营销错误，留下可乘之机时。

（2）固守目标。市场挑战者在下列情况或有下列条件时，采取固守战略。

①当所在行业市场需求处于总体性缩小或衰退时。

②估计竞争对手会对所遭受的进攻做出激烈反应，而本企业缺乏后继财力予以支撑可能出现的长期竞争消耗战时。

③企业虽找到了更好的新的投资发展领域，但对新领域的发展风险不能准确估计，因而需要在现有的市场中维持一段时间时。

④主要的竞争对手调整了竞争战略或采用了新的营销战略目标，本企业一时还不能摸清对手意图时。

2. 市场挑战者的进攻战略

市场挑战者在本行业中要寻求进一步的发展，一般要采取进攻战略。因此，进攻战略是市场挑战者主要奉行的竞争战略。市场挑战者的进攻战略主要有以下5种。

（1）正面进攻。该战略是正面地向对手发起进攻，攻击对手真正实力所在，而不是它的弱点。即便不能一役以毙之，也可极大消耗对手实力。进攻的结果，取决于谁的实力更强或更有持久力，即正面进攻采取的是实力原则。正面进攻的常用做法有以下几种。

①产品对比。将自己的产品和竞争对手的产品用合法形式进行特点对比，使竞争者的顾客相信应重新考虑是否有必要更换品牌。

②采用攻击性广告。即使用同竞争者相同的广告媒介，拟定有对比性的广告文稿，针对竞争者的每种广告或广告中体现的其他的营销定位因素进行攻击。

③价格战。价格战既是传统竞争手法，也是现在市场挑战者在比较极端的情况下仍会考虑采用的竞争战略。价格战的后果是难以预料的，尤其是可能使参战的每一方都受到损失，甚至严重损失。所以，在现代营销活动中，价格战并不是市场挑战者所首选的战略。价格战有2种做法：一是将产品的价格定得比竞争者价格更低，或是调整到低于竞争者的价格。如果竞争者没有采取降价措施，而且消费者相信本企业所提供的产品在价值上和其他竞争者，尤其和市场领先者的产品相当，则此种方法会奏效。二是采用相对降低价格的做法。即企业通过改进产品的质量或提供更多的服务，明显提高产品可觉察价值，但保持原销售价格。这要求企业做到：必须在提高质量的同时，采取了降低成

本的方法，以能够保持原来的盈利水平；必须能使顾客相信或有相应的价值感觉，使顾客认为本企业的产品质量高于竞争者；必须是为"反倾销"立法所允许的，即在法律许可的范围内。

（2）侧翼进攻。侧翼进攻采取的是"集中优势兵力攻击对方的弱点"的战略原则。当市场挑战者难以采取正面进攻时，或者是使用正面进攻风险太大时，往往会考虑采用侧翼进攻。侧翼进攻包括2个战略方向——地理市场或细分市场，来向一个对手发动攻击。

①地理市场的战略方向。向同一地理区域市场范围竞争对手发起进攻。常用的做法主要有2种：一是在竞争对手所经营的相同市场范围内，建立比竞争对手更强有力的分销网点，以"拦截"竞争对手的顾客；另一是在同一地理区域内，寻找到竞争对手产品没有覆盖的市场，即"空白区"，占领这些区域并组织营销。

②细分市场的战略方向。指利用竞争对手产品线的空缺或是营销组合定位的单一而留下的空缺，冲入这些细分市场，迅速地用竞争对手所缺乏的产品品种加以填补。美国微软公司的比尔·盖茨，当年就是利用了各个大型电脑公司磁盘操作系统（DOS）互不兼容的特点，创立出通用性很好的个人微机DOS操作系统而发展起来的。实际上，当年微软公司的DOS产品，是向所有市场领先者发动攻击，但盖茨并没有专门针对任何特定竞争对手产品，而攻击的是这些对手的共同弱点所在。因此使这些各自为政的大公司都"束手无策"，以致使微软公司壮大为世界电脑软件产品的领袖地位。

（3）包围进攻。包围进攻是在对方市场领域内，同时在两个或两个以上的方面发动进攻的做法。用来对付如果只在单一方面进攻，会迅速采取反应的竞争对手，使被攻击者首尾难顾。

（4）绕道进攻。绕道进攻如同采用军事上的"迂回进攻"的方法，即尽量避免正面冲突，在对方没有防备的地方或是不可能防备的地方发动进攻。对于市场挑战者来说，有3种可行方法：

①多样化，即经营相互无关联的产品。
②用现有的产品进入新的地区市场来发展多样化。
③以新技术为基础生产的产品来代替用老技术生产的产品。

其中，尤以新技术生产产品的做法较为容易获得成功。

（5）游击进攻。游击进攻是采用"骚扰对方""拖垮对方"的战略方法。适宜实力较弱、短期内没有足够财力的企业，在向较强实力对手发起攻击时采用。此做法的特点是：进攻不是在固定的地方、固定方向上展开，而是"打一枪换一个地方"。如采用短期促销、降价、不停变换广告，进行"骚扰"等。

游击进攻不是企图取得直接胜利，企业不可能靠"游击方法"彻底地战胜竞争对手。所以，有时市场挑战者往往是在准备发动较大的进攻时，先依靠"游击进攻"作为全面进攻的战略准备，迷惑对手，干扰对手的战略决心或者是"火力侦察"。

案例

比亚迪的市场细分

比亚迪，作为中国的新能源汽车制造巨头，2022年中国新能源汽车占有率达到25.6%；2023年1—7月新能源汽车同比增长达到41.7%，远超行业的7.9%。比亚迪在全球市场持续扩张，特别是在中国市场，它仍然保持着新能源汽车领域的领先地位，占有率稳定在一个较高的水平，这得益于其深厚的品牌积淀和广泛的市场认可度。同时，在国际市场上，尤其是欧洲，比亚迪也取得了显著的突破，销量同比增长明显，显示出其产品的国际竞争力。在产品线上，比亚迪提供了多样化的选择，从轿车到SUV，再到商用车，覆盖了不同消费者群体的需求。其中，轿车和SUV主要针对家庭和城市用户，强调驾驶的舒适性和车辆的续航里程；而商用车则主要服务于公共交通和物流领域，凸显其实用性和经济性。此外，比亚迪还针对不同的消费者群体进行了精细划分，无论是个人用户、企业客户还是政府机构，都有其对应的产品和服务策略。对于价格敏感的个人用户，比亚迪提供了性价比较高的经济型车辆；而对于追求更高品质和性能的消费者，则有中高端型号供选择。在销售渠道上，比亚迪采用了线上线下的融合策略，既保持了传统4S店的购车体验优势，又利用电商平台和官方网站为消费者提供了更加便捷的购车途径。综上所述，比亚迪通过多维度的市场细分策略，成功地满足了不同地域、不同消费者群体的多样化需求，进一步巩固了其在全球新能源汽车市场的领导地位。

三、市场追随者的竞争战略

1. 市场追随者竞争战略的特点

对于市场份额大大小于市场领先者的追随者来说，如果没有产品在技术上的真正进步或营销组合上的有效改进，那么在已经取得的市场份额内，就需要不断改进营销，通过增加顾客的满意度来维持顾客。市场追随者如果主动细分市场、集中力量为最有希望的顾客群提供比所有竞争对手都好的营销服务，或进行有效的市场与产品开发，着重实际的盈利水平而不是追求不实际的市场份额，并且采取有效的营销管理，也可成为非常成功的企业。

2. 市场追随者的战略类型

市场追随者有以下3种战略类型。

（1）紧紧追随。紧紧追随是指在尽可能多的细分市场和营销组合中模仿市场领先者的做法。在这种情况下,市场追随者很像是一个市场挑战者。但是市场追随者采取避免直接发生冲突的做法,使市场领先者的既有利益不受妨碍或威胁。比如,在产品功能上,市场追随者可以和市场领先者一致;但是,在品牌声望上,和市场领先者保持一定差距。

(2)保持一段距离的追随。市场追随者总是和市场领先者保持一定的距离,如在产品的质量水平、功能、性价比、促销力度、广告密度,以及分销网点的密度等方面,都不使市场领先者和挑战者觉得市场追随者有侵入的态势或表示。市场领先者往往很乐意有这种追随者存在,并让他们保持相应的市场份额,以使市场领先者自己更符合"反垄断法"的规定。采取这种策略的市场追随者一般靠兼并更小的企业来获得增长。

(3)有选择的追随。采取在某些方面紧跟市场领先者,而在另外一些方面又走自己的路的做法。这类企业具有创新能力,但是它在整体实力不如对方的时候,需要采用完全避免直接冲突的做法,以便企业有时间悉心培养自己的市场和竞争实力,可望在以后成长为市场挑战者。

四、市场补缺者的竞争战略

除了寡头竞争行业,其他行业中都存在一些数量众多的小企业,这些小企业差不多都是为一个更小的细分市场或者是为一个细分市场中存在的空缺提供产品或服务。如我国许多街道小厂,原来生产冰箱保护器这类小产品等。由于这些企业对市场的补缺,可使许多大企业集中精力生产主要产品,也使这些小企业获得很好的生存空间。

作为市场补缺者,在竞争中最关键的是应该寻找到一个或多个安全的和有利可图的补缺基点。理想的市场补缺基点应该具有的特点是:

第一,有足够的市场需求量或购买量,从而可以获利;

第二,有成长潜力;

第三,为大的竞争者所不愿经营或者是忽视了的;

第四,企业具有此方面的特长,或者可以很好地掌握补缺基点所需要的技术,为顾客提供合格的产品或服务;

第五,企业可以靠建立顾客信誉保卫自己,对抗大企业的攻击。

市场补缺者的竞争战略的关键其实是"专业化",即利用分工原理,专门生产和经营具有特色的或是拾遗补阙的、为市场需要的产品或服务。由于是在一个较小的领域内追求较大市场份额,补缺也可以使那些最小的企业获得发展或者是取得较高的投资盈利。一般而言,在下列几方面可以找到专业化的竞争发展方向。

第一,最终使用者的专业化。企业专门为最终使用用户提供服务或配套产品。如一些较小的计算机软件公司专门提供防病毒软件,成为"防病毒专家"。

第二,纵向专业化。企业专门在营销链的某个环节上提供产品或服务。如专业性的设备搬运公司、清洗公司等。

第三,顾客类型专业化。市场补缺者可以集中力量专门为某类顾客服务。如在产业用品的市场上，存在许多为大企业所忽视的小客户，市场补缺企业专为这些小客户服务。某些小型装修公司，专门承接家庭用户的住房装修业务，这些是大型装修公司所不愿为之的。

第四，地理区域专业化。企业将营销范围集中在比较小的地理区域，这些地理区域往往具有交通不便的特点，为大企业所不愿经营。

第五，产品或产品线专业化。企业专门生产一种产品或是打造一条产品线。所涉及的这些产品是被大企业看作市场需求不够、达不到经济生产批量要求而放弃的。这就为市场补缺者留下很好的发展空缺，如家用电器维修安装业务。

第六，定制专业化。当市场领先者或是市场挑战者比较追求规模经济效益时，市场补缺者往往可以碰到许多希望接受定制业务的顾客。专门为这类客户提供服务，构成一个很有希望的市场。近年来，我国城市中的许多家庭，在住房装修、家具等产品和服务方面，越来越倾向于定制，就为许多小企业或个体业主提供虽是分散、却是数量极大的营销机会。

第七，服务专业化。专门为市场提供一项或有限的几项服务。近年来我国城市中出现的许多"搬家服务公司""家教服务中心"；农村中的"农技服务公司""种子服务公司"等，就是小企业采用这类专业化发展的做法和实例。

| 阅读与思考 |

足力健老人鞋如何从一个"小趋势"里做出"大生意"

管理大师德鲁克在谈到创新来源时说，当市场的现实需求与供给之间出现不协调时，往往会诞生创新的灵感。

足力健就是这样的案例。其洞察到老年人脚型和年轻人脚型并不相同，穿鞋的需求和痛点也不一样，所以研发并推出了专业老人鞋品牌，几年时间里销量不断攀升，成为老人鞋品类引领者。

足力健创立于2015年，在此之前，在大众印象中，并没有专门做老人鞋的品牌。这个领域基本上一片空白，是一个典型的缝隙市场、利基市场。

足力健是第一个在大众媒体平台上宣传老人鞋这个品类的制鞋企业。密集的广告宣传，让足力健老人鞋迅速进入大众视线，成为老人鞋品类的开创者和领跑者。

美国营销大师特劳特的"定位理论"提出，最好的定位就是在用户的心智中牢牢占据第一的位置，让用户想起一个品类就能想到一个品牌，两者几乎画等号，就成功了。足力健做到了这一点，很多老人想到老人鞋就会想到足力健，想到足力健就会想到老人鞋。

目前，足力健老人鞋在全国拥有专卖店数千家，电商平台全渠道覆盖。凭借强大的技术优势，足力健老人鞋在产品外观、鞋底、鞋垫等方面，先后荣获实用新型、外观设计等多项国家技术专利，真正做到了用硬实力奠定行业领军者的地位。

思考：足力健的成功给我们什么启示？

| 课堂讨论 |

调查在国产手机中，市场的领导者、挑战者、追随者、补缺者各有哪些品牌？

任务三 确定目标市场

市场经过细分之后，摆在企业面前是若干个细分市场，究竟哪个细分市场对本企业来说存在着市场机会，即哪个市场可以作为本企业的目标市场，企业可以集中自己有限的资源并发挥自己的优势为目标市场的消费者服务，同时也取得相应的经济回报。企业必须对细分市场进行分析和评价，确定本企业的目标市场。

目标市场（Target Market）：是指企业准备用产品或服务以及相应的一套营销组合为之服务或从事经营活动的特定市场。

一、确定目标市场的步骤

确定目标市场的步骤如图4-4所示。

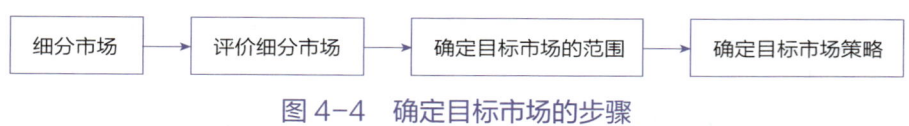

图 4-4　确定目标市场的步骤

二、评价细分市场

评价细分市场，必须确定一套具体的评价标准，评价标准主要可从细分市场本身的特性、市场结构的吸引力、本公司的目标及资源优势这些方面来考虑。

1. 细分市场本身的特性

（1）市场有没有"适当"的规模。"适当"的规模是个相对的概念，大企业一般重视销售量大的细分市场，小企业却经常会选择一些小的细分市场，但总的来说，根据企业自身的条件，衡量细分市场的规模是否值得去开发，即：开发这样的市场是否会由于规模过小而不能给企业带来所期望的销售额和利润。

（2）市场有没有预期的发展前景。一个细分市场是否值得开发，除了应具备规模这个因素外，还要考察市场有没有相应的发展前景。发展前景通常是一种期望值，因为企业总是希望销售额和利润能不断上升。但要注意，竞争对手会迅速地抢占正在发展的细分市场，从而抑制本企业的盈利水平。

2．细分市场结构的吸引力

有些细分市场虽然具备了企业所期望的规模和发展前景，但可能缺乏盈利能力。迈克尔·波特提出决定某一细分市场长期利润吸引力的5种因素，如表4-4所示。

表4-4　决定某一细分市场长期利润吸引力的5种因素

- ◆ 该市场同行竞争者的数量和实力
- ◆ 该市场进入的难易程度及潜在竞争的实力
- ◆ 该市场有无现实或潜在的替代产品
- ◆ 该市场购买者的议价能力高低，如购买者有无组织支持
- ◆ 该市场供应商的议价能力的高低，如该市场的产品生产是否要严重依赖某种由供应商提供的零配件或原材料

3．企业的目标和资源

某细分市场已经具有适合企业的规模、良好的发展前景和富有吸引力的结构，能否作为企业的目标市场，企业仍需结合自己的目标和资源进行考虑。

企业有时会放弃一些有吸引力的细分市场，因为它们不符合企业的长远目标。当细分市场符合企业的目标时，企业还必须考虑自己是否拥有足够的资源，能否保证在细分市场上取得成功。即使具备了必要的能力，公司还需要发展自己的独特优势。只有当企业能够提供具有高价值的产品和服务时，才可以进入这个目标市场。

三、确定目标市场的范围

市场经过细分、评价后，可能得出若干可供进军的细分市场，企业是向某一个市场进军或向多个市场进军，这就需要确定目标市场的范围。企业可以在五种目标市场类型中进行选择（图4-5）。

1．产品/市场集中

企业选择一个细分市场作为目标市场，企业只生产一种产品来满足这一市场消费者的需求。

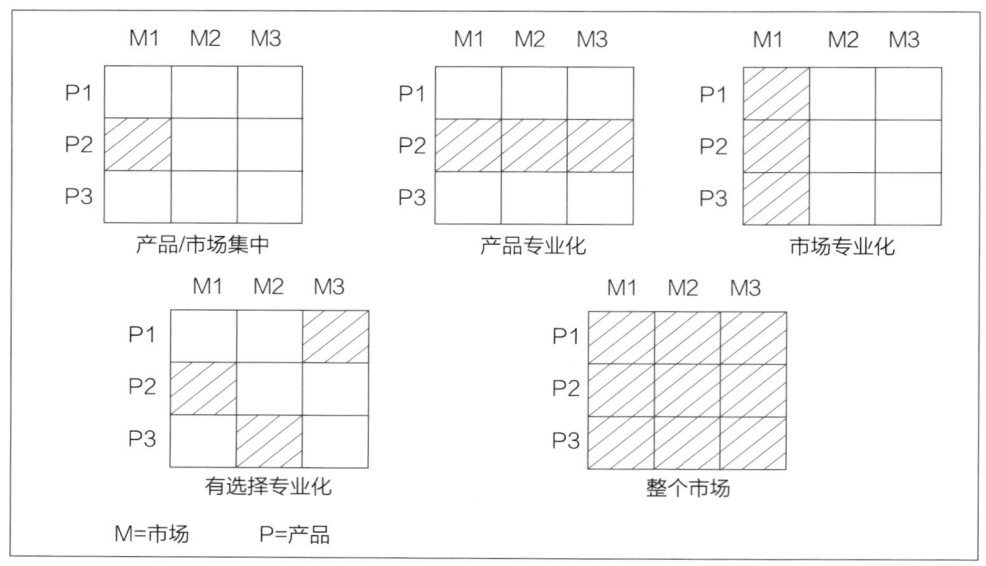

图 4-5　五种目标市场选择类型

这种策略的优点主要是能集中企业的有限资源，通过生产、销售和促销等专业化分工，**能提高经济效益**。一般适合实力较弱的小企业，与其在大（多）市场里平庸无奇，倒不如在小（少）市场里有一席之地。但存在着较大的潜在风险，如消费者的爱好突然发生变化，或有强大的竞争对手进入这个细分市场，<u>企业很容易受到损害</u>。

2．产品专业化

企业选择几个细分市场作为目标市场，企业只生产一种产品来分别满足不同目标市场消费者的需求。这种策略可使企业的某个产品树立起很高的声誉，扩大产品的销售，但如果这种产品被全新技术产品所取代，其销量就会大幅下降。

3．市场专业化

企业选择一个细分市场作为目标市场，并生产多种产品来满足这一市场消费者的需求。企业提供一系列产品专门为这个目标市场服务，容易获得这些消费者的信赖，产生良好的声誉，打开产品的销路。但如果这个消费群体的购买力下降，就会减少购买产品的数量，企业就会产生滑坡的危险。

4．有选择专业化

企业选择若干个互不相关的细分市场作为目标市场，并根据每个目标市场消费者的需求，向其提供相应的产品。这种策略的前提就是每个市场必须是有前景、具经济效益的市场。

5. 整体市场

企业把所有细分市场都作为目标市场，并生产不同的产品满足各种不同的目标市场消费者的需求。只有大企业才选用这种策略。

四、确定目标市场策略

企业通过对市场进行细分，发现一些潜在需求或未被满足的需求，并结合企业自身的目标和资源，分析竞争的情况，寻找到理想的市场机会，这就是目标市场的选择。企业决定选择哪些细分市场为目标市场，有三种目标策略可供选择，如图4-6所示。

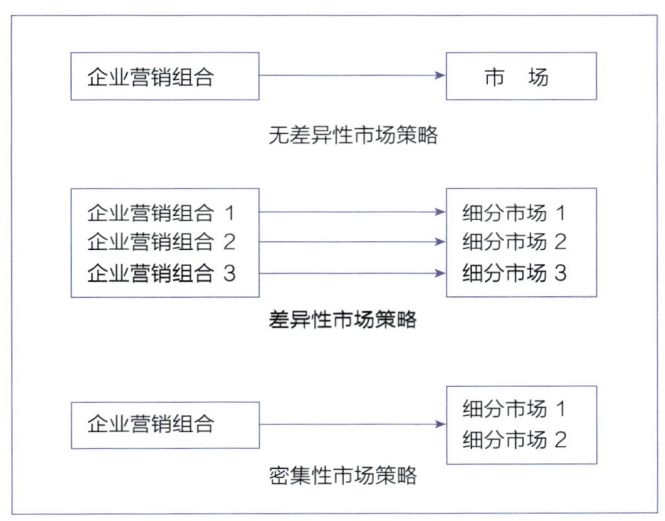

图4-6　三种不同的目标市场策略

1. 无差异性市场策略

企业经过市场细分之后，虽然认识到同一类产品有不同的细分市场，但权衡利弊得失，不去考虑细分市场的特性，而注重细分市场的共性，决定只推出一种产品，或只用一套市场营销策略来满足市场所有顾客的需求，以求在一定程度上适合尽可能多的顾客需求。如改革开放之前，广州啤酒厂仅生产一种口味、一种规格、一种包装、一种价格的玻璃瓶装"双喜"啤酒来供应广东市场。

由于只有一种产品，企业容易做到机械化、自动化、标准化生产，容易做到大批量生产，容易做到生产成本低、产品质量好；又由于仅采用一种营销策略，销售成本也最低。这样企业能以物美价廉的产品迎合消费者的需要。但这种策略也有其不足，首先，不能满足消费者的多种需求。因为市场上的消费者的需求是千差万别的，企业只有一种产品难以满足所有消费者的需求和欲望。其次，容易引起竞争的过度。一旦企业的这种产品销路好，能获得丰厚的利润时，必然招徕许多竞争者。再次，不能长期使用。因为一种产品能长期为消费者所接受是罕见的，特别是现在，产品更新换代快，企业不断推出新产品，老产品容易被淘汰，企业不能高枕无忧，长期使用。

这一策略适用于产品初上市的情况，或产品获得专利权的，因为这样的场合没有竞争者或竞争者少。同时，适合于生产规模大，实力雄厚的大企业。

2. 差异性市场策略

企业经过市场细分之后，认识到不同细分市场的消费者存在不同的需求，企业决定推出多种产品，采用多种市场策略，分别去满足多个目标市场消费者的需求。如广州花城汽水厂生产各种不同的高档饮料，用不同的口味、功能、包装、广告宣传，分别吸引多个目标市场的消费者。他们用"高橙"饮料去适应北方市场和部队市场消费者的需要，用"高能"饮料去满足运动员、飞行员、强体力劳动者、强脑力劳动者迅速补能的需要，用"人参花饮露"去适应老年人滋补身体的需要，用"乐声宝"去满足演员、教师等消费者护嗓的需要等。

由于构成整体市场的消费者的需求是千差万别的，即使对同一种产品的需求，在型号、规格、款式、颜色等方面的需求也有明显的差异。企业选择多个目标市场并根据每个细分市场消费者的需要，用不同的产品，不同的市场策略去满足各个目标市场消费者的需要。所以，这种策略的优点一是销售量大。目标市场越多，消费者的需求就越多，产品的销售量就越大；二是风险小。因为企业有多个市场，避免因为一个目标市场出现问题时，威胁到整个企业的生存和发展。最大的不足是成本高。由于企业生产的产品多，需要多项研究费用，多套生产设备，多种熟练生产工艺的技术人员和生产工人，多种产品包装，加上产品需求批量小，生产成本必然高；且用多套分销渠道网络，多种促销措施，以致分销费用、储存费用、广告宣传费用、人员推销费用都大幅度增加，销售成本也相当高。

这一策略适应于产品生命周期的成长期后期和成熟期。因为这一时期竞争者多，企业采取这一策略可以获取市场竞争优势，增强企业的竞争力。

3. 密集性市场策略

密集性市场策略也称集中性市场策略，是指企业集中力量去满足一两个目标市场消费者的需要。由于企业认为自己的资源有限，企业应集中所有的力量在这一两个目标市场上，争取在这一两个市场上获取较高的市场占有率，不断取得竞争优势，逐渐扩充自己的实力。这种策略的优点是投资少，见效快。因为企业只有一两个市场，资金的需要较少，同时由于这一两个市场是企业的命根，企业必然会竭尽全力对目标市场做深入的调查研究，及时收集顾客意见，及时反馈信息，及时按消费者的需求和欲望去改进产品，提供最佳服务，能迅速产生销售效果。但由于企业只有这一两个市场，万一市场发生变化，就会导致企业经营失利，使企业难于翻身，即风险大是这种策略的不足。

这一策略适用于资源薄弱的小型企业，或是处于产品生命周期衰退期的企业。

4．确定目标市场策略应考虑的因素

前面所述的三种目标市场策略各有其长处和不足，企业应根据具体的情况加以选择。企业在确定采用何种目标市场策略时应考虑如下因素。

（1）企业资源。企业的资源包括企业的人力、物力、财力、信息、技术等方面。当企业资源多，实力雄厚，可运用无差异性或差异性市场策略；当企业资源少，实力不足，最好采用密集性市场策略。

（2）产品的同质性。生产同质性高的产品的企业，如大米、食盐等，由于其差异较少，企业可用无差异性市场策略；生产同质性低的产品，如衣服、照相机、化妆品、汽车等，对于这类产品，消费者认为产品各个方面的差别较大，在购买时需要挑选比较，企业适宜采用差异性市场策略去满足不同消费者的需求。

（3）产品所处的生命周期阶段。产品处于生命周期不同的阶段，由于市场的环境发生变化，企业应采用不同的市场策略。在产品的投入期和成长期前期，由于没有或有很少竞争对手，一般应采用无差异性市场策略；在成长期后期、成熟期，由于竞争对手多，企业应采取差异性市场策略，开拓新的市场；在衰退期，则可用密集性的市场策略，集中企业有限的资源。

（4）市场的同质性。如果各个细分市场的消费者对某种产品的需求和偏好基本一致，对市场营销刺激的反应也相似，则说明这个市场是同质或相似的，这一产品的目标市场策略最好采用无差异性市场策略。如我国的电力，无论是北方市场或南方市场、城市市场或农村市场、沿海地区市场或是内陆地区市场，其需求是一致的，都需要220V、50Hz的照明电，电力应采用无差异市场策略。如果各个细分市场的消费者对同种产品需求的差异性大，则这种产品的市场同质性低，应采用差异性市场策略。如洗衣机市场，城市消费者与农村消费者的需求不同，南方消费者与北方消费者的需求不同，高收入层与低收入层的需求也会不同。洗衣机市场应采用差异性市场策略。

（5）竞争状况。首先应考虑竞争对手的数量。如果竞争对手的数量多，应采用差异性市场策略，发挥自己的优势，提高竞争力，如果竞争对手少，则采用无差异性市场策略，去占领整体市场，增加产品的销售量；其次应考虑竞争对手采取的策略。如果竞争对手已积极进行市场细分，并已选用差异性市场策略时，企业应采用更有效的市场细分，并采用差异性市场策略或密集性市场策略，寻找新的市场机会。如果竞争对手采用无差异性市场策略，企业可用差异性市场策略或密集性市场策略与之抗衡，如果竞争对手较弱，企业也可以实行无差异性市场策略。

企业进行市场细分,确定目标市场之后,紧接着应考虑目标市场各个方位的竞争情况。因为在企业准备进入的目标市场中往往存在一些捷足先登的竞争者,有些竞争者在市场中已占有一席之地,并树立了独特的形象。新进入的企业如何使自己的产品与现存的竞争者产品在市场形象上相区别,这就是市场定位的问题。

一、市场定位的概念和作用

曾经有一张获奖的照片:在这张照片中,整张照片上布满了密集的牛,这上百只牛形体极其相似,唯有一只却异常引人注目,在其他的牛都低头觅食的时候,它却抬头回眸,瞪着大眼好奇地望着摄像机的镜头,神情趣怪可爱。每个看到这张照片的人无不一下被那头牛吸引住目光,并对其留下难以磨灭的印象,而对其他牛则难以留下记忆。这说明一个道理:有差异的、与众不同的事物才容易吸引人的注意力。

1. 市场定位的概念

市场定位:是为了适应消费者心目中某一特定的看法而设计的企业、产品、服务及营销组合的行为。

市场定位根据不同定位的对象不同,一般有企业(公司)定位、品牌定位、产品定位三个层面。产品定位就是将某个具体的产品定位于消费者心中,让消费者一产生类似需求就会联想起这种产品。产品定位是其他定位的基础,因为企业最终向消费者提供的是产品,没有产品这一载体,品牌及企业在消费者心目中的形象就难以维持。品牌是产品的一种特殊标志、标识,但品牌定位不同于产品定位,当一种知名品牌代表某一特定产品时,产品定位与品牌定位无大区别。如当消费者一看到"飘柔",就自然而然把它与洗发水联系起来。当一种知名品牌代表多个产品时,产品定位就区别于品牌定位,如当你提起"海尔"时,别人很难分辨出你指的是海尔冰箱,还是洗衣机,或是空调。尽管如此,但人们脑海中都仍会产生一种概念,即"海尔=高品质"。所以,品牌定位比产品定位内涵更宽,活动空间更广,应用价值更大。企业定位是企业组织形象的整体或其代表性的局部在公众心目中的形象定位,企业定位是最高层的定位,必须先定位它们的产品和品牌,但它的内容和范围要广得多。

2. 市场定位的作用

（1）定位能创造差异，有利于塑造企业特有的形象。通过定位向消费者传达定位的信息，使差异性清楚展现于消费者面前，从而引起消费者注意企业的品牌，并使其产生联想。若定位与消费者的需求吻合，企业的品牌就可以留驻消费者心中。如品牌多如星数的洗发水市场上，海飞丝洗发水定位为去头屑的洗发水，这在当时是独树一帜，因而海飞丝一推出就立即引起消费者的注意，并认定它不是普通的洗发水，而是具有去头屑功能的洗发水，当消费者需要解决头屑烦恼时，便自然第一个想到它。

（2）适应细分市场消费者或顾客的特定要求，以更好地满足消费者的需求。每一产品不可能满足所有消费者的要求，每一个企业只有以市场上的部分特定顾客为其服务对象，才能发挥其优势，提供更有效的服务。因而明智的企业会根据消费者需求的差别将市场细分化，并从中选出有一定规模和发展前景并符合企业的目标和能力的细分市场作为目标市场。但只是确定了目标消费者是远远不够的，因为这时企业还是处于"一厢情愿"的阶段，令目标消费者也同样以你的产品作为他们的购买目标才更为关键。为此，企业需要将产品定位在目标市场消费者所偏爱的位置上，并通过一系列的营销活动向目标消费者传达这一定位信息，让消费者注意到这一品牌并感觉到它就是他们所需的，这才能真正占据消费者的心，使企业所选定的目标市场真正成为企业的市场。如果说市场细分和目标市场抉择是寻找"靶子"，那么市场定位就是将"箭"射向靶子。

（3）定位能形成竞争优势。当今信息爆炸的社会中，消费者大都被过量的产品或服务的信息所困惑，他们不可能在做每项购买决策时都对产品做重新的评价，为了简化购买决策，消费者往往会对产品进行归类，即将某个企业和产品与竞争对手和竞争产品相比较，从而使企业和产品在他们心目中"定个位置"。定位一旦得到消费者的认可，就能使企业形成巨大的竞争优势，且这一优势往往非产品质量和价格所带来的优势可比。

| 阅读与思考 |

香港银行如何利用定位谋取市场

香港金融业非常发达，占其产业的1/4。在香港，各类银行多达几千家，竞争异常激烈。如何在这个狭小的市场找到自身的生存空间？他们的做法是：利用定位策略，突出各自的优势。

汇丰——定位于分行最多，全港最大的银行。20世纪90年代以来，为拉近与顾客之间的距离，汇丰改变了定位策略。新的定位立足于"患难与共，伴同成长"，旨在与顾客建立同舟共济、共谋发展的亲密朋友关系。

恒生——定位于充满人情味的、服务态度最佳的银行。通过走感性路线赢得顾客的心，突出服务这一卖点，也使它有别于其他银行。

渣打——定位于历史悠久，安全可靠的英资银行。这一定位树立了渣打银行可信赖的"老大哥"形象，传达了让顾客放心的信息。

廖创兴——定位于助你创业兴家的银行。以中小工商业者为目标对象，为他们排忧解难，赢得事业的成功。香港中小工商业者有很大的潜在市场。廖创兴敏锐地洞察到这一点，并切准他们的心理：想出人头地，大展宏图。据此，廖创兴将自身定位在专为这一目标顾客群服务，给予他们在其他大银行和专业银行所不能得到的支持和帮助，从而牢牢占有了这一市场。

思考：
1. 为什么香港的各家银行分别选择了不同的定位？
2. 试评价上述各银行的定位。

二、定位的策略

1．产品定位策略

市场营销中的产品是包含三个层次的整体产品，产品定位的目的，是让有形、无形的产品在顾客心目中留下深刻的印象，因此产品定位必须从产品三个层次的各种特征，如功能、价格、技术、质量、安装、应用、维护、包装、销售渠道、售后服务等方面入手，使这之中的一个或几个方面能与其他同类产品区分开来，且区别越大越好，特色越明显越好，看上去就好像是市场上"唯一"的。归纳起来，产品定位策略有下面几种。

（1）根据属性定位。产品与属性、特色或顾客利益相联系。如汽车市场上，德国的大众汽车具有"货币的价值"的美誉，日本的丰田汽车侧重于"经济可靠"，瑞典的沃尔沃汽车则具有"耐用"的特点。

产品的外形（形状、颜色、大小等）是产品给顾客的第一印象，独特的外形，往往能吸引顾客第一眼的注意。如果在顾客对某些产品的形式已成为习惯、想当然的时候，对外形加以改造，往往有令人惊喜的效果。如果在灰黑的电器中，突然看到一台红色的电冰箱，会格外引人注目。

（2）根据价格与质量定位。价格是产品明显、能反映其质量、档次特征的信息。如一家大酒楼，推出上万元一桌的"黄金宴"，通过这种看似噱头的高价，除了造成了新闻的轰动效应外，关键给顾客留下了深刻的印象，使顾客把这家酒楼与豪华高贵联系起来，酒楼在顾客心目中形成了独特的地位。于是，社会上的有钱人士都以进去消费一番为荣。

①高质高价定位。高价格是一种高质量的象征。只要企业或产品属于"高质"的类别，且高质量、高水平服务、高档次能使顾客实实在在地感受到，就可以用这种定位。

②高质低价定位。一些企业将高质低价作为一种竞争手段，目的在于渗透市场，提高市场占有率。如广东格兰仕集团就是采用这种定位，通过重视优于价格水平的产品质量的宣传，向顾客传递"物超所值"的信息，使格兰仕微波炉迅速占领我国微波炉市场并一直保持极高的市场占有率。

（3）根据产品的功能和利益定位。产品能帮助顾客解决问题，带来方便，获得心理上的满足，这就是产品的功能。顾客一般很注重产品的功能，企业如果可以通过对自己生产的产品的各种功能的突破、强调给顾客带来比竞争对手更多的利益和满足，就能用它进行定位。

①多功能定位。提供多种功能，期望顾客买一件产品，可获得多种用途，达到多方面的满足，建立起"功能齐全"的市场形象。

②重点功能定位。将产品关键的、重要的功能作为突破点，使顾客在产品主要功能方面获得极大的满足，形成产品独特的形象。

③单一功能定位。将产品的某一功能设计得特别突出，使一件产品能够完全满足一种功能需要，从而突出产品差异。如柯达的傻瓜相机的操作非常简单，比一般照相机更受欢迎。夏普公司曾经开发出一种彩电和录像机二合一产品，无论怎样努力，就是无法取代一般彩电、录像机，原因就在于单功能产品也有无法比拟的优势。

（4）根据使用者定位。使用者就是目标顾客，依靠使用者的定位，实际上就是选定一个独特的目标市场，并使产品在此目标市场上获得难于取代的优势地位，如婴儿奶粉、老年人高钙铁质奶粉。

2. 品牌定位策略

品牌是商业化的现实生活中较常见的标识。如今要用什么东西都得买，买的时候认品牌，因为同类的产品太多了，据说在国际上，有一半的产品是靠品牌成交的。如瑞士的手表，法国的化妆品，日本的电子产品和小汽车，德国的照相机，美国的可口可乐及中国的丝绸等，这些产品几乎不需要任何介绍，成交率非常高。

（1）档次定位。依据品牌在消费者心目中的价值高低区分出不同的档次，如酒店、宾馆按星级划分为1~5个等级，是档次定位的一个例子。广州五星级白天鹅宾馆，其高档的品牌形象不仅涵盖了幽雅的环境、优质的服务、完善的设施，还包括进出其中的都是商界名流及有一定社会地位的人士。定位于中低档次的酒店品牌，则针对其他的细分市场，如满足追求实惠和廉价的人群。

因为档次定位反映品牌的价值，不同品质、价位的产品不适宜使用同一品牌。如果企业要推出不同价位、品质的系列产品，应采取品牌多元化策略，以免使品牌整体形象受低质产品影响而遭到破坏。

（2）类别定位。依据产品的类别建立起品牌联想。类别定位力图在顾客心目中留下该品牌等同于某类产品的印象，以成为某类产品的代名词或领导品牌，在消费者有了某类特定需求时就会联想到该品牌。在饮料市场，"可口可乐"和"百事可乐"是市场的领导品牌，市场占有率极高，在消费者心目中的地位不可动摇。"七喜"汽水"非可乐"定位就是借助类别定位的一个经典的例子。"非可乐"的定位使"七喜"处于与"可口"和"百事"对立的类别，成为可乐饮料之外的另一种选择。不仅避免了与两巨头的正面竞争，还巧妙地与两品牌挂钩，使自身处于和它们并列的地位。成功的类别定位使"七喜"在饮料市场中占据前排的位置。

（3）比附定位。比附定位就是攀附名牌，比拟名牌来给自己的品牌定位。目的是借名牌之光来提升自己品牌的价值和知名度。

①甘居"第二"。明确承认同类产品中另有最负盛名的品牌，自己只不过是第二而已。这种策略会使人产生一种谦虚诚恳的印象，相信其所说的是真实可靠的，因而记住了通常不易为人重视和熟记的序号。

②"攀龙附凤"。具体来说，就是首先承认同类产品中已有卓有成就的品牌，本品牌虽自愧不如，但在某一地区或某一方面还可以与这些最受消费者欢迎和信赖的品牌并驾齐驱，平分秋色。内蒙古宁城老窖打出的广告语"宁城老窖——塞外茅台"，就属于这一策略。

案例

东方迪士尼

苏州乐园开业之初就以"东方迪士尼"为品牌定位，以"迪士尼太远，去苏州乐园"为宣传口号。这就是一种比附定位的做法，迪士尼显然具有很高的品牌知名度和美誉度，非常符合比附定位的关键条件。那个时候的国人出国能力有限，去真正的迪士尼十分困难，去过迪士尼者也少而又少，但想去迪士尼者多而又多。在这种市场心理背景下，苏州乐园宣称它就是游客身边的迪士尼，不必越洋过海出国了，很容易令游客动心。所以，尽管苏州乐园与迪士尼在某种意义上是"形似而神不似"，但"东方迪士尼"这一巧妙的比附定位，还是令苏州乐园与一般的游乐园迅速区分开来，并在很大程度上造就了它的成功。

③奉行高级俱乐部策略。即强调自己是某个具有良好声誉的小团体的成员之一。如美国克莱斯勒公司就宣称自己是美国"三大汽车公司之一"，以此推出这个俱乐部的概念，一下子使自己和"巨头"们坐在一起了，很容易在顾客心目中留下不灭的印象。

案例

蒙牛的高级俱乐部战略

蒙牛根据呼和浩特人均牛奶拥有量全国第一的状况，提出"建设我们共同的品牌——中国乳都呼和浩特"，并制作了《为内蒙古喝彩》户外广告："千里草原腾起伊利集团、兴发集团、蒙牛乳业……"其实蒙牛当时无论从历史、地位和规模上都不足以和这些著名品牌相比，蒙牛把自己和它们并列在一起，让人感觉能和大企业相提并论的企业必然也是大品牌。

（4）情景定位。将品牌与一定环境、场合下产品的使用情况联系起来，以唤起顾客在特定情景下对该品牌的联想。如"八点以后"巧克力薄饼定位"适合八点以后吃的甜点"，"米开威"（Milky Way）则自称为"可在两餐之间吃的甜点"。它们在时段上建立了区分。八点钟以后，想吃甜点的顾客自然而然想到"八点以后"这个品牌，而在两餐之间，首先会想到米开威。

3. 企业定位策略

顾客在购买一种物品的时候，常常会面临着品牌太多，而自己又对品牌弄不清楚的情形。这时顾客往往会倾向于看生产经营的企业是哪一家，再做决定。企业作为一个整体，在顾客的心目中有一定的位置。如一提到胶卷，大多数人脑子里立刻会出现柯达、富士……等一系列的名称。所以一个企业，必须设法让自己作为一个整体，在顾客的脑海中占据一个明显而突出的位置。企业作为整体的定位，可根据不同企业在行业中所占市场份额大小来选择不同的市场竞争战略，具体有市场领先者、挑战者、追随者、补缺者，已在前文中予以体现，此处不再赘述。

三、市场定位的技术

1. 市场定位的工具

定位不仅是一种思考，在实践中更是需要专业性的工具使之操作具体化。定位图就是进行定位时常使用的一种工具。

定位图是一种直观的、简洁的定位分析工具，一般利用平面二维坐标图的品牌识别、品牌认知等状况做直观比较，以解决有关定位问题，其坐标轴代表顾客评价品牌的特征变量，图上各点则对应市场上的主要品牌，它们在图上的位置代表顾客对其关键特征的评价。

通过定位图，可以显示各产品、各品牌在顾客心目中的形象及之间的差异，在此基础上做出定位决策。

如果需要做更复杂的分析（两个以上的特征变量），可用其他的定位工具，如排比图和多元分析的统计软件。

排比图就是将特征变量排列出来，在每一变量上分别比较各竞争品牌的表现，最后在此基础上确定定位（图4-7）。排比图最大的特点是适应多因素分析，有助于在纷繁的变量中寻找定位。

如图4-7所示，纵向排列的要素是产品的特征变量，其重要程度由上而下递减，排在最上面的重要程度最高。图上的各点代表各竞争品牌（D、E、H、L、K）在相应每一特征变量的横线上依各自在不同方面表现的相对强弱而排列，强弱程度从左至右递增。如在"品质"这一变量上，D品牌表现最佳，被公认为最优质，L、K、H三种品牌则品质相近且都为一般，而E则最差，排在最左边。

图4-7 排比图

2. 市场定位的方式

（1）避强定位。企业力图避免与实力最强或较强的其他企业发生正面竞争，将自己的产品定位于与竞争对手不同的市场区域内，使自己的产品在某些特征或属性方面与最强或较强的对手有显著的差异。这种方式的优点是：能够迅速地在市场上站稳脚跟，并能在消费者或用户心目中迅速树立起形象。由于这种定位的方法市场风险较少，成功率较高，常常为多数企业所采用。

（2）对抗性定位。企业根据自身的实力，为占据较佳的市场位置，不惜与市场上占支配地位的、实力最强或较强的竞争者发生正面竞争，从而使自己的产品进入与对手相同的市场位置。这种定位的方式有时会产生激烈的市场竞争，有较大的市场风险，但不少企业认为由于竞争者强大，能够激励自己奋发上进，一旦成功就会取得巨大的市场优势，且在竞争过程中往往能产生轰动效应，可以让消费者很快了解企业及其产品，企业易于树立市场形象。实行对抗性定位，必须知己知彼，应清醒估计自己的实力，不一定要压垮对方，只要能够平分秋色就是巨大的成功。

| 阅读与思考 |

"洋"快餐为何能长驱直入广州城

广州素有"食在广州"之美誉，因而很多人并没料到洋快餐竟能在此大行其道。但只要分析洋快餐进攻广州之前餐饮市场定位图（图4-8）就可知洋快餐的成功并非偶然。

图上的点主要集结在两个区域：环境、服务俱佳但价格不菲的部分是星罗棋布的高档酒楼；另一部分低档价廉，这是遍布大街小巷的小食肆。由此反映出广州餐饮业有两个特点：①主要分为两个类型——高档酒楼和小食肆；②这两种类型从业者之间的竞争相当激烈，市场空隙甚少。虽然市场上众多饮食业竞争的不可开交，但从图4-8可以看出，环境、服务优良但价格适中的区域却尚是一片空白。若了解广州近年经济发展状况及市民对餐饮消费需求的变化，就很容易明白这片空白是大好机会所在。随着经济的发展，人们的收入有了很大的增长，对进餐的卫生条件、环境、服务、质量等方面的要求

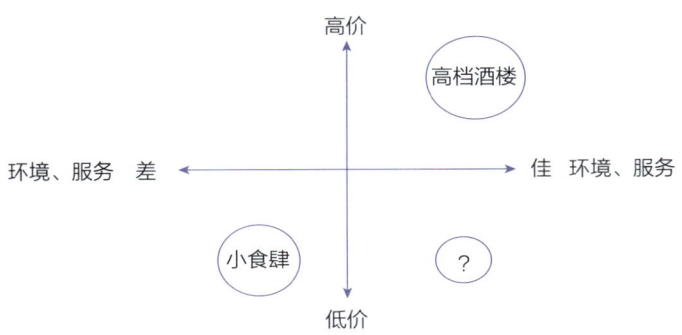

图 4-8　广州餐饮市场定位图

也提高了，因而小食肆已不能满足越来越多人的要求，特别是日益壮大的白领阶层，更是把在此类食肆进餐看作是有失身份的事，高档酒楼进餐只能偶然为之，将其作为解决日常进餐问题的场所是不现实的。生活水准的提高，生活节奏的加快，都令中档快餐有着不可估量的市场潜力。洋快餐正是瞅准这一机会而进攻广州市场的。

（3）重新定位。企业实施某种定位方案一段时间以后，有可能发现原有定位效果并不理想，不能达到营销目标；或者没有足够的资源实施这一方案；或者有发展新市场的需要；或者有竞争的需要。此时应该对产品进行重新定位。重新定位有时需要承担很大的风险，企业在做出重新定位决策时，一定要慎重。必须仔细分析原有定位需要改变的原因，重新认识市场，明确企业的优势，选择最具优势的定位，并通过传播来不断强化新的定位。

定位时，企业可以只推出一种差异，即单一差异定位；可以推出两种差异，称双重差异定位；还可以推出几种差异，实行多重差异定位。但值得引起重视的是：企业推出的差异不宜过多，否则会降低可信度，也影响了定位的明确性。定位时应注意以下几个问题。

①定位混乱。企业推出的差异过多、推出的主题太多、定位变化太频繁，使消费者对其产品或品牌只有一个混乱的印象，难以弄清楚主要的功能及好处是什么。

②定位过度。企业过度鼓吹产品的功效或提供的利益，使消费者难以相信企业在产品特色、价格、功效和利益等方面的宣传，对定位的真实性产生怀疑。

③定位过宽。有些产品定位过宽，不能突出产品的差异性，使消费者难以真正了解产品，难使该产品在消费者心目中树立鲜明的、独特的市场形象。

④定位过窄。有些产品或品牌本来可以适应更多的消费者的需要，但由于定位过窄，使消费者对其形象的认识也过于狭窄，因而不能成为该产品的购买者。

【课后练习】

一、选择题

1. （　　）的具体细分项目有：性别、年龄、文化程度、职业、民族、家庭构成等因素。
   A．人口因素　　　　　　　B．心理因素
   C．购买行为因素　　　　　D．经济因素

2. 消费者对利益的追求是一种有效的细分方法，它属于下列那一类细分标准（　　）。
   A．心理细分　　　　　　　B．人口细分
   C．地理细分　　　　　　　D．行为细分

3. 按消费者对商品的使用情况、使用频率来细分市场属于（　　）。
   A．心理细分　　　　　　　B．行为细分
   C．地理细分　　　　　　　D．人口细分

4. 按消费者的"忠诚状况"来细分市场属于（　　）。
   A．地理细分　　　　　　　B．心理细分
   C．行为细分　　　　　　　D．最终用户细分

5. 一贯购买某一牌号产品的消费者称为（　　）。
   A．弹性忠诚者　　　　　　B．坚定忠诚者
   C．转移忠诚者　　　　　　D．随机者

6. 从一种喜欢的商品牌号转移到另一种商品牌号的消费者，称为（　　）。
   A．弹性忠诚者　　　　　　B．随机忠诚者
   C．转移忠诚者　　　　　　D．坚定忠诚者

7. 将消费者细分为喜欢的，不感兴趣，否定的和敌对的分类标准是（　　）。
   A．按消费者对商品的使用状况细分　　B．按消费者对商品的使用频率细分
   C．按消费者对商品的忠诚度细分　　　D．按消费者对商品的态度细分

8. 将消费者细分为"未练习者""初次练习者""经常练习者"和"潜在练习者"的分类标准是（　　）。
   A．按消费者对商品的使用状况细分　　B．按消费者对商品的使用频率细分
   C．按消费者对商品的忠诚度细分　　　D．按消费者对商品的满意度细分

9. 不属于消费者市场细分标准的是（　　）。
   A．心理细分　　　　　　　B．人口细分
   C．最终用户细分　　　　　D．行为细分

10. 市场细分的根据是消费者需求的（　　）。
    A．公开性　　　　　　　　B．效益性
    C．稳定性　　　　　　　　D．差异性

二、判断题
1. 任何一个实力强大的企业，都很难充分满足整个市场中每个消费者的需要。（ ）
2. 市场细分的客观基础是消费者需求的差异性和相似性。（ ）
3. 市场细分就是以企业为中心，以区别市场特征出发，进而划分出不同的市场。
（ ）
4. 市场细分不是对商品进行细分，而是对不同需求的消费者进行细分。（ ）
5. 市场细分的标准也就是影响消费者需求差异性的因素。（ ）

三、论述题
　　有人说："当企业为其产品推出较多的优越性（利益点）时，可能会变得令人难以相信，并失去一个明确的定位。"你是否同意这一说法？能否找出一些现实生活中观察到的实例来说明。

项目五

产品策略

学习目标

1. 了解产品分类。
2. 理解产品的整体概念和产品组合概念。
3. 掌握产品生命周期各阶段特点及营销策略。
4. 掌握新产品开发策略。
5. 掌握产品品牌策略、商标策略和包装策略。

重点与难点

1. 产品的整体概念。
2. 产品组合概念及分析。
3. 产品生命周期各阶段的营销策略。
4. 产品开发策略。
5. 品牌策略。

能力目标

能够正确辨别整体产品的几个层次,能够识别产品处于生命周期的哪个阶段,能够制定产品生命周期各阶段的营销策略,学会对产品组合进行分析,学会正确运用品牌和包装策略。

百年售后服务

上海外白渡桥是我国第一座全钢结构的桥梁。长期以来,外白渡桥一直是上海的标志性景观之一。2007年年底,上海市政工程管理局收到一封来自英国华恩·厄斯金设计公司的信件。信中说:外白渡桥当初的设计使用期限是100年,于1907年交付使用,现在已到期,请注意对该桥进行维修。信中还特别提到在维修时需注意的问题。这家设计公司还提供了当初大桥设计的全套图纸。虽然经历了百年的岁月,这些图纸依然被保存得完好如初,没有一点划痕、皱褶。图纸虽然是手工绘制而成,但线条工整,每一个数据、每一个符号都精准无误;设计者、审核者、校对、绘图人的姓名都一目了然。一百年间,这家英国设计公司的办公场所和工作人员换了又换,当初大桥的设计者也早已作古。但是,公司视质量为生命的作风却代代传承。100年的使用期限到了,他们没有忘记提醒大桥使用者。造出这样一座坚固美观的大桥不算难,却难有这样长达百年的"售后服务",这个故事值得每个企业,甚至每个人铭记!

【案例分析】

从该案例你得到的启示是什么?在产品策略中,如何将质量与可持续性相结合?

任务一 产品与产品组合分析

一、产品整体概念

企业是通过产品引导和满足消费者需求的,因此,应从需求的角度理解产品概念。例如消费者在购买轿车时,不仅要求产品具有基本的使用价值,还要求能获得视觉上的享受和心理上的满足。企业提供的应该是能满足消费者对该产品多方面需求的一个产品体系。换句话说,一件产品是由许多因素构成的,把这些因素有机地结合起来,就构成了一个产品整体。

(一)产品的定义

产品是指能够通过交换满足消费者或用户某种需求和欲望的有形物品和无形服务

的总和。有形物品是指具有某种物质形态和用途的生产物，它可以满足消费者对产品使用价值的需要，如服装、家具、汽车等。这是对产品的传统解释。随着生产力的高度发展、竞争的日益激烈，产品的内涵早已超出了产品实体这一范围，产品实体只是产品的一个组成部分。无形服务包括可以给消费者带来附加利益、心理满足感与信任感的保证、形象和声誉等，它也是产品的一个组成部分。有形物品和无形服务共同构成了产品。

随着科技的进步、经济的发展、需求的变化和企业经营管理水平的提高，产品整体概念的内容也在不断变化。

（二）产品整体概念的层次

产品整体概念包含核心产品、形式产品、期望产品、附加产品和潜在产品5个层次，如图5-1所示。

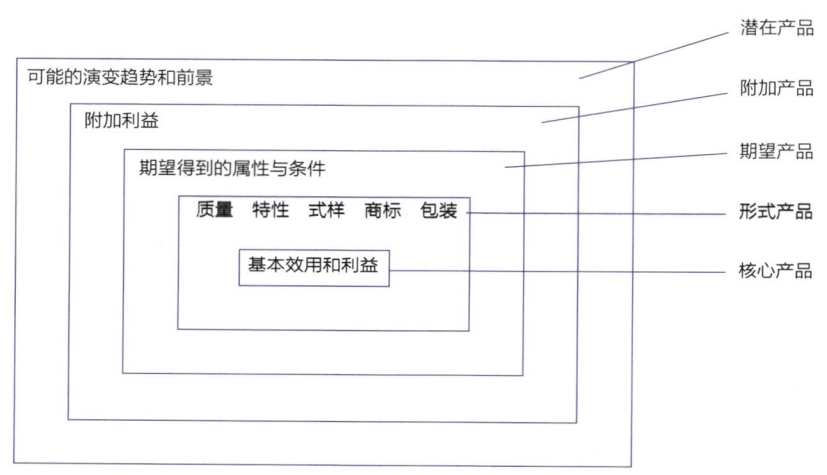

图 5-1　产品整体概念

1．核心产品

核心产品又称实质产品，是指产品带给消费者的基本效用和利益。核心产品是消费者需求的中心，是产品整体概念中最主要的部分。

消费者购买某种产品，从表面上看是为了得到一个物质实体，但实际上消费者购买并不是为了拥有这个实体本身，而是为了享用这个物质实体所带来的效用和利益，满足自己的需求。所以说，产品虽然是以物质形态存在，但实质上它是为满足人们某种需要而提供的一种效用或利益。营销学中有一句著名的话："你卖的不是一个钻机而是一个洞。"企业在进行营销时首先要着眼于效用和利益，即核心产品，然后再寻找满足效用和利益的载体。

2．形式产品

形式产品是指核心产品借以实现的形式或者满足消费者某一需求的具体的产品实

体。核心产品只是一个抽象的概念，必须把它转化为具体的实物，才能使其效用和利益有所依托并真正地体现出来，而这种使效用和利益得以实现的实物就是形式产品。如为了让人们出差旅游时有休息的地方，开设了饭店、旅馆；为满足人们对娱乐的追求，有了电影院、音乐厅；为了使有听力障碍的人能听到声音，设计生产了助听器。饭店、旅馆、电影院、音乐厅和助听器就是形式产品。形式产品作为一种物质实体，一般具有以下5个特征：质量、特性、式样、商标及包装。

消费者主要是通过形式产品去衡量和识别产品效用，进而做出购买决策。形式产品是核心产品的载体，它只有能完美地反映核心产品才有意义。市场营销人员在着眼于核心产品的基础上，还应该努力寻求更加完善的形式产品，以更好地满足顾客的需要。

3. 期望产品

期望产品是指消费者在购买产品时期望得到的与形式产品密切相关的一整套属性和条件。企业除了提供能体现效用和利益的形式产品外，还要满足消费者对期望产品的需求。

4. 附加产品

附加产品是指消费者购买形式产品和期望产品时附带获得的产品实体以外的各种利益的总和。一般包括：安装、维修、送货、产品说明书、技术培训、咨询服务、退货保证和提供信贷等。附加产品是产品制造的延续，是根据消费者的需要以售后服务的形式附加到产品中的。美国市场学家莱维特指出：现代竞争的关键，并不在于企业生产什么产品，而在于他们能为产品附加什么内容，诸如服务、用户咨询、融资信贷、及时送货、仓储以及人们重视的其他价值等。

案例

服装的附加产品

齐女士在哈尔滨市经营着一家国人西服专卖店，店内的西服款式、质量都是一流的。然而，当下的服装业并不好做，再加上网上购物的冲击，大多数人为了实惠都选择了网上购物，传统的服装门市店的营业额开始逐年萎缩。齐女士的服装店也在所难免。开业半年来，店内的销售业绩平平，很多商品都积压为库存。究竟该如何提升店铺销量呢？

齐女士调查线上、线下的一些备受顾客青睐的服装店，发现：除了服装质量、款式极好以外，店铺的服务水平也是极好的——有的店铺还承诺无理由退货，让顾客购物彻底无忧。

鉴于此，齐女士也决定在服务上下功夫。

既然要在这方面花心思，就要做得与众不同，让顾客在其他店铺享受不到。齐女士左思右想，终于想出一套方案：凡是在国人西服专卖店购买西服的顾客，自购买日起一年之内可以免费接受店里提供的服装清洗、裁边、保养、熨烫服务。

这样的免费服务，打破了传统服装店在顾客完成交易之后就结束买卖关系的模式。从这以后，店铺的生意一天比一天好，不仅解决了库存积压问题，新货的销售周期也越来越短，盈利之高可想而知。

5．潜在产品

潜在产品是指现有产品在未来可能的演变趋势和前景。产品最终可能会有所改变，潜在产品是指现有产品未来的样子。企业要根据消费者需求的变化，不断地改进现有产品，使潜在产品变为现实产品。

| 课堂讨论

手机是我们生活的必备物品，请根据上述知识，指出手机作为产品所包含的5个层次。

（三）产品整体概念对企业营销活动的意义

（1）产品整体概念体现了以消费者为中心的现代营销观念。核心产品提供消费者需要的效用和利益，然后由形式产品来实现这些效用和利益，期望产品提供消费者所希望的属性与条件，附加产品为消费者提供销售服务与保障，潜在产品为满足消费者未来的需求而发生着改变。

（2）企业可以从产品整体概念的5个层次上，寻找改进产品的思路，从而给产品开发与设计提供新的方向。

（3）企业可以从产品整体概念的5个层次中挖掘新的市场机会。

（4）企业在产品整体概念的5个层次上都可以形成自己的特色，从而为企业的产品差异化策略提供新的线索。

案例

小汽车整体概念

核心产品：小汽车可以用来作为交通工具代替步行省时省力，还可以作为运输工具运输货物或其他物品。

形式产品：小汽车设计新颖，外表美观，豪华炫丽，有优美的弧线，做工精细，发动机马力大，质量过关，品牌承认度高。

> 期望产品：小汽车的加速工夫短，速度快，有省油优势，还能有油电混合系统，车内装饰新奇。舒适，空间大，拥有该汽车能让人显得高贵有气质。
>
> 附加产品：购车时能够送汽车及人身保险，还能赠送汽车装饰品及配件，保修期内提供对产品的免费维修售后服务好且等待时间短。
>
> 潜在产品：该汽车将来可能不需要人工驾驶而是自动驾驶，还可以水陆两用，甚至可以作住房用。

二、产品分类

不同类型的产品有着不同的特点，因此企业有必要对产品进行科学的分类，以便针对不同类型的产品制定不同的营销策略，更好地满足消费者的需求。

（一）消费品分类

消费品是指满足个人和家庭消费需要的最终产品或服务。

1．根据产品的耐用性分类

根据耐用性可将产品分为耐用品和非耐用品。

耐用品一般是指价值较高、使用年限较长的有形产品，如冰箱、电视机、住房、汽车和高档家具等。这类产品消费速度慢，重复购买频率低，营销者要提供高质量的产品和更多的服务。

非耐用品一般是指价值较低、使用年限较短的产品，如饮料、食盐、肥皂、牙膏和电池等。这类产品经过一次或几次使用就被消费掉，消费速度快，购买频率高。营销者应广设网点，使消费者能随时随地购买这类产品；应薄利多销，并加强广告宣传以吸引消费者试用并形成品牌偏好。

2．根据消费者的购买习惯分类

按购买习惯可将消费品分为便利品、选购品、特殊品和非渴求品。

便利品是指消费者频繁购买或随时购买的单价较低的产品，包括日用品、冲动品和应急品。日用品是指经常购买的产品，如油盐酱醋、香皂、牙膏、洗衣粉和报纸等。冲动品是指事先没有购买计划而临时决定购买的产品。应急品是指需求十分紧迫时购买的产品。如家里突然停电了，急需买蜡烛；做菜时发现没有盐了，需要马上买盐。消费者在购买便利品时，主要有购买频率高、习惯性购买和就近购买等特点。营销者应将销售网点设在居民区，延长营业时间，以方便消费者购买。

选购品是指价格较高、使用时间较长的产品，比如服装、家具和家用电器等。选购品的耐用程度较高，不需要经常购买，因此购买频率较低。选购品的价格较高，挑选性强，消费者往往花较多的时间和精力去多家商店物色合适的产品，在对功能、质量、价格和式样等做认真的比较后，慎重地做出购买决策。营销者应注重消费者的信息反馈，生产经营各种花色品种的产品，以满足不同消费者的需要。同时应加强对销售人员的培训，为顾客提供信息和咨询服务。

特殊品是指能满足消费者某种特殊需要的产品，如高档服装、专业摄影器材、供收藏的特殊邮票、钱币、古董和名画等。这些产品单价高，有收藏价值，能满足消费者的某些心理需求。对于特殊品，消费者购买的频率低，在购买时往往愿意花费更多的时间和精力。营销者应更多地采用独家经销和专门委托经销的方法，控制好产品的销售渠道，并让消费者知道在哪里能购买到这种产品。

非渴求品是指消费者不知道或者虽然知道也没有兴趣购买的产品，如刚上市的新产品、墓地和人寿保险等。对于非渴求品，营销者必须加强促销，同时做好各种售后服务。

（二）产业用品分类

根据进入生产过程的程度和昂贵程度，可将产业用品分成三类：材料和部件、装备和附属设备以及供应品和服务。

1. 材料和部件

材料和部件是指完全转化到产成品中的那类产品，包括原材料、半成品和部件。

原材料主要有农产品和天然产品，如木材、石油、铁矿石、羊毛、粮食、棉花、水果和蔬菜等，原材料几乎不需要经过任何处理就可直接进入生产过程，构成最终产品的一部分。半成品是已经经过加工处理，但是还需要再次加工的产品，如面粉、棉纱和水泥等。部件是被用来进行最终产品装配的制成品，如汽车上的发动机、轮胎和玻璃等。

材料和部件是企业产成品的组成部分，其质量直接决定企业产品的质量。材料和部件是企业生产必不可少的生产资料，为了保证能有稳定的货源，企业往往愿意与供应商签订长期的合同。

2. 装备和附属设备

装备和附属设备是指部分转化到产成品中的那类产品。

装备由建筑物和固定设备组成。建筑物包括厂房、仓库和办公楼等；固定设备是指各种大中型机械，如发动机、锅炉和机床等。装备价格昂贵、使用时间长，在购买时，一般由企业的高层管理人员参与谈判，谈判花费的时间较长。

附属设备在生产中起辅助作用，主要有运输车、通勤车、办公用车、计算机、复印机、传真机、商用空调、电动工具和五金工具等。附属设备价格较低，标准化程度较高，一般由采购人员负责购买。

3. 供应品和服务

供应品和服务是指根本不会形成产成品的那类产品，它不直接参与生产过程，而是为生产过程的顺利进行提供帮助。供应品相当于工业领域内的低值易耗品，包括墨水、打字纸和润滑油等操作用品，油漆与钉子等维修用品。供应品一般为标准化用品，消费量较大。服务是为了保证企业更好地经营而提供的特殊服务，包括维修服务和商业咨询服务。维修服务如清洗窗户、修理打字机等，商业咨询服务如法律咨询、市场调研、营销策划和广告设计等。

三、产品组合

产品组合是企业所生产的各种产品的组成方式。一个企业提供给市场的往往不是单一产品，而是不同品种、不同规格的各种产品。这些产品有的可能处于生命周期的投入期，有的可能处于成长期、成熟期或衰退期。这些不同产品的组成方式就称为产品组合。

（一）产品组合及其相关概念

1. 产品线、产品项目和产品组合

产品线又称产品大类和产品系列，是一组密切相关的产品。同一产品线的产品有类似的生产技术、类似的功能、类似的分销渠道和共同的消费者。产品项目是指同一产品线中不同品种、规格、质量和价格的特定产品，是企业产品目录上列出的每一个产品。产品组合是指一个企业提供给市场的全部产品线和产品项目的组合或结构，即企业的业务经营范围与结构。如海尔集团的产品包括家电、通信、IT、家居、生物、软件、物流、金融、旅游、房地产、电器用品、数字家庭和生物医疗设备等，形成多个系列，多个品种规格的多元化产品群。

| 阅读与思考 |

娃哈哈的产品组合

杭州娃哈哈集团有限公司（以下简称"娃哈哈"）创建于1987年，企业规模和效益连续20年处于行业领先地位，位居中国企业500强、中国制造企业500强和中国民营企业500强前列。

娃哈哈的产品主要涵盖蛋白饮料、包装饮用水、碳酸饮料、茶饮料、果蔬汁饮料、咖啡饮料、植物饮料、特殊用途饮料、罐头食品、乳制品、医药保健食品等10余类200多个品种。除食品饮料研发、制造外，娃哈哈还是食品饮料行业少有的具备自主研发、自行设计、自行制造模具及饮料生产装备和工业机器人能力的企业。近年来，娃哈哈大力

发展智能制造等高新技术，推动制造行业从"中国制造"迈向"中国创造"。

思考：

1. 查阅相关资料，分析娃哈哈产品线、产品项目以及产品组合类型。
2. 调查娃哈哈在发展过程中曾采用的产品组合策略，并分析这些策略对其发展有何影响。

2. 产品组合的要素

（1）产品组合的宽度。产品组合的宽度是指一个企业的产品组合中所拥有的产品线的数目。产品组合中包含的产品线的多少，反映一个企业经营范围的大小，所包含的产品线越多，产品组合就越宽。表5-1中，A公司共有沙发、服装、雨具和鞋4条产品线，产品组合的宽度为4。

（2）产品组合的长度。产品组合的长度是指一个企业的产品组合中产品项目的总数。所包含的产品项目越多，产品组合就越长。表5-1中，A公司产品组合的长度为24。

（3）产品组合的深度。产品组合的深度是指每条产品线平均包含的产品项目的多少。表5-1中，A公司产品组合的深度为6。

（4）产品组合的关联度。产品组合的关联度是指各条产品线在最终用途、生产条件、分销渠道或其他方面相互关联的程度。

表5-1　A公司的产品组合

沙发	服装	雨具	鞋
布艺沙发	运动服	晴雨伞	女式皮鞋
真皮沙发	休闲服	雨斗	女式皮靴
实木沙发	风雨衣	雨伞	男式皮鞋
	孕妇服	雨衣	童鞋
	童装		布鞋
	真丝旗袍		凉鞋
	皮装		运动鞋
	西服		
	羽绒服		
	夹克衫		

（二）产品组合分析

市场环境是不断变化的，企业必须定期对现行产品组合的销售额和利润水平作出系统的分析、评价和调整，突出企业产品的整体优势。

产品组合是由各种不同的产品线及其产品项目构成的,产品组合分析包括产品线销售额和利润分析、产品项目市场地位分析两个重要内容。

1. 产品线销售额和利润分析

产品线销售额和利润分析即分析产品线上不同产品项目所提供的销售额和利润水平。在一条产品线上,如果销售额和利润高度集中在少数产品项目上,那么这样的产品线就很脆弱,一旦这几个产品项目出现问题,势必会带来整条产品线销售额和利润的急剧下降。因此,企业必须集中力量保护这些产品项目,同时还应努力发展其他具有潜力的产品项目,对于那些销售额和利润少又没有发展前途的产品项目应剔除掉。

例如,某企业的某条产品线上有A、B、C、D、E五个产品项目,A产品销售额占产品线总销售额的50%,其利润占总利润的40%;B占总销售额与总利润的比重各为30%;C占总销售额与总利润的比重分别是10%与15%;D占总销售额与总利润的比重分别为5%和10%;E占总销售额与总利润的比重都是5%。项目A、项目B与项目C的利润额占产品线利润总额的85%,所以在其他环境因素允许的情况下,就可以将这三个项目列为企业经营的重点。项目D和项目E的利润额只占总利润的10%和5%,如果潜在市场较大,可投入力量进行扶持;反之,可考虑剔除。

2. 产品项目市场地位分析

产品项目市场地位分析即将产品线中每一个产品项目与竞争者的同类产品做比较,全面衡量各产品项目的市场地位。

(三)产品组合策略

产品组合策略是指企业根据市场需求、竞争形势和自身能力,对产品组合的宽度、长度、深度和关联度做出的决策,其目的是找出一个使企业在成长性、获利性和稳定性三者之间能取得平衡的最佳产品组合,促使企业健康发展。产品组合策略主要有以下几种。

1. 扩大产品组合

扩大产品组合有两个途径。

一是扩展产品组合的宽度,即增加新的产品线或加强原有的有潜力的产品线。如由于国内乳业竞争加剧和成本激增,一些乳品企业转向了利润高、增速快和市场潜力大的冰激凌市场。

二是加强产品组合的深度,即增加产品的花色品种,在某一细分市场上更好地满足消费者的深度需求。如海尔在原有的家用电冰箱基础上,不断向市场推出"大王子""双王子""小王子"等不同型号、款式的冰箱。

在适当的条件下扩充产品组合,有利于充分利用企业资源和生产能力,发挥优势,降低成本;有利于开展多样化经营,分散风险;有利于满足消费者的多种需求;有利于提高企业的经济效益，增强竞争力。

2．缩减产品组合

缩减产品组合即剔除获利小的或者亏损的产品线及产品项目，集中有限的资源发展具有优势的产品。在市场不景气、原料或能源供应紧张、更强大的对手进入企业的某一细分市场时，企业往往缩减产品组合。

3．产品线延伸策略

产品线延伸策略是指全部或部分地改变原有产品的市场定位，增加新的产品项目，扩大生产经营范围。一般包括向上延伸、向下延伸和双向延伸三种策略。

（1）向上延伸。向上延伸是指企业把原来定位于低档市场的产品线向上延伸，在低档产品线中增加高档产品项目。近年来，我国一些家电和食品饮料企业，在经营中低档产品的同时，又向市场推出了高档产品。

①采用向上延伸策略必须具备的条件：

a．高档产品市场具有较大的发展潜力和较高的利润；

b．企业重新进行产品线定位，提高产品形象；

c．企业有进入高档产品市场的资源和能力；

d．企业追求齐全的产品线，争取占领更多的市场。

②采用向上延伸策略面临的风险：

a．可能引起高档产品生产者的反击。原来生产高档产品的竞争者可能会进入中低档产品市场，使企业的中低档产品遇到新的威胁；

b．消费者对企业的高档产品缺乏信心，不愿意购买；

c．企业的销售代理商、经销商可能没有能力经营高档产品。

（2）向下延伸。向下延伸是指企业把原来定位于高档市场的产品线向下延伸，在高档产品线中增加中低档的产品项目。

①采用向下延伸策略必须具备的条件：

a．高档产品市场竞争激烈，企业不具备竞争优势，想在中低档产品市场上打击对手，获得优势；

b．企业最初进入高档产品市场的目的是建立品牌信誉，然后再利用高档名牌产品的声誉进入中低档产品市场，吸引购买力水平较低的消费者慕名购买产品线中的廉价产品，以扩大市场占有率和提高销售增长率；

c．高档产品销售增长缓慢，市场范围有限，企业的资源设备得不到充分利用，为合理地利用资源，赢得更大的市场，企业把产品线向下伸展；

d．补充企业的产品线空白，形成齐全的产品线，增强竞争能力和抗风险能力。

②采用向下延伸策略面临的风险：

a．可能会影响高档产品的形象；

b. 原有经销商可能不愿意经销中低档产品；

c. 可能迫使竞争者转向高档产品的开发。

（3）双向延伸。双向延伸是指企业将原定位于中档市场的产品线，向上下两个方向延伸。

在一定条件下，双向延伸可能起到加强企业市场地位的作用，但产品线并非越长越好，因为费用会随之增加，而且战线过长会使企业的力量分散，容易被对手击败。

4. 产品线现代化

产品线现代化是强调把现代科学技术应用于生产经营过程中，并不断地改进产品线，使之符合现代消费者需求的发展潮流。当产品线的生产方式、技术和产品功能等将要过时的时候，就必须更新产品线。产品线现代化的方式有两种：一种是逐步现代化，这样能节省资金耗费，但竞争者会很快察觉，并有充足的时间制定对策；另一种是快速现代化，即在短时间投入大量资金，出其不意地击败竞争对手。

| 阅读与思考 |

沃尔玛产品组合分析

产品组合代表一个卖场的全部商品的结构，包括各种商品线、商品项目和库存量的有机组成方式。沃尔玛超市如何吸引消费者的注意力、赢得消费者的青睐是营销人员的职责，而正确确定商品种类与结构在这其中发挥了很大的作用。他们的具体做法体现在以下几个方面。

（1）重视商品的分类和组合。

①以便利品为主，配售适量选购品。

②以中档商品为主，兼顾高档和低档商品。

③重视商品的高周转性。

（2）沃尔玛将其卖场的商品按照不同的标准划分为不同的类型。按商品销售比重及其在卖场销售中的作用，划分为主力商品、辅助商品和刺激性商品。

主力商品：指在卖场经营中，无论是销售额还是销售量均占主要部分的商品，它的品种数最虽然在沃尔玛零售店中一般只占20%，但却创造出80%左右的销售额。

辅助商品：对主力商品的补充，与主力商品有较强的关联性，是与主力商品同属一个类别的不同品牌的商品，如粮油、调味品、洗涤、蔬菜、水果、火腿、肉类等。

刺激性商品：品类不多，但对推动卖场整体销售有重要意义的商品，有潜力、很可能成为主力商品。卖场用于短期促销，容易引起顾客冲动型消费的商品也属此类，如服装鞋帽、时令性食品以及一些节假日商品。

思考：沃尔玛超市如何运用有效的商品组合来吸引消费者的注意力？

任务二 产品生命周期

市场上任何产品都不会经久不衰,随着时间的推移,产品都要经历由弱到强再到衰退的过程。企业通过研究产品生命周期的发展变化,可以判定产品所处的生命阶段与发展趋势,从而制定有效的营销策略。

一、产品生命周期的概念及其阶段划分

(一)产品生命周期的概念

产品生命周期是指某产品从进入市场到被淘汰退出市场的全部运动过程。同动植物一样,产品在市场上也有一个出生、成长、成熟和衰老的动态过程。产品生命周期即产品在市场上存在的时间,只要有需求,产品就有市场生命,如果消费者不再需要了,该产品的市场生命就结束了。

产品生命周期分为四个阶段:投入期、成长期、成熟期和衰退期。投入期产品销售量低且增长较慢,利润额多为负数。当销售量迅速增长,利润迅速上升时,产品就进入了成长期。销售量增长逐渐趋于稳定,利润增长趋于停滞时,说明产品已进入了成熟期。当销售量不断递减,利润也不断下降时,产品就进入了衰退期。图5-2是产品生命周期的四个阶段。

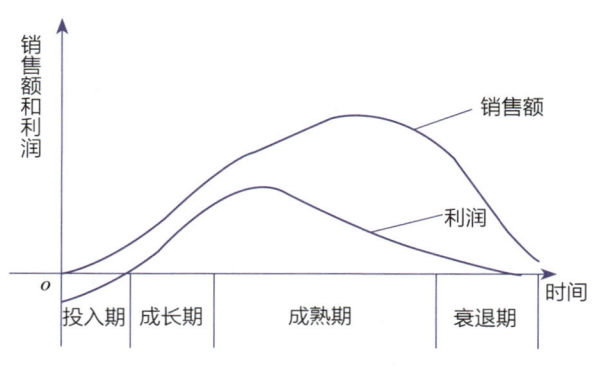

图5-2 产品生命周期各阶段的划分

这是典型的产品生命周期形态,是产品生命周期的全过程,但并不是所有产品都会完整地经历这四个阶段,由于受各种因素的影响,产品生命周期还有其他一些形态。

（二）产品生命周期的其他形态

（1）夭折型。夭折型是指产品进入市场不久，在投入期就被淘汰。许多新产品都会遭此厄运。

（2）难产型。难产型是指产品在投入期几经波折后才缓慢地进入成长期。如麦斯威尔咖啡、可口可乐在投入期都徘徊了多年。

（3）单驼峰型。单驼峰型是指产品经过了投入期和成长期，在刚进入成熟期时就被淘汰。

（4）未老先衰型。未老先衰型是指产品经过投入期、成长期，进入了成熟期，但成熟期未持续足够时间就被市场淘汰了。

（5）双循环型。双循环型是指产品经历了生命周期的四个阶段后，企业再次开展促销活动，使产品又经历了一个循环周期。在正常情况下，再循环的销售量和持续时间都低于第一个循环周期。

（6）扇型。扇型是指企业在产品的成熟期，开发出新产品投入市场，或者开拓出新的市场，使产品越过了衰退期，直接进入下一循环的成长期，如此往复。如杜邦公司发明了尼龙后，用尼龙生产出降落伞投入市场，在尼龙降落伞的成熟期又推出了尼龙缆绳。此后，在前一个产品进入成熟期时，依次推出尼龙衬衫、尼龙轮胎和尼龙地毯等。每一个新用途的开发都使产品进入了新循环的成长期。

（三）产品市场生命与产品使用寿命

产品市场生命与产品使用寿命是两个不同的概念，它们既有区别又有联系。

从定义上看，产品市场生命是指产品的市场交易生命，即产品在市场上存在的时间；产品使用寿命是指产品的自然寿命，即从投入使用到使用价值丧失所经历的时间。

从形态上看，产品市场生命是无形的、抽象的；产品使用寿命是有形的、具体的。

从决定因素看，产品市场生命的长短主要由市场因素（如需求、科技和消费水平等）决定；产品使用寿命由产品自身的易耗性与使用状况（如使用的时间、强度与维修保养等）决定。

二者无必然联系。有的产品使用寿命短但市场生命长。如一根粉笔很快就会被用完，它的使用寿命就完结了，但作为一种教学书写工具，市场对它仍有需求，它的市场生命依然存在。火柴和肥皂都是如此。有的产品使用寿命长但市场生命短。如9英寸黑白电视机上市不久就被淘汰，但其使用寿命与其他电视一样长。

（四）产品市场生命周期阶段的判定方法

产品市场生命周期是一种抽象的理论，很难准确地进行判断。另外，要完整地描述产品的市场生命周期，必须等产品被市场淘汰以后，根据历史资料进行整理，但此时对企业已毫无意义了。能否正确判断产品所处的市场生命周期阶段，对企业制定相应的营销策略意义重大。在实践中企业经常使用以下几种判断方法。

1．经验判断法

经验判断法是根据企业有关人员的经验进行判断的一种方法。在缺乏历史资料的情况下，一般依靠有关人员的经验和直觉对市场形势及产品销售趋势进行判断。

2．类比判断法

类比判断法即参照以往类似产品的市场生命周期变化资料进行判定。如判断彩色电视机的市场生命周期，可以以黑白电视机的资料为依据进行判断。

3．销售增长率判断法

销售增长率判断法是指根据产品销售量在一定时间的增长率来划分产品市场生命周期的方法。

若以 Δy 表示销售量的增长量，以 Δx 表示时间上的增加量，则销售增长率为 $\eta=\Delta y/\Delta x$

若销售增长率为0.1%～10%，则产品处于投入期或成熟期；

若销售增长率大于10%，则产品处于成长期；

若销售增长率小于0，则产品处于衰退期。

4．曲线判断法

曲线判断法即依据产品进入市场后的销售量和利润变化的数据，绘出产品销售量和利润变化的曲线，然后参照典型的产品生命周期曲线进行判断的方法。

5．社会普及程度判断法

社会普及程度判断法即依据产品在社会中的普及程度进行判断的方法。

若产品在社会中的普及程度为0～5%，则产品处于投入期；若普及程度为5%～50%，则产品处于成长期；若普及程度为50%～90%，则产品处于成熟期；若普及程度为90%以上，则产品处于衰退期。

（五）产品种类、产品形式和品牌的市场生命周期

产品市场生命周期可以用来分析一个产品种类、一种产品形式或一种品牌。

1．产品种类的市场生命周期

产品种类的内涵广，生命周期最长。许多产品种类的销售在成熟期可无限地延长，如粮食、服装、汽车和电话等与人类的基本生活需要密切相关，一代代的人都长久地需要这些产品，但也有一些产品种类由于社会经济文化的发展变化而逐渐衰退。

2．产品形式的市场生命周期

产品形式的市场生命周期最接近典型模式，其变化有一定的规律可循。如黑白

电视机经历了四个阶段后，被彩色电视机取而代之，彩色电视机也会被新产品所取代。

3．品牌的市场生命周期

品牌的市场生命周期不规则，一般与品牌经营有关。有的品牌市场生命周期很短，有的品牌却经久不衰，如同仁堂、可口可乐和力士等。

一般而言，产品种类的市场生命周期最长，产品形式的市场生命周期次之，产品品牌的市场生命周期相对较短。

案例

品牌生命周期之广告投放

一个品牌从诞生到衰退会经历品牌幼稚期、成长期、成熟期和衰退期四个市场生命周期。品牌每个生命周期都有不同的营销方向。

幼稚期：品牌户外投放核心为全覆盖曝光。

品牌幼稚期是品牌已经诞生后，急需被目标市场消费者所感知的时期。品牌此时应该根据具体的市场定位来制订品牌推广计划。其中，户外广告寄生于消费者不同的生活空间，是一种能使品牌快速触达消费者的媒介形式之一。品牌在这个破冰期，需要借助户外广告进行曝光，让目标消费者认识并建立品牌认知。

成长期和成熟期：精准触达目标市场，延长品牌曝光周期。

成长期是品牌已经在部分消费者心中建立了熟悉度，部分产品也被消费者所认可和感知，品牌还能收集来自消费者对品牌优缺点、定位和推广方式等信息，进而能够根据这些市场信息进行改进或升级；品牌成熟期是品牌需要扎实根基、维护和完善的时期，提升消费者对品牌的信任和依赖，这个时期的品牌，需要在消费者心中持续保持存在感，使消费者信赖并离不开品牌。

衰退期：保持品牌持续发展活力。

品牌在经历了认知、熟悉和信任周期之后，开始进入品牌衰退期。许多品牌都抵不过时代技术和消费者需求等的迅猛变化，因此走向产品需求和销量持续下跌的窘境。不过，这并不意味着品牌已经丧失价值。相反，通过重新市场定位、产品功能改造或者重新打造新品牌等方式，产品依旧可以重获市场活力。

如果要通过广告使已经无法产生利润的品牌重获利润，基本胜算不大，这个时候品牌的合适做法是减少或直接撤销预算，将投放力度放在新品上。因此，品牌此时的广告投放将再一次使用幼稚期的广告策略，周而复始。

品牌在经历了成熟期之后，由于外部宏观环境的竞争、消费者结构改变和技术更迭等的原因也会使品牌跟不上变化或发展陷入瓶颈。这时品牌需要重新通过爆发期进入成熟期，也就是重新根据外部变化，制定合适品牌形象的全新品牌传播思路，实现品牌经久不衰，保持旺盛生命力和竞争规模，让消费者离不开品牌。

二、产品生命周期各阶段的特征

（一）投入期的特征

新产品投入市场，便进入了投入期。投入期的特征体现在以下几个方面。

（1）产品的生产技术尚未成熟，在性能上还不完善，不具备批量生产的条件。

（2）消费者对产品还不了解，大多数人不愿意改变以往的消费模式，只有少数具有求新心理的消费者购买产品，产品销售量低而且增长缓慢。

（3）产品存在缺陷需要进行改进，生产批量小，单位制造成本高；为了打开市场，生产者投入了大量的资金进行促销宣传和分销渠道建设，这些都增加了产品的单位成本。

（4）由于销售量低而成本费用高，在投入期企业往往是微利、无利甚至亏损的。

（5）产品刚刚进入市场，前途未卜，其他同类企业尚未进入，市场上基本没有竞争者或很少有竞争者。

（二）成长期的特征

当产品在投入期经受住了市场的考验，销售量迅速上升时，便进入了成长期。成长期的特征体现在以下几个方面。

（1）经过改进，生产技术工艺已经成熟，产品已经基本定型，质量稳定。随着市场销售量的扩大，开始了大批量生产。

（2）消费者已经了解和接受了产品，市场局面已经打开，销售量快速增长。

（3）大批量的生产使单位制造成本和单位促销费用大幅度下降，企业的利润率迅速提高。

（4）由于产品利润高，市场前景好，同类企业相继进入市场，竞争局面逐步形成。

（三）成熟期的特征

经过成长期之后，产品销售量的增长在达到一定程度后逐步变缓并趋于停滞时，产品便进入了成熟期。成熟期的特征体现在以下几个方面。

（1）产品成为企业支柱，销售量达到最大且比较稳定。由于竞争激烈，产品的特色逐渐消失，缺点开始暴露出来。

（2）产品普及并日趋标准化，产量大，单位制造成本低。由于竞争加剧，导致同类产品的生产企业不得不增加投入，以改进产品，开展促销活动，拓展新的市场。

（3）利润开始下滑。

（4）实力较弱的企业开始退出市场。

（四）衰退期的特征

当产品的销售量和利润持续下降时，产品就进入了衰退期。衰退期的特征体现在以下几个方面。

（1）产品在市场上已经老化，市场上已经出现了更能满足消费者需求的新产品和替代品。消费者对老产品的兴趣已经转移，但仍有人购买。

（2）没退出的企业逐步减少产量和附加服务，削减促销预算，维持最低水平的经营。

（3）价格为主要竞争手段，利润低，多数企业无利可图。

（4）大部分企业退出市场，竞争淡化。

产品生命周期各阶段的特点可归纳为表5-2。

表5-2 产品生命周期各阶段的特点

相关要素	产品生命周期			
	投入期	成长期	成熟期	衰退期
销售量	低	剧增	最大	下降
销售增长速度	缓慢	快	减慢	负增长
单位成本	高	降低	低	低
利润	低利、无利或亏损	迅速增加	大	低
顾客	求新者	早期使用者	晚期大众	落伍者
竞争者	很少或无	逐渐增多	最多	逐渐减少

三、产品市场生命周期各阶段的策略

（一）投入期的营销策略

在此阶段，企业的营销目标是建立产品知名度，吸引更多的中间商和消费者，加速产品扩散的速度。由于此阶段的经营风险大、花费多、利润低，因而企业要尽量缩短投入期，使产品尽快地进入成长期。

1. 综合营销策略

（1）产品策略。在投入期，产品还存在某些缺陷，企业要及时了解用户的反应，及时改进和完善产品，满足市场需要。

（2）价格策略。在投入期，企业必须综合考虑各方面的情况，谨慎地选择价格策略。若定价过高，则难以打开市场；若定价过低，则会使企业损失一部分本应得到的利润。

（3）分销渠道策略。在投入期，企业没有理想的分销渠道，必须进行渠道建设。企业如果有足够的实力和渠道经验，可采用直接渠道。企业也可以选择间接渠道，通过中间商来销售产品。

由于企业的产品是新产品而非畅销品，在经营中难免会有风险，中间商往往不愿意经销。因此，企业应制定一些优惠政策，吸引声誉较高的中间商经销本企业的产品，借经销商的实力打开销路。

（4）促销策略。在投入期，消费者还不了解产品，因此企业要大力进行促销宣传，运用各种促销手段吸引消费者，努力提高产品的知名度。为使产品能尽快被消费者所接受，宣传重点应放在产品的用途和利益上。

2．价格和促销的组合策略

在产品投入期，企业一方面要通过各种促销手段加大宣传力度，力争提高产品的知名度；另一方面，由于此阶段的生产成本和销售成本都很高，必然会影响产品价格的制定。所以，在投入期，企业营销的重点主要集中在促销和价格方面。从促销和价格两个因素出发，企业一般有四种可供选择的市场策略。

（1）快速掠取策略。快速掠取策略是指以高价格和高额促销费用推出新产品的策略。采用高价格是为了在每一单位销售额中获取最大的利润；投入高额促销费用是为了提高知名度，尽快打开销路。实施这一策略的目的在于先声夺人，抢先占领市场，争取在竞争者还没有大量出现之前就收回成本，并获得较高的利润。

实施该策略的条件是：产品在市场上有较大的需求潜力；产品的知名度低；企业面临潜在竞争的威胁，急需大造声势，尽快建立良好的品牌形象；消费者具有求新心理，愿意为获得新产品而付出高价；企业拥有产品专利权；产品独具特色。

（2）缓慢掠取策略。缓慢掠取策略是指以高价格和低额促销费用推出新产品的策略。采用高价格的目的在于及时收回投资，获取高额利润；投入低额促销费用的目的在于减少销售成本。高价格和低额促销费用的结合可以使企业获得更多利润。

实施该策略的条件是：市场规模相对较小；竞争威胁不大；产品已经有足够的知名度，大部分潜在消费者已经熟悉该产品；消费者具有求新心理，急于购买新产品，对价格不敏感；企业拥有产品专利权；产品独具特色。

（3）快速渗透策略。快速渗透策略是指以低价格和高额促销费用推出新产品的策略。采用低价格的目的是获得更大的市场份额；高额促销费用的投入是为了尽快提高知名度和打开销路。该策略目的在于先发制人，以最快的速度打入市场，最大限度地占领市场。

实施这一策略的条件是：产品的市场规模很大；潜在消费者对产品不了解；产品需求价格弹性大；产品没有专利技术或突出的优势；产品的单位制造成本随着生产规模和销售量的扩大会迅速下降；潜在竞争比较激烈，低价可以获得较高的市场占有率，阻止其他企业进入市场。

（4）缓慢渗透策略。缓慢渗透策略是指企业以低价格和低额促销费用推出新产品的策略。采用低价格的目的是促使市场迅速接受新产品，低额促销费用则可以降低成本，实现较多的利润。

实施这一策略的基本条件是：产品已有一定的知名度；市场需求价格弹性较大；企业面临潜在竞争，低价可以排挤竞争者；市场需求潜力较大，产品的单位制造成本随着生产规模和销售量的扩大会迅速下降。

上述四种价格和促销的组合策略如图5-3所示。

图 5-3　价格和促销的组合策略

（二）成长期的营销策略

当产品进入成长期后，产品销量迅速扩大。在此阶段，企业的营销目标是牢牢把握市场机会，积极筹措和集中必要的人力、物力和财力，全力以赴地发展，保持销量快速增长的势头，最大限度地占领市场。

1．产品策略

根据用户需求和其他市场信息，不断提高产品质量，在产品性能、包装、款式、规格和定价等方面做出改进。这样既可以满足不同消费者的多种需求，又可以构成产品堡垒，不给竞争对手留下可乘之机。

2．价格策略

在扩大产量、降低成本的基础上，选择适当的时机，灵活地调整价格，以争取更多的顾客。如果投入期定价较低，现有竞争者较少，则可以适当地提高价格，以增加利润，提高产品的市场形象；如果投入期定价较高，现有竞争者较多，则可以适当地降低价格，以吸引消费者，排挤竞争者。

3．分销渠道策略

对现有渠道进行评估，选择、保留适当的渠道。同时深入了解消费者的需求，进一步开展市场细分，开拓新的细分市场，增加新的分销渠道，争取更多的消费者。

4．促销策略

促销策略应该从以建立产品知名度为中心转移到以建立产品特色和品牌形象为中心，树立产品或品牌与众不同的鲜明形象，争取创立名牌。

（三）成熟期的营销策略

在这一阶段，产品销售量和利润已达到最高峰，而投入相对较少，是企业获取利润的黄金时期。成熟期的营销目标是尽最大努力延长成熟期，在竞争中确保市场占有率，争取最大利润，防止过早衰退。

成熟期分为三个阶段：

①成长中的成熟期。市场基本呈现饱和状态，已无法开辟新渠道。销售增长减缓，还有少数落伍者继续进入市场。

②稳定中的成熟期。市场饱和，消费水平平稳，销售增长率的保持一般只能依靠人口增长和重复购买。

③衰退中的成熟期。原有用户的兴趣已开始转向其他产品，销量下降，全行业产品出现过剩，实力弱的企业逐渐被淘汰。

在成熟期，企业可采用以下市场营销策略。

1．市场改进策略

这是指不改变产品，只拓展市场。

（1）增加消费者的数量。增加消费者的数量一般有两种方法：一是争夺竞争者的顾客。用挑战式的宣传活动，吸引竞争对手的顾客。如农夫山泉刚刚进入市场的时候，市场已被大大小小的同行所占据，农夫山泉大力宣传矿泉水好于纯净水，争夺纯净水的消费者。二是开辟新的目标市场。把产品引入尚未使用过这种产品的市场，寻找新的消费者。我国城市家电市场竞争日趋白热化，而8亿多人口的农村家电市场潜力巨大，农村家庭占全国家庭总数的七成，很多地方还几乎是没有消费过家电的空白市场。海信、长虹、康佳和新飞等企业纷纷将产品投向了农村市场。

（2）增加现有消费者的消费量。常见的方法有两种：一是增加现有消费者的购买频率。如化妆品、保健品可以宣传长期使用效果好，劝消费者反复购买。二是增加现有消费者的一次使用量。如美国一牙膏公司，前十年的营业额增长率是10%～20%，但在第11～13年业绩停滞。于是公司更换了包装，将牙膏管口扩大1毫米，这样每个消费者每次都多用了一点儿牙膏。结果，第14年该公司的营业额增加了31%。

2．产品改进策略

在成熟期，由于竞争激烈，产品特色逐渐消失，因而企业要对产品进行改进，以产品自身的改变来满足顾客的不同需求。产品改进策略有产品功能改进策略、产品式样改进策略、产品品质改进策略、产品特性改进策略、产品包装改进策略、服务改进策略等。

3. 营销组合改进

企业通过改变产品、定价、分销渠道及促销方式来延长产品成熟期。如通过降价、打折吸引新顾客，或者通过提高价格表明产品的高质量；通过建立新渠道，或者从经销商那里争取更多的货架空间，占领更大的市场；通过提高广告策划水平、提高推销人员的素质、采用恰当的销售促进策略和公关策略，树立良好的企业和品牌形象，提高销售水平。

（四）衰退期的营销策略

衰退期的营销目标是有计划、有步骤地撤出老产品，以出清库存和尾货为主旨，压缩开支，榨取最后价值。同时要抓住市场机会，开发新产品，顺利实现老产品的更新换代。

1. 维持策略

维持策略是指保持原有的目标市场和营销组合策略，把销售维持在低水平上，等到适当的时机，便停止经营，退出市场。由于众多的竞争者纷纷退出市场，处于有利地位的企业可以暂不退出市场，接收退出企业留下的顾客，暂时维持甚至增加销量。

2. 集中策略

集中策略是指企业仍然留在原来的市场上继续经营，根据市场变动的情况和退出障碍大小，有计划地简化产品线，缩小经营范围，把企业的人力、物力、财力集中起来，生产最有利的产品，利用最有效的中间商，在潜力最大的细分市场上组织销售，以取得尽可能大的经济效益。

3. 榨取策略

榨取策略是指企业在一定时期内，不主动放弃疲软产品的生产，而是大幅度降低促销费用，以尽可能少的成本，继续销售产品，增加眼前利润。这样在短期内，虽然销量会有所下降，但因为成本下降了，企业仍能获得一定的利润。

4. 放弃策略

放弃策略是指企业决定放弃经营某种产品以撤出该目标市场，并处理好善后事宜，有秩序地转向新产品的经营。

| 阅读与思考 |

百年同仁堂开始卖咖啡，老字号跨界年轻新势力

你能想象，在一家中药店里，喝枸杞咖啡，吃调理面包；在一家咖啡店里调理亚健康……而且这其实还是一家咖啡店：中药味的咖啡馆！既时髦又老派，既"朋克"又

养生。

最近，有一个老字号将这些功能集中在了同一个空间里，且毫无违和感。这个老字号就是"同仁堂"。创建于1669年的同仁堂赶上了"国潮"的列车，打造了一个叫"知嘛健康"的综合体验空间。

"知嘛健康"已经在北京开出"零号店"与"壹号店"。而且，计划未来要开300家！总体上看，"知嘛健康"更倾向于"休闲餐饮店"与"养生馆"之间的一种特殊存在，迎合了注重养生，同时又追求新鲜体验的年轻"养生朋克"一族。

事实上，随着技术和商业模式的更新迭代，老字号面临的难题，归根结底就是需求侧和供给侧的错位。这正是老字号开始跨界，积极和年轻人打成一片的原因。

当然，老字号品牌的年轻化，需要借助数字化智能工具，由内而外，变得更加年轻有活力。同样以同仁堂为例，"知嘛健康"展示了同仁堂旗下的商品组合，引进亚洲首台24小时自助售药机，由机器人抓药，在中药店里可是独特的体验。对于门店来说，这也解决了传统人工抓药的低效率问题。

思考： 同仁堂养生咖啡采用了何种营销策略？谈谈你对该产品营销的看法。

任务三 新产品开发

产品的市场生命周期理论揭示了产品更新换代是市场发展变化的一种必然结果。随着消费者需求的变化、科技的发展和竞争的加剧，企业要想在市场上生存与发展，就必须不断地开发新的产品以满足新的市场需求。

一、新产品的概念

市场营销学中的新产品是指只要产品整体概念中的任何一部分发生了变化，并为顾客带来新的利益，该产品就称为新产品。

按照创新程度的不同，可以将新产品分为四种类型。

（一）全新产品

全新产品又称原创产品或绝对新产品，是指在原理、结构、性能和材料等方面有重大突破，具有独创性、先进性和适用性的新发明的产品。如1926年出现的冰箱、1946年的第一代电子计算机、1959年的集成电路、1938年的尼龙,都是前所未有的产品,它们对人类的生产方式、生活方式和社会发展有着深远的影响。开发全新产品一般需要耗费大量的时间、人力、物力、财力,而且成功率很低。但一旦开发成功,便开辟了一个新市场,开发企业可以在较长时间内处于领先地位,拥有垄断优势。据调查,在新产品中,全新产品一般只占10%左右。

> **案例**
>
> ### 华为Mate 60
>
> 华为Mate 60,作为华为当下最新的旗舰智能手机,再次将科技与美学推向了新的高度。这款手机不仅继承了华为一贯的精湛工艺和前沿技术,更在多个方面实现了突破和创新,为用户带来了全新的使用体验。
>
> 华为Mate 60搭载了最新的麒麟9000s八核处理器,这是华为自家研发的顶级芯片,具备强大的数据处理能力和出色的功耗控制,确保了手机在各种复杂应用场景下都能保持流畅运行。同时,配合超大的运行内存和存储空间,用户可以轻松应对各种高负载任务和多任务处理。华为Mate 60配备了后置5000万像素主镜头、1200万像素超广角镜头和1200万像素长焦镜头的组合,无论是日常拍摄还是专业摄影都能轻松应对。在安全性方面,华为Mate 60采用了先进的生物识别技术和加密手段,包括指纹识别、面部识别等,确保用户数据的安全。同时,手机还支持多种安全防护功能和隐私保护措施,为用户提供全方位的安全保障。

(二)换代新产品

换代新产品又称革新新产品、部分新产品和相对新产品,它是指在原有产品的基础上,部分地采用新技术、新工艺和新材料,使产品在性能上有显著提高的新产品。如1946年的第一代电子计算机,重量30吨,用了18000只真空管,占篮球场那么大的面积。后来由于晶体管、集成电路和大规模集成电路技术不断被应用于计算机的改进上,于是出现了第二、三、四代计算机,后一代与前一代相比,在性能上都有了显著提高。换代新产品的开发难度小于全新产品,而且市场普及快,成功率较高。

(三)改进新产品

改进新产品是指对原有产品的结构、材料和花色品种等做一定改进而形成的新产品。改进新产品不同于换代新产品,与原产品相比,它在性能上没有显著提高,属于原产品派生出来的产品。如将暖壶改进为气压式暖壶,将铅笔改进为自动铅笔等。改进新产品与原产品差别不大，进入市场后容易被消费者接受。但由于这种改进很简单，所以很容易被竞争者效仿。

（四）仿制新产品

仿制新产品是指通过对国际或国内市场上已出现的产品进行引进、模仿而生产出来的新产品。如果企业缺乏开发新产品的能力，但能快速地捕捉市场信息，快速地研究与仿制竞争者的产品，就能大幅度地减少产品开发的时间和成本，降低促销费用，就可以利用低价格的优势挤进该市场。新品牌的电冰箱、抽油烟机、旅游鞋、化妆品、酒类等，大都是模仿已有的同类产品生产的。仅仅是洗衣机，就有很多品牌。

| 课堂讨论 |

仿制新产品不等于仿冒新产品，新产品的仿制是合法的，而仿冒新产品则可能会违反我国的专利法。这种表述对吗？

二、新产品开发的方法

企业开发新产品一般有三种方法：自行研制、技术引进、自行研制与技术引进相结合。

（一）自行研制

自行研制是一种独创性的研制，是指企业根据市场情况和消费者需求，针对现有产品存在的问题，采用新原理、新技术和新材料等，研制出全新产品或换代新产品。

自行研制投资大，风险也大。一般适用于技术力量雄厚、科研能力较强的企业。

（二）技术引进

技术引进是指企业通过引进国内外先进技术和购买专利等方式开发新产品。技术引进是开发新产品时常用的一种方式。

技术引进可以节省企业的科研经费和技术力量；在引进技术的基础上，能更快地提高企业的技术水平，赢得时间，尽快缩短与竞争企业之间的技术差距。

（三）自行研制与技术引进相结合

自行研制与技术引进相结合是指在对引进技术充分消化和吸收的基础上，进行改进或创新。它比单纯引进技术更为有利，既能借鉴他人的先进技术，节省研发费用，又能发挥自己的独创性。

三、新产品开发的组织

为了确保新产品开发工作的顺利进行,必须建立科学的组织机构,以减少盲目性,降低风险。

(一)新产品开发的组织形式

1. 产品线经理负责制

产品线经理负责制是指由产品线经理专门负责某一产品线内所有产品项目的开发、计划、研制、生产和销售等一系列工作。

这种开发形式的优点是简便易行,缺点是不利于新产品开发工作的有效开展。因为产品线经理往往忙于现有产品的生产经营,很少有时间和精力考虑新产品的开发和改进;另外,产品线经理可能缺乏开发新产品所必需的专业知识和技术。

2. 新产品经理负责制

新产品经理负责制是指在产品线经理下设新产品经理,专门负责新产品的开发工作。新产品经理可随时根据市场情况的变化研制新产品和改进现有产品,使新产品开发专业化,但是新产品经理权力有限,需得到上级支持。

3. 新产品部负责制

新产品部是新产品开发的专职部门,它直接受企业最高管理层领导。新产品部的主要职责是产生和筛选新产品构思、指挥和协调调研开发工作、进行实地试销和上市前的准备工作。

4. 新产品开发委员会负责制

新产品开发委员会是由来自营销、生产、财务、技术和工程等部门的代表组成的企业高层管理机构。它对新产品开发负有计划、审核、组织、管理和实施的责任,享有决策权和指挥权,但不直接从事新产品的研究、试制、生产和销售活动。在西方,全球化大企业大多数都设有新产品开发委员会。

5. 新产品开发小组负责制

新产品开发小组是企业为开发某项新产品而专门成立的组织,由各业务部门的代表组成。有任务时,他们就暂时离开原工作岗位参加新产品开发工作,新产品开发成功后,再各自回到原岗位。较大的企业或高新技术企业往往同时有多个开发小组开发着不同的新产品。

（二）团队导向的"同时型产品开发"组织

团队导向的"同时型产品开发"组织是指企业的研究部门、设计部门、技术部门、生产部门、市场营销部门、采购部门和财务部门，在新产品开发的整个过程中，统一管理，密切合作，充分发挥团队的作用。

四、新产品开发的程序

新产品开发是一项艰巨复杂的工作，需要投入大量的人财物力，还要冒很大的风险。所以，必须建立一套科学的开发程序，使新产品开发工作能有序地进行。完整的新产品开发过程要经历8个阶段：新产品构思、构思筛选、产品概念的形成和测试、初拟营销规划、商业分析、新产品研制、市场试销和商业化，如图5-4所示。

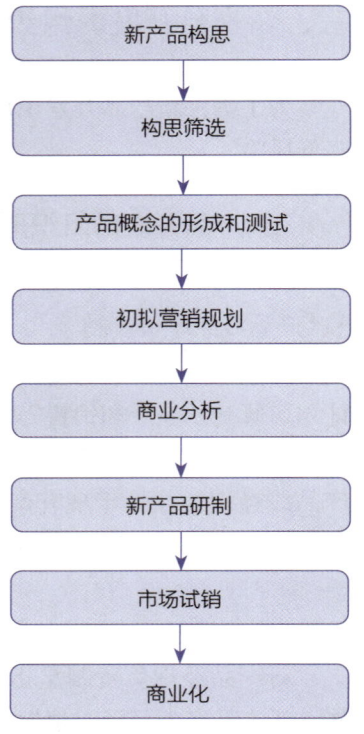

图5-4　新产品开发的程序

（一）新产品构思

新产品构思是指为满足某种市场需求而提出的产品设想。成功的新产品首先来自创造性的构思。

1．构思来源

（1）企业内部人员。包括高层管理者、研究开发人员、市场营销人员、制造部门及其他部门的人员。企业内部人员从不同的方面与本企业的产品有着直接的接触，能提出与本企业情况相符合的、有价值的产品构思。

（2）顾客。顾客是产品的最终使用者，最清楚产品的优点和缺点。实践证明，根据顾客意见构思出来的新产品，成功率很高。

（3）竞争者。企业可以研究竞争者的广告资料和产品，或者通过中间商、销售人员了解竞争者的销售状况和顾客反映，从中得到启发，产生构思。

（4）经销商。经销商直接从事购销活动，熟悉市场行情，了解顾客需求，能为企业提供有价值的信息。

（5）其他来源。企业还可以从科研机构、高等院校、市场营销调研公司、学术会议和展销会等方面获得新产品构思。

2．构思方法

（1）产品属性列举法。先列出某一现行产品的主要属性，然后尝试探索、改进每一属性，从而得到新构思。

（2）强行关联法。先列出若干不同的产品，然后把某一产品与其他一个或若干个产品强行结合起来，由此产生新的构思。如办公设备制造商打算设计一个新型的经理办公桌，他先列出相关产品：办公桌、书橱、时钟、电视机、计算机和复印机，然后用这些产品构思出一个完全电子化的组合办公桌。

（3）形态分析法。先找出一个问题的各个重要因素，然后分析各因素之间的相互关系，将它们进行重新组合，从而产生新的构思。

（4）问题分析法。调查消费者，了解他们在使用某种产品时遇到的问题，然后对这些问题进行整理，把它们转化为新的产品构思。

（5）头脑风暴法。选择专长各异的人员进行座谈，营造一种自由、热烈的氛围，使与会人员都能放下思想包袱，畅所欲言，从而产生大量有价值的构思。

（二）构思筛选

构思筛选是指对前一阶段所获得的大量新产品构思进行分析和评估，从众多的构思中选出少数几个有吸引力的、切实可行的构思。筛选时要慎重，既不能误用不良构思给企业带来损失，也不能误弃好的构思而使企业失去一个发展的机会。

筛选步骤包括粗选和精选两步。粗选是依据经验，删除有明显缺陷的构思。精选是对构思进行量化分析，建立新产品构思评价表。其中，能否确定合理的评价因素及给每个因素确定适当的权重，是能否对产品构思作出科学评价的关键。表5-3为新产品构思评价表。

表5-3 新产品构思评价表

产品成功的主要因素	权重 (A)	公司能力水平 (B) 0.0 0.1 0.2 0.3 0.4 0.5 0.6 0.7 0.8 0.9 1.0	得分数 (A)×(B)
公司信誉	0.20		
研发能力	0.20		
人力资源	0.20		
生产能力	0.10		
营销能力	0.10		
财务能力	0.10		
销售地点	0.05		
采购与供应能力	0.05		
总计	1.00		

一般认为，总分0.76~1.00为良好，0.41~0.75为中等，0.00~0.40为差。

筛选出来的构思要进一步具体化，形成产品概念。

（三）产品概念的形成和测试

1. 产品概念的形成

产品构思是企业从自己的角度考虑的能够向市场提供的可能的产品，它只是为新产品开发指明了方向，如奶粉的产品构思可能是"生产一种粉状牛奶制品"。

产品概念是企业从消费者角度对产品构思进行的详尽描述，即将新产品构思具体化，描述产品的名称、性能、具体用途、形状、价格和提供给消费者的利益等，让消费者能轻而易举地识别新产品的特征。产品概念的形成来源于针对新产品构思问题的回答，一般通过对以下三个问题的回答，可以形成不同的新产品概念。

（1）谁使用该产品？例如老年人、儿童。

（2）该产品适用于什么场合（时间）？例如早晨、晚上、日间。

（3）该产品提供的主要利益是什么？例如口味好、营养丰富、食用方便。

在"生产一种粉状牛奶制品"的产品构思下，可以产生许多具体的产品概念：成年人早上食用的营养丰富的方便食品；老年人日间食用的口味好的奶粉；儿童晚间食用的营养丰富的奶粉等。

2. 产品概念的测试

产品概念的测试是指将一个精心描述的产品概念交给目标顾客评价，以了解潜在顾客的反应，为优选产品概念提供依据。在产品概念测试中，常常要求目标顾客回答一些问题。

如产品概念是"一种粉状牛奶饮品，供成年人早餐食用，营养丰富，食用方便。该产品打算制成苹果、柠檬、草莓三种口味，每盒装十包，定价八元"。为测试产品概念，可以向顾客提出以下问题：你是否清楚并相信产品所提供的利益？该产品能否满足你的某一方面的需求？你目前是否有其他产品偏好？你对价格、包装和口味等有何意见？你是否（肯定、可能、可能不、肯定不）会买该产品？你的家庭成员中谁将使用该产品？使用频率如何？

企业根据消费者的反应，选择最佳的产品概念。

（四）初拟营销规划

选定产品概念后，要制定将该产品引入市场的初步规划。该规划是粗线条的，在以后的开发阶段还会不断完善。初步的营销规划包括三个部分。

（1）描述目标市场的规模、结构、消费者的购买行为、产品的市场定位、市场占有率、短期销量、利润率的短期目标等。

（2）对新产品的价格策略、分销策略和第一年的营销预算进行规划。

（3）描述预期的长期（3~5年）销售量、利润目标以及不同时期的营销组合。

（五）商业分析

企业拟定初步营销规划后，还要详细分析这一规划的可行性。商业分析实际上就是经济效益分析，即对新产品未来的销售额、成本和利润给予充分的估计，判断它是否能达到企业开发新产品的目标。企业首先要调查同类产品销售的历史资料，掌握历史上的最高销量和最低销量，结合目标市场的实际状况，推算新产品的销售额。然后，由研发部门、生产部门、营销部门和财务部门等进一步估算产品预期成本和盈利情况。如果预计产品的销量、成本和利润能达到目标，就进入新产品研制阶段。

（六）新产品研制

新产品研制是指企业的研发部门或技术工艺部门，将通过商业分析后的产品概念试制成产品模型或产品样本，同时进行包装的研制和品牌的设计。

对试制出来的产品模型或产品样本必须进行严格的性能测试和消费者测试。性能测试在实验室和现场条件下进行，以确保新产品的有效性、可靠性与安全性。消费者测试是通过各种方式了解消费者对新产品的意见。

如果企业对产品测试的结果感到满意，就进入市场试销阶段。

（七）市场试销

市场试销是指把研制出来的新产品投放到有代表性的、范围有限的市场内进行销售，观察在现实的环境条件下市场对新产品的反应。如果试销市场呈现高试用率和高再购率，就表明该产品受欢迎，可以继续生产；如果市场呈现高试用率和低再购率，就表明消费者不喜欢该产品，必须重新设计或放弃；如果市场呈现低试用率和高再购率，就表明该产品很有前途，需要加强促销工作；如果试用率和再购率都很低，就表明该产品没有前途。

新产品的市场试销获得成功后，企业应将其大批量地投放到市场。

（八）商业化

商业化是指企业将试销成功的新产品全面地推向市场。在这一阶段，企业高层管理者必须做好下述四项决策。

1. 上市时机

这是指企业决定在什么时间将新产品投放到市场上。如果新产品是季节性产品，应选择在旺季上市，以尽快引起消费者的注意。如果新产品是用来替代老产品的，就应该等到本企业老产品的存货被处理掉时，再将这种新产品投放市场，以免影响老产品的销量。如果竞争者也将推出新产品，企业可以抢先入市，建立起品牌偏好；也可以与竞争者同时进入市场，与对手共同承担市场开发费用和风险；还可以延后进入市场，以节省促销费用，降低风险。

2. 上市地点

这是指企业决定在什么区域（某一地区、某些地区、全国市场或国际市场）推出新产品。选择上市地点时要考察以下几个方面：市场潜力、投放成本、竞争情况、企业在该地区的声誉、对其他地区的影响力等。直接把新产品投放到全国市场上的企业不多。大多数企业都是先在主要地区的市场推出新产品，站稳这一市场后再扩大到其他地区。

3. 目标市场

目标市场是指可能率先购买或早期购买新产品的顾客群。企业希望通过这个顾客群来带动一般顾客，用最少的费用迅速扩大新产品的市场份额。

4. 营销组合策略

企业要为新产品入市制定相应的营销策略，有计划地开展市场营销活动。企业要选择最适宜的时间、最适宜的地点，以最恰当的方式将产品销售给最需要的顾客。

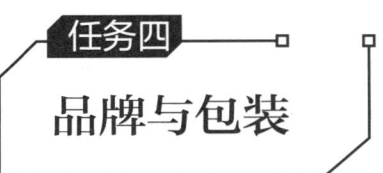

任务四　品牌与包装

品牌是产品整体概念的重要组成部分，关系到企业的知名度和信誉，是企业产品策略的重要内容。

一、品牌的含义

（一）品牌的概念

品牌即产品的牌子，是用以识别某个销售者或某群销售者的产品或服务，并使之与竞争对手区别开来的商业名称及其标志。通常由文字、标记、符号、图案和颜色等要素或这些要素的组合构成。品牌是一个集合概念，它包括品牌名称和品牌标志两部分。品牌名称是指品牌中可以用语言表达的部分，如金利来、联想、海尔、同仁堂、肯德基和可口可乐等。品牌标志是指品牌中可被识别但不能用语言表达的特定标志，包括符号、图案、色彩等。如海尔兄弟的卡通图案等。品牌是个复杂的符号，蕴含着深刻的含义，传递着属性、利益、价值、文化、个性和使用者信息。品牌代表着特定的产品属性，而产品属性是消费者判断产品是否符合自己需要的重要因素。品牌体现着某种特定的利益，消费者购买产品是为了获得产品所带来的利益而不是属性，利益是由属性转化而来的，是从消费者角度对产品属性的解释。品牌体现了生产者的某种价值。品牌蕴含着特定的文化，品牌文化是企业在经营中逐步积累起来的，它体现着一种传统、一种精神，是企业文化的一部分。优秀的品牌都凝聚着厚重的文化内涵。如欧米茄强调尊贵、气派、豪阔，浪琴代表优雅、浪漫，斯沃琪突出时髦、快乐、年轻和活力。品牌还体现了购买或使用这种产品的消费者的类型，如康师傅、娃哈哈是贴近普通消费者的品牌。消费者是通过所选用的品牌来传达自我的，他们在购买时，会选择与自己的生活方式、价值观念和个性等相吻合的品牌。

在品牌的上述六个层次中，品牌属性和由其转化而来的利益容易被模仿，随着竞争的加剧，会越来越趋于同质化，不足以区别于其他品牌。价值、文化和个性是品牌的基础，有着深刻的内涵，能揭示不同品牌之间差异的实质。

（二）品牌与商标

品牌与商标都是企业的无形资产，都是用来识别不同生产经营者的不同种类、不同品质产品的商业名称及其标志，其目的都是使自己的产品区别于竞争者。

品牌与商标的不同之处在于，品牌是市场概念，是产品和服务在市场上通行的牌子，品牌实质上是品牌使用者在产品特征、服务和利益等方面对顾客的承诺。品牌无须办理注册登记；品牌或品牌的一部分在政府有关部门依法注册登记后，称为商标。商标是法律概念，经过注册登记的商标带有"R"标记，或"注册商标"的字样，它是已获得专用权并受法律保护的品牌。品牌的价值是通过对品牌标定的产品和服务在市场上的表现来评估的，不使用的品牌没有价值。而商标不论其是否被使用，不论其所标定的产品是否有市场，都具有价值。

二、品牌的作用

品牌是企业给产品起的名字，反映着企业的经营理念、经营管理水平和发展方向等。一个好的品牌对营销者、消费者和社会都具有重要的作用。

（一）品牌对营销者的重要作用

（1）有助于促进产品销售。通过品牌可以培养品牌忠诚者，使企业的销售额保持稳定。

（2）有利于保护品牌所有者的合法权益。品牌注册成为商标后，受法律保护，可以防止假冒伪劣产品的侵害。

（3）有助于扩大产品组合。消费者一旦偏爱某一品牌，就会喜欢该品牌下的所有产品。企业可以利用这一品牌推出新的产品，使新产品顺利地进入市场。

案例

中国制造：从产品到品牌，如何打造更多中国名片

2023年5月10日，中国品牌日如约而至。品牌代表着企业的形象、信誉和价值，是高质量发展的重要体现，也是企业能否在国际市场上取得成功的关键因素之一。

近年来，我国品牌建设取得积极进展，中国品牌加快出海打造更多中国名片，品牌国际影响力稳步提升。不过，部分中国品牌在服务提供、文化建设、营销策略等方面仍存短板，有待补齐。

多位行业内人士建议，应以发展实体经济为基础，通过产品和服务牵引品牌建设，广泛培育专精特新企业、营造创新氛围，注重挖掘品牌的文化内涵，多举措激发企业品牌效应。

1. 中国品牌加快出海

近年来，我国企业品牌意识逐步增强，打造出一大批知名度高、美誉度强、影响力大的国际优秀品牌。

五粮液是较早一批"走出去"的白酒企业之一，为进一步提升五粮液的国际知名度和影响力，企业积极参与国际重大活动，在世界博览会、中国国际进口博览会等活动中，将中华优秀传统文化与现代文明相结合，通过品牌向世界传递中国声音。

五粮液集团（股份）公司党委书记、董事长曾从钦曾指出，建设世界一流企业，打造国际知名品牌，既是乘势而上的战略选择，也是责无旁贷的历史使命。

2. 不少企业还把新发展理念融入品牌建设中

康师傅控股有限公司执行长室副总裁王世琦认为，绿色发展是高质量发展的内在要求，绿色消费正在成为越来越多消费者的自觉选择，绿色低碳产品的市场认可度和市场占有率不断提升。由此可见，企业积极主动向绿色低碳转型，能够提升民族品牌的内在价值。

更关键的是，众多出海企业以筑牢品质标准为根本，不断提升企业产品的硬核实力。"产品力支撑起品牌高度。近年来，我们不断推出具有科技含量的功能性面料服饰，抓住了年轻人市场，在海外也获得了品牌美誉度和知名度。"波司登集团董事局主席兼总裁高德康说。

3. 品牌建设短板有待补齐

采访中，记者注意到，目前我国国际知名品牌数量偏少，如何从中国产品到中国品牌、由品牌大国迈向品牌强国，仍存在部分短板，有待补齐。

——品牌服务有提升空间。一流品牌需要有一流产品做支撑，还需要配套一流服务。记者观察到，目前国际品牌市场竞争已逐渐从交付产品向提供服务、提供全面的解决方案转变。

相关行业专家认为，总体上看，国内品牌在服务提供方面尚有不足。具体表现为国内品牌相对集中于中低档、附加值不高的行业，在高附加值和部分服务类行业中存在感较低。围绕产业链进行研发设计的服务、信息技术服务、节能环保服务、检测认证服务、人力资源服务等专业性的生产型服务业均与品牌建设有关，未来应是品牌建设的重要着眼点。

——缺少文化积淀致部分品牌推广不足。成为世界品牌，长时间的文化积淀不可或缺。曾从钦、中欧国际工商学院案例中心研究员曹之静等受访者认为，近几年，很多企业越来越注重产品的文化内涵，但部分国内企业的文化内涵没有与具体产品的工艺特点和文化基因相结合，没有将文化传承真正落实到生产和企业管理中。

此外，还有行业内人士认为，中国品牌的工艺设计基础较为薄弱，品牌文化创意设计人才短缺，有待强链补链，大力培养相关行业人才。

——营销策略不成熟易陷入恶性竞争。品牌营销是品牌推广的关键一步，能够让消费者形成对企业品牌和产品的认知。有行业内专家提到，个别中国企业主要以产品和价格策略参与国际市场竞争，忽视了品牌运营思维和营销策略，导致其在参与同一领域市场竞争时易陷入"恶性杀价"循环，影响品牌形象，不利于产品和品牌的持续健康发展。

4. 三方面打造品牌强国

在品牌竞争日趋激烈的当下，如何打造品牌强国受到社会各界广泛关注。

——发展实体经济，以产品和服务牵引品牌建设。

多位行业内专家认为，中国企业世界级品牌的打造，需要根植于实体经济和制造业的高质量发展，加快建设制造强国是实现品牌强国"实打实"的举措。

伊利集团副总裁张轶鹏认为，企业应充分发挥经营主体作用，夯实产品品质，营造品牌建设硬环境，使实体经济各类企业，特别是制造业企业做大做好主业，稳扎稳打练好内功，打造更多高附加值产品。在此基础上注重服务导向，让企业运营思维逐步从提供产品向提供产品配套服务转变，全方位提高品牌竞争力。

——广泛培育专精特新企业，营造品牌创新氛围。

当下，一批来自大中型企业的世界级品牌赋能中国品牌出海，也有一批专精特新"小巨人"企业和隐形冠军企业，正不断在产品和服务上下功夫。

专精特新企业的品牌优势在于长期专注于某一个细分领域，部分企业能够做到生产技术和工艺全球领先，并深度嵌入全球产业链供应链中。

杭萧钢构股份有限公司总裁单际华等认为，中小企业在品牌建设中，需要把握新一代信息技术快速发展的机遇，引领行业创新氛围，促进企业向数字化、网络化、智能化发展，切实提升品牌创新力、吸引力。

——注重企业品牌文化内涵挖掘的同时兼顾用户需求。

品牌的生命力和张力离不开文化内涵。八马茶业股份有限公司董事长王文礼表示，中国品牌在提升世界影响力方面需要特别注重本土文化的传播和融合，可以将中华优秀传统文化元素融入品牌建设和产品设计，让中国品牌在国际市场上树立起独特的文化魅力和认知度。

　　此外，品牌文化的挖掘也要与营销策略相结合，"品牌文化内涵的打造一方面要彰显中国特色，另一方面，也应将品牌文化与消费者的价值需求和精神需求相连接，兼顾用户的消费习惯和消费需求。"武夷山市国为茶业有限公司董事长虞梅芳认为。

| 课堂讨论 |

　　习近平总书记在二十大报告中指出，推进文化自信自强，铸就社会主义文化新辉煌。请同学们讨论品牌自信与文化自信有何关系。

（二）品牌对消费者的作用

（1）有助于消费者购买产品。品牌代表着一定的产品属性，便于消费者辨认和识别所需要的产品，能简化消费者的购物过程，提高购物效率。

（2）有利于维护消费者的利益。品牌实质上是对消费者的承诺，是公众监督产品质量的重要手段。当所购买的产品出现问题时，消费者可以凭品牌找到制造商，维护自己的合法权益。

> **案例**
>
> **贴牌生产**
>
> 　　贴牌生产即将产品委托其他企业加工，然后，贴上自己的商标在市场上销售。对于接受订单的国家来说，"贴牌"可以使单位产品生产成本下降，发挥专业化生产方面的优势；可以促进企业的技术进步，加快设备更新换代的速度；可以培养自己的技术队伍；可以提高企业的管理水平；可以提高自己在业内的竞争力。但是，它的缺点也是显而易见的：由于在产品的开发、生产、销售各环节中，生产环节的利润最低，委托加工的企业在下订单时，就会把加工价格压到最低，量虽然很大，可利润却很薄。此外，拿到订单的加工企业由于生产能力被买断，自身的产品在合同期无法生产，长此以往，原有品牌在市场上的影响力就可能被削弱，最终消失。

（三）品牌对社会的作用

（1）有利于促进产品质量的不断提高。消费者往往是按品牌购物的，生产者要想使产品顺利地销售出去，就必须维护品牌的声誉，加强质量管理。这样就会使市场上产品的质量得到普遍提高。

（2）有利于促使生产者在竞争中不断创新。企业要想使品牌经久不衰，就要不断创新，生产更多的新产品投入市场，满足消费者需要，获得竞争优势。

（3）有利于维护良好的经济秩序。企业将品牌注册为商标后，就拥有了专用权。这有利于保护企业之间的公平竞争，维护市场运行秩序，从而促使整个社会经济健康发展。

（4）有利于约束企业。有关部门可以按照品牌对产品质量进行监督，加强对企业不良行为的约束。

三、品牌设计的原则

（一）突出个性，避免雷同

为了使消费者在众多的同类产品中对自己的产品留下深刻的印象，企业应给自己的产品设计一个富有个性的品牌。企业可以充分利用历史、文化、风俗、谐音和寓意等，从中找出能反映企业独特性的内容来设计品牌。山东曲阜酒厂的"曲阜家酒"改名为"孔府家酒"后，产品销售量不断上升。该品牌借用了"孔府"的地理位置，蕴含着古朴、典雅、悠远的文化气息。相反，缺乏个性的品牌是不会引起消费者注意的。

（二）简洁通俗，易读易记

品牌一定要通俗易懂，避免使用晦涩难懂的词语，要让所有的消费者都能明白其含义和寓意。如汰渍——去除污渍，厨洁——厨房清洁。人们注视品牌的时间极为短暂，企业要在瞬间把信息集中提供给消费者并使其记住。根据心理学原理，人的一次性记忆最多为6~7个单位，所以，品牌名称应限制在此范围内。如力士（LUX）作为西方品牌命名的典范，一直备受推崇。有韵律的词语比较容易记忆，如娃哈哈、联想、可口可乐等品牌，音韵和谐，读起来朗朗上口，便于记忆。

（三）富于创意，启发联想

好的品牌要能够在瞬间引起消费者注意，使其产生联想。如雀巢咖啡使人联想到雏鸟在巢中待哺的情形。宝洁为其婴儿尿布设计了一个别具一格的品牌——帮宝适（pampers），pampers在英文中有溺爱、宠爱之意，用于婴儿用品显得十分贴切。美国有一家眼镜厂，其品牌为"OIC"，构思极为巧妙。从三个字母的形状看，酷似一副眼镜；从读音看，构成了这样一句话："Oh, I see."表现出戴上眼镜后，使人豁然开朗的感受。

（四）立足长远，面向未来

企业在设计品牌时要考虑到品牌将来的发展，要能够用几年、几十年，甚至上百年。企业如果想让产品走向世界，就要取一个让世界各国消费者都能看懂的、无不良含义的名字，以免将来成为产品发展的障碍。

一般认为，品牌最好使用本身无任何意义的英文字母组合——独创单词，它容易识别和获得批准，避免了带词义的单词对品牌的干扰。如新泽西石油公司为了寻找一个可以全球通用的品牌，耗费了大量的资金进行调查研究，最后选用了"EXXON"，其发音和字形在世界各地的语言中都不会引起不良的联想。

企业要想将一个品牌塑造成名牌，需要经过长期坚持不懈的努力。品牌是一种无形的财富，不能轻易更改，以免造成损失。如同仁堂、可口可乐等著名的品牌始终如一，给人们留下了深刻的印象，积蓄了悠久的文化。

四、品牌策略

企业为了达到经营目标，使品牌在营销中更好地发挥作用，必须采取科学的品牌策略。

（一）品牌有无策略

品牌有无策略是企业品牌决策的第一个环节，即决定是否给产品建立品牌。

尽管建立品牌是市场发展的趋势，建立品牌对大部分产品来说可以起到积极的作用，但是对于某一个具体的企业而言，决定是否使用品牌还必须考虑企业的实际情况，因为建立、维持、保护品牌要付出巨大成本，所以企业要对利弊得失进行认真的分析。

1．无品牌策略

无品牌策略是指企业对产品不使用品牌。某些产品如果使用品牌，对识别产品、促进销售的积极意义很小，而要付出的费用（包括包装费、标签费、广告费、法律保护费等）却很高，那么这些产品就可以不使用品牌。

在下列情况下，企业往往不使用品牌。

（1）品种规格相同，不会因制造商不同而形成差别的同质商品，如水泥、煤炭、木材和火柴等。

（2）消费者习惯上不考虑品牌而只认货购买的商品，如水果、蔬菜等。

（3）生产简单，没有一定的技术标准，难以形成一定特色的商品，如农具、钉子和火柴等。

（4）临时性或一次性生产的商品。

（5）数量少，尚未定型的试产、试销产品。

无品牌策略的优点是可以减少品牌设计费、制作费、注册费和宣传费等，有利于降低价格，吸引求廉者购买；可以避免品牌经营失败给企业带来的负面影响。

目前，越来越多的传统上不用品牌的食盐、大米和水果等产品纷纷品牌化，而许多传统上使用品牌的产品采用了无品牌策略。欧美的超级市场中有许多无品牌的日用消费品，由于节省了包装费和广告费等，无品牌产品的价格比使用品牌的产品便宜15%~30%，对消费者有很大的吸引力。

> **案例**
>
> **上海时装集团公司的无品牌缝纫摊**
>
> 在不使用商标品牌方面，我国已有一些较为成功的例子，如上海时装集团公司设立了无品牌缝纫摊，他们摸清了"工薪族"们既想提高穿着打扮水准，跟上时代新潮，又希望有一个合理的价格，防止被厂家、商店"斩"一刀的心理，专门购进优质纺织面料，设计新式服装，开设裁剪、制衣窗口，推出价格低廉，具有鲜明个性特色的时装，生意十分兴隆。

2．有品牌策略

有品牌策略是指企业为自己的产品建立品牌，并向政府有关主管部门登记注册的一切业务活动。大多数企业都采取有品牌策略。

制造商决定为其产品建立品牌之后，下一步就要决定品牌的归属。

（二）品牌归属策略

企业对品牌归属的决策面临以下三种选择。

1．生产者品牌

生产者品牌是指制造商使用自己的品牌。绝大多数制造商都使用自己的品牌。制造商使用自己的品牌的优点是可以获得品牌所带来的全部利益，有利于企业的长期发展。缺点是要花费用建立和维护品牌。

2．中间商品牌

中间商品牌是指中间商拥有、控制并独自使用所经营产品的品牌，即制造商将产品卖给中间商，中间商再用自己的品牌将产品卖出去。

中间商使用自己的品牌的优点是可加强对价格和制造商的控制；可以把自己的品牌陈列在最醒目的位置；中间商往往能找到生产能力过剩的企业为其生产产品，可以降低生产成本和流通费用，从而取得较高的利润。缺点是需要投入大量的资金用于大批量的订货、储备存货和品牌宣传，还要承担品牌不被市场接受的风险等。

3. 混合品牌

混合品牌是指企业对自己的一部分产品使用自己的品牌，另一部分产品使用他人的品牌。

（三）品牌统分策略

1. 统一品牌策略

统一品牌是指企业的全部产品都使用同一个品牌。家电行业的许多企业都是靠一个品牌起家，并坚持采用统一品牌策略，如日立、东芝、夏普、海尔、飞利浦、索尼等。

统一品牌策略的优点是便于公众识别和记忆，有利于树立统一的企业形象，显示企业的实力，壮大企业的声誉；有利于企业利用已经成功的品牌推出新产品，消除消费者的不信任感，使新产品顺利进入市场；有利于节省品牌的设计费用和宣传费用。统一品牌策略的缺点是如果某一种产品出现问题，就可能使其他种类产品受到牵连进而影响全部产品的销售和整个企业的信誉；各种质量档次的产品难以区分，高档产品会受低档产品的影响。统一品牌策略的适用条件是：企业的各种产品具有相同的质量水平；该品牌在市场上有较好的声誉。

> **案例**
>
> #### 康师傅和统一
>
> 这里以食品饮料行业举例子，运用单一品牌策略做大市场、做强品牌的典型案例：康师傅和统一。
>
> 康师傅不同品类的产品使用的都是康师傅这个主品牌加产品品类或康师傅主品牌加产品副品牌的单一品牌策略。如康师傅主品牌加产品副品牌的有康师傅3+2，康师傅鲜的每日C，康师傅食面八方等；康师傅主品牌加产品品类的有康师傅冰红茶、冰绿茶等。
>
> 统一也是采用单一品牌策略取得成功的代表品牌。在统一所有不同品类的产品中都是使用统一加产品品类或统一加产品副品牌的单一品牌策略模式。如统一加产品品类的有统一鲜橙多，统一蜜桃多，统一冰红茶、冰绿茶等；统一加产品副品牌的有统一来一桶，统一100等。单一品牌策略帮助康师傅和统一成为食品行业的知名品牌。

2. 个别品牌策略

个别品牌策略是指企业对各种产品分别采用不同的品牌。

这种策略的优点是某一种产品出现问题时，不会影响其他产品的声誉；便于消费者识别不同质量、档次的产品；可以满足不同消费者的需求，占领更多的市场，增强企业的竞争力。个别品牌策略的缺点是品牌的设计费用和促销费用高，不利于树立统一的市场形象。该策略适用于同时生产两个或两个以上产品并且产品之间差异较大的企业以及有负面影响的品牌的企业。

3. 多品牌策略

多品牌策略是指企业同时为一种产品设计两种或两种以上互相竞争的品牌。这种策略由宝洁公司首创并获得了成功。例如宝洁公司为洗发水设计了飘柔、潘婷、海飞丝和沙宣四个品牌。

多品牌策略的优点是可以占领更大的货架空间，使竞争者的货架面积相应减小；某种产品出现问题时，不会影响其他产品的声誉；使企业内部的各种品牌直接形成竞争，有利于提高企业的运作效率，为提高总销售量创造条件；可以满足不同细分市场的需要，占领更大的市场。多品牌策略的缺点是品牌设计费用和促销费用高；不利于树立统一的市场形象。如果每一个品牌都只能占有很小的市场份额，而且没有利润率很高的品牌，那么会造成企业资源的浪费，其适用条件与个别品牌策略相同。

> **案例**
>
> **达利集团的多品牌架构**
>
> 达利集团作为企业品牌，为旗下的产品品牌提供背书。达利集团目前的三大类产品分别使用不同的产品品牌，薯片系列产品使用"可比克"品牌，糕饼系列产品使用"好吃点"品牌，饮料系列产品使用"达利园"品牌。三大系列产品，三大产品品牌共同支撑达利集团的企业品牌，同时也为达利集团预留下了品牌发展的空间。

4. 分类品牌策略

分类品牌策略是指企业在产品分类的基础上，对各类产品分别使用不同的品牌。以海尔公司为例，该公司将自己生产经营的产品分为家电类产品、智能家居类产品和商用设备类产品，并分别赋予卡萨帝、海尔和统帅三种不同的品牌。品牌分类策略兼具统一品牌策略和个别品牌策略的优点。

（四）复合品牌策略

复合品牌策略是指企业对同一产品使用两个或两个以上的品牌。复合品牌策略包括主副品牌策略和品牌联合策略。

1. 主副品牌策略

主副品牌策略是指同一产品使用一主一副两个品牌。其中，主品牌是具有较高的知名度和美誉度的成熟品牌，它涵盖企业若干或者全部产品，能为副品牌提供保障、开拓市场；副品牌专属于某种特定的产品，突出该种产品的独特利益与属性，为主品牌作出某种程度的补充。

统一品牌策略可以节约大量宣传费用，但不利于消费者识别产品；多品牌、个别品牌、分类品牌的策略使消费者容易识别产品，但要花掉大量宣传费用。而主副品牌策略避免了上述策略的缺点，综合了它们的优点。主副品牌策略的优点是企业可以充分利用主品牌的影响力来带动各种产品的销售；企业的广告一般只宣传主品牌，对副品牌一般不做单独的宣传，因此该策略使多个副品牌能共享一个主品牌，在广告宣传中共同受益，可以降低宣传费用，提高促销效果；副品牌能直观形象地表达产品的个性，便于与消费者沟通，便于消费者识别和选择产品；各种副品牌不断地推出，可提高主品牌的美誉度；如果品牌延伸失败，副品牌可以起到一定的缓冲作用，在一定程度上避免主品牌受到牵连的风险。

| 阅读与思考 |

21年爱玛、雅迪推出全新子品牌，直指中低端电动车市场

近几年来，电动车市场竞争加剧，各大企业纷纷推出子品牌以应对市场竞争，小刀的一多，小牛的GOVA、金箭与星光，"副线"子品牌，已成趋势。

作为电动车行业两大龙头企业爱玛和雅迪，如今掌握了2000多万元的销量规模，两者占据了行业份额的40%左右，在中端市场已经没有竞争对手，高端市场规模又太小，只能向下延伸进入低端市场。

爱玛、雅迪两大品牌通过多年的营销，品牌价值也在逐年提升。而想要市场扩张，就不得不发动"价格战"，抢夺中小品牌的市场。如此一来，爱玛、雅迪的品牌形象和价值就会受到影响，后期想要走高端路线就有困难。

2021年2月底，爱玛旗下子品牌斯波兹曼就已经开始量产新车，但是从配置上看，跟爱玛本品牌车型不一样，电机不再沿用博世电机，电池也由锂电池改成了铅酸电池，定价比爱玛更低。而雅迪的"第二品牌"新伙伴，也在积极申报中。

中高端市场很难支撑2000万元以上的市场销量，只有向下兼容庞大的低端市场才有可能实现，而且还能进一步加强对上下游供应链的控制。

庞大的市场销量直接关系到企业在供应链上的谈判能力和溢价能力。销量越高，企业和供应链的谈判能力就越强，生产成本也能相应降低，掌握更大的定价空间，也是掌握更大的市场话语权。

思考： 电动车企业为什么要推出子品牌？这属于哪种品牌策略？谈谈该品牌策略的优缺点。

2. 品牌联合策略

品牌联合策略是指对同一产品使用不分主次的两个或两个以上的品牌。品牌联合可以是自有品牌的联合并用，也可以是自有品牌与他人品牌的联合并用。如索尼爱立信手机采用的就是品牌联合策略。品牌联合策略可以使几个品牌相互借势，获得"1+1>2"的效果，提高品牌的市场影响力。

（五）品牌延伸策略

品牌延伸策略是指企业利用已成功的品牌推出其全新产品或改进新产品。皮尔·卡丹是服装界成功的典范，在男装、女装和童装领域取得巨大成功后，它开始将品牌延伸到饰物、香水、家具和食品等领域。海尔集团在海尔冰箱获得成功后，又用海尔这一品牌推出了冰柜、空调、洗衣机和热水器等产品。

由于市场竞争激烈，创建一个新品牌需要耗费大量的人财物力，而且成功率很低。而运用品牌延伸策略可以节约大量的品牌设计和品牌促销费用，使新产品很快地被消费者接受；能使企业更好地利用生产加工资源、销售网络资源、渠道终端资源和客户资源等，实现资源利用的最大化；新产品的加入可以提升原品牌的形象，加强品牌的整体力量。但是，如果新产品的质量性能等不能令消费者满意，就可能影响该品牌下的所有产品。采用品牌延伸策略需要具备以下条件：延伸的品牌必须具有较高的信誉，否则无法带动新产品的销售；新加入的产品必须与原品牌的核心价值相符；新产品与原产品要有较强的相关性。

> **案例**
>
> **金利来品牌扩张**
>
> 金利来公司在品牌扩张时，成功地运用了产品线品牌扩张策略，金利来系列男士用品在高收入男性阶层中备受青睐，"金利来，男人的世界"这一广告词也为人们认知和认同。金利来公司的扩张是对市场做了详实调查，逐步推出了新的男士用品，从而实现了扩张。近年来，金利来陆续推出了皮带、皮包、钱夹、T恤衫、西装、钥匙扣等男士服装和饰品，还推出了男装皮鞋，从而使"金利来，男人的世界"得到进一步体现，成功地实现了企业的品牌扩张。

（六）品牌重新定位策略

品牌重新定位策略也称再定位策略，是指全部或部分地改变品牌原有的市场定位。企业处在动态的环境之中，有时为了适应环境的变化，需要对原有的品牌定位进行调整和更新。如竞争者推出了一个新产品，夺走了企业产品的部分市场份额，或者顾客的偏好发生转移，本企业的产品不能满足顾客新的需求偏好时，就需要实施品牌重新定位策略。

新定位若与原定位有较强的相关性，则可以保持原有品牌的信誉，适应消费者的心理变化，减少品牌设计和宣传的费用。但是这种新定位会受到原定位的约束，难以推陈出新。新定位若与原定位差异很大，则有利于企业标新立异，引起消费者的兴趣。但是这种新定位会增加品牌设计和宣传的费用，同时还会给企业带来较大的风险。

| 阅读与思考 |

中粮的品牌困惑

中粮，全称是"中国粮油食品进出口（集团）有限公司"，1952年成立于北京，是一家集贸易、实业、金融、信息、服务和科研为一体的大型企业集团，横跨农产品、食品、酒店、地产等众多领域，拥有"长城"（葡萄酒）、"福临门"（食用油）、"金帝"（巧克力）、"梅林"（罐头）、"COFCO"（啤酒麦芽）、"中粮"（面粉）、美特（印制罐）、华鹏（瓶盖）、凯莱（物业、酒店）、鹏利（地产）等众多知名品牌。

中粮集团自1994年以来，就一直名列美国《财富》杂志全球企业500强。然而，虽然中粮已经取得了卓著成就，但是知道中粮的人并不多。有关部门曾对此在成都做过调查：在普通居民中，知道中粮的人不超过1%，在企业家中，知道中粮的人不超过10%。中粮的低知名度与它的金帝、长城、福临门等产品品牌的高知名度形成了鲜明的对比。中粮董事长周明臣在2002年8月19日中央电视台"对话"节目中说，企业品牌知名度低于产品品牌知名度是个失误。

1. 何为中粮的品牌名称？"中粮"是"中国粮油食品进出口（集团）有限公司"的简称。在全称里，"中国"不是它的品牌名称，"粮油食品"也不是它的品牌名称，"进出口"更不是它的品牌名称。有人认为，"中国粮油食品进出口（集团）有限公司"是中粮的品牌名称。但事实上，如果将其作为品牌名称，与目前的企业实际不相吻合。目前的中粮，贸易已退居第二位，实业已跃居第一位，还叫进出口公司，显然名不符实。而且，"中国粮油食品进出口（集团）有限公司"总让人与外贸联系在一起，与计划经济联系在一起，与国有企业联系在一起。用外贸的品牌来经营消费者市场，似乎缺乏支持力。

某次在北京举行的长城葡萄酒品牌整合会上，中粮领导人明确提出，此次品牌整合的重点是突出"中粮"。中粮酒业公司总经理说："在新的包装上，所有长城葡萄酒均标明由中粮出口，三家酒厂只作为产地出现。我们要重点突出'中粮'这个品牌。过去长城没有体现出中粮的品牌，别人不知道长城是中粮的，以后我们要让大家意识到'长城'有中粮这样一个强大的背景。"

2. 中粮的品牌有商标吗？中粮已经确定要在其经营中突出"中粮"这个品牌，要以"中粮"这一品牌为中心来开展企业的经营活动。但事实上这其中有很大的风险因素。因为"中粮"算不上是一个真正的品牌，如果非要把它当作一个品牌，它也是一个没有法律保证的品牌，因为"中粮"无法注册为商标。"中粮"一词中含有"粮"字，暗示了产业性质，不符合商标法的要求，因此无法注册为商标。同时中粮也没有自己的图形商标，虽然一个企业可以没有图形商标，但对于一个已经没有文字商标的企业，如果也没有图形商标，就彻底失去了商标保护。

3．何为中粮品牌的核心价值？在"对话"节目中，主持人问中粮董事长，您希望中粮作为一个企业的整体形象给人一个什么样的印象？董事长回答说："我希望他想起这个商品的时候，他就想起中粮；想起中粮，他能想起中粮旗下有这么多的商品。"在此，可看出，中粮还不清楚自己品牌的核心价值，以及应该树立什么样的核心价值。同时，中粮的品牌目标还停留在品牌名称与品牌产品联系的阶段，中粮还没有完成品牌形式的统一。一个连品牌形式都还未完全统一的品牌，当然就谈不上子品牌之间的价值整合了。"中粮"这个母品牌的核心价值不清楚，又怎么与福临门、长城、金帝、凯莱整合？既然不能实现母品牌与子品牌的价值整合，就更谈不上子品牌之间的价值整合了。而"中粮"的各品牌正因为没有价值上的有机整合，所以才会出现"长城"三兄弟的内耗，才会出现福临门与金龙鱼之间的冲突，结果中粮不得不为此付出代价，牺牲金龙鱼，保全福临门。

可见，在中粮的发展道路上，品牌的困惑、品牌策略的不成熟已使其面临很多令人担忧的障碍。

思考：
1．你认为中粮公司把"中粮"作为一个品牌是否合适？
2．你觉得中粮应该如何进行品牌建设？

五、包装策略

俗话说，"货卖一张皮"。随着市场经济的发展，包装作为一种强有力的营销手段，已经成为经济生活中的重要组成部分。

（一）包装的含义与作用

1．包装的含义

包装是指设计包装容器或包扎物，并对产品进行盛装或包扎的一系列活动。包装有两方面的含义：一是指为产品设计、制作包扎物和包装操作的活动过程；二是指包扎物。一般来说，产品包装包括商标或品牌、形状、图案、颜色、材料和产品标签等要素。

包装分为运输包装和销售包装两类。运输包装又称外包装，是产品的最外层包装，是为了便于运输而进行的包装。销售包装是指随着产品进入零售环节、直接接触消费者的包装，主要用于美化和宣传产品，吸引消费者，方便消费者认识、选购、携带和使用产品。

2．包装的作用

（1）保护产品。保护产品是指保护产品质量安全和产品数量，即在产品生产出来到达消费者手中直至被消费掉以前，保证产品的使用价值不受外在因素的影响，使产品不破损、不挥发、不散失、不变质、不被虫蛀鼠咬、不被污染等。如对液体产品、感光材料和易挥发的产品，往往采用密封包装；对玻璃制品和家用电器等，往往采用防震包装；许多灭菌后的食品直接装入塑料袋等容器后立即封口，以保证卫生和营养。除了砂、石、煤等受外界影响小的产品以外，绝大多数产品都需要包装。

（2）便于储存和运输。产品从生产领域到消费领域，要经过装卸、运输和储存环节，经过合理包装的产品，便于进行搬运、码垛和检点，能节省流通时间，降低运输费用，便于管理。

（3）便于携带和使用。产品有气态、液态和固态等物质形态，也可能带有棱角、刃口等不安全的特殊因素，适当的包装可以起到便于携带和使用的作用。

（4）促进销售。在商场中，首先映入消费者眼帘的不是产品实体而是包装，包装在一定程度上起着"无声推销员"的作用。包装是创造产品印象的重要武器。包装能改善产品外观，提高消费者的视觉兴趣，激发其购买欲望。跨国公司的调查结果显示，有63%的消费者是根据产品的包装和装潢做出购买决策的，到超级市场购物的家庭主妇，由于精美的包装和装潢的吸引，其花销往往超过她们原先预计的45%。包装能形成产品的差异，使消费者容易辨认。包装是消费者最先熟悉的部分，一种产品的包装一般都有相对固定的色彩、图案，如大眼睛的海尔兄弟、红色的喜临门等。消费者通过包装，可以迅速辨认产品的品牌和厂家，加速购买产品的心理认识过程。包装物上都印有价格、产地、成分、重量、性能、规格型号和使用说明等，能帮助消费者了解产品。如果包装图案能吸引消费者，包装上的说明能抓住消费者的心理，解答消费者的疑问，就有可能使消费者产生购买动机。

案例

商品靠包装

苏州的檀香扇在香港市场上的售价原为65元，后改用成本5元的锦盒包装，售价提高到165元，销量大增。上海出口的手帕，过去用牛皮纸包装，五打一包，后改为配套的小包装，半打一盒。三条一盒的全透明包装加上不同的折叠花样和各种盒底印刷色彩，美观大方，在国际市场上扩大了影响，增加了出口。

（5）增加盈利。明珠再好也要有宝模相配。美观的包装就是一件艺术品，能够引起人们的注意，给人以美的享受，这种包装物本身就具有产品价值；好的包装能提高产品身价。消费者往往是借包装来推测产品价值的，他们往往愿意出更多钱去购买包装精美的产品。

案例

出口的人参包装变样

过去，我国出口的人参，多用木箱、纸箱包装，每箱20～25千克，不仅卖不上价钱，外商还怀疑是不是真人参。近年改为小包装（每盒1～2支），内有木盒，外套硬铁锦盒，雅致大方，令人一见就有名贵之感，且无虫蛀之患。结果，不但销路打开，小包装人参每吨比大包装人参多卖2万多美元。

（二）包装标签、包装标志及条码

包装标签是指附着或系挂在产品销售包装上的文字、图形、雕刻及印制的说明。产品标签上一般都印有包装内产品的名称、数量、主要成分、产品质量等级、质检号、产品规格、品牌标志、生产厂家、生产日期、使用方法和有效期等。

包装标志是指在运输包装的外部印制的图形、文字和数字以及它们的组合。一般包括运输标志、指示性标志和警告性标志。运输标志是指在产品外包装上印制的反映收货人和发货人、产地、目的地和中转地、件号、批号等内容的特定字母、几何图形、数字和简短文字等。指示性标志是指根据产品的特性，对一些易残损、易破碎和易变质的产品，用醒目的图形和简单的文字做出的标志。警告性标志是指在易爆品、易燃品、腐蚀性物品和放射性物品等危险品的运输包装上印制的特殊的警告性文字。

条形码又称条码，是由一组黑白相间、粗细不同的条状符号组成的，用来表示产品的名称、产地、价格和种类等产品信息的符号。条形码是迄今为止最为经济、实用的一种自动识别技术，它具有准确可靠、数据输入速度快、设备简单、自由度大、灵活使用和易于制作等特点，是全世界通用的产品代码的表示方法，极大地方便了商品流通。

（三）包装的设计原则

产品包装是一项具有技术性和艺术性的工作，为更好地发挥产品包装的作用，在包装设计过程中必须遵循以下原则。

（1）安全。安全是最基本的设计原则，包装的主要目的是安全、有效地保护产品。因此，包装材料的选择及包装物的制作必须符合产品的物理、化学和生物性能，保证产品不损坏、不挥发、不渗漏、不变质等。

（2）美观。包装设计要力求造型别致、色彩协调、美观大方，具有较强的艺术感染力，符合目标消费者的审美情趣。如儿童用品的包装要色彩鲜艳、富于知识性和趣味性，女性用品的包装要温馨、典雅、新颖，男性用品的包装则应该庄重、潇洒、大方。

> **案例**
>
> ### 溜溜梅的这个桶，装了3000年文化
>
> 溜溜梅最早的包装采用黄色和绿色作为包装色，给人一种欢快、清新的感觉。包装的结构采用溜溜梅的形状，能够突出食品的特色和食品名称。该包装将色、味、型相结合，表现得让人馋涎欲滴。自2022年10月20日，溜溜梅开启"青梅宝藏桶"新品预售以来，这款设计独特、文化韵味十足的产品，俨然是当年零食行业风头强劲的产品之一。"青梅宝藏桶"包装上就带着浓浓的中国风，几个古人：曹操、李白、杨贵妃、李清照、李时珍的形象，用传统的国画笔触画得栩栩如生，并且每个桶都是以他们的名字命名，仿佛是古人的联名款。
>
> 事实上，溜溜梅这次选的这几个古人也非常巧妙——他们在中国历史和文化上是"顶流"一样的存在，"不用介绍，几乎连小学生都知道他们的名字和故事"。而在某种程度上，当下国风的流行，已成为大家的一种生活习惯与审美方式。正如前面所说，溜溜梅的这款"青梅宝藏桶"，灵感来自中国的传统文化。青梅浓缩了我们中国人对美食的美好情感，以及健康的渴望和追求，而这种追求3000年来，几乎一以贯之，"大家对青梅的这种喜欢，已经存在于我们的文化基因里了"。

（3）便于使用、保管和携带。要根据产品的性质、重量、体积和用户的特点设计包装。如日本厂商在设计化妆品瓶盖时，一般只有一道螺纹扣，消费者一般是在早晚各使用一次，一天只需拧4下就可以了，省时方便。某爽肤水是婴儿夏季用品，原包装单位为100mL，保质期三年。而北方夏季很短，一年用量很少，扔掉很可惜，要保管3年又

很麻烦。针对这一情况，厂家将包装单位改为60mL，保质期一年。改进后的产品受到了北方消费者的欢迎，抢占了大量的市场份额。

（4）与产品的价值和质量水平相匹配。低档产品应选用低档材料进行包装，尽量降低包装成本，减轻购买者的负担。高档产品、名贵药材、艺术品和文物等应该选用高档材料来制作精美的包装，否则会贬低产品的价值。

（5）符合消费者的宗教信仰和风俗习惯。企业要了解目标市场消费者的宗教信仰和风俗习惯，以免引起不必要的麻烦。

（6）符合法律规定，兼顾社会利益。企业要了解政府对包装的有关规定，严格依法行事；积极开发和使用绿色包装，尽量简化包装，用塑料、纸壳代替玻璃、金属容器，减少社会资源的浪费。

（四）包装策略

包装策略是指企业在产品包装的形式、结构、方法和材料等方面所采取的对策。

1．类似包装策略

类似包装策略是指企业将其所生产经营的各种不同产品，在包装上采用相同或相似的图案、形状、结构或色彩等，使消费者一看便知道是同一家企业的产品。类似包装策略可以节省包装设计成本和宣传费用；有利于企业利用以前的声誉推出新产品，消除消费者对新产品的不信任感；有利于壮大企业声势，树立企业整体形象。但如果企业产品的质量相差太大，就会给优质产品带来不利的影响，此策略适用于质量相当的产品。

2．等级包装策略

等级包装策略是指按照价值、质量将产品分成若干等级，对不同等级的产品分别采用不同的包装，使包装质量与产品质量相匹配。比如对优质产品使用豪华包装，对普通产品使用简易包装。等级包装策略的优点是便于消费者识别和选购产品；能满足不同层次消费者的需要；各等级的产品之间不会有负面的牵连。缺点是包装设计成本高，此策略适用于产品相关性不大，产品档次、质量比较悬殊的企业。

3．组合包装策略

组合包装策略是指把使用时相互关联的若干种产品放在同一个包装容器中，同时出售。比如旅行盒、针线包和五金工具包等。这种策略的优点是可以同时出售多种产品，节省交易时间和销售服务，增加销售量；将新老产品放在一个包装内，可以顺利地卖出新产品；同时满足同一消费者的多种需要；方便消费者购买、使用、携带和保管产品。此策略主要适用于小商品，而且要注意不能把毫不相干的产品组合在一起，以免影响销售。

4．附赠品包装策略

附赠品包装策略是指在包装物内附赠给购买者特定的物品或奖券，以吸引消费者购买。如在儿童用品的包装中附赠一个玩具，在化妆品包装内放入一张奖券，在名酒的包装容器内附赠一只精巧的酒杯。

5．更新包装策略

更新包装策略是指对原产品包装进行改进或更换。此策略有助于树立产品的新形象，给消费者带来新鲜感。企业可以在以下条件下采用此策略：由于消费者对原产品包装的印象不好而影响了企业产品的销售；企业与竞争对手的产品质量相近，而产品包装却次于对手。名牌产品不宜采用此策略。

6．再使用包装策略

再使用包装策略是指在原包装物内的产品使用消耗完后，空包装物还可以另作他用。如把装有果珍的瓶子设计成水罐型，一些消费者会为了得到一个装凉开水的瓶子而特意购买该产品。罐头瓶可以当茶杯用，装衣服的包装袋可以用作手提袋等。再使用包装策略的优点是可以利用消费者一物多用的心理，吸引他们购买产品；空包装物上印有品牌、产品介绍说明等内容，能够起到延伸宣传的作用，消费者在使用包装物的过程中，会经常接触到这些宣传。但是，由于包装物本身就是一件产品，因而采用此策略的成本比较高。

| 阅读与思考 |

农夫山泉的瓶子才是真正的营销"神器"

随着春节的到来，一年一度的春节营销大战正式拉开序幕。与每年银行发行的贺岁币相似，每年推出"生肖瓶"成为农夫山泉新年借势营销的一个受人关注的品牌事件，深受大众喜爱。2021年是农夫山泉"生肖瓶"推出的第6年，接棒2016年的金猴瓶、2017年的金鸡瓶、2018年的金狗瓶、2019年的金猪瓶以及2020年的金鼠瓶。2021年的金牛瓶一经推出，立即掀起网友热议，成功挤进新年纪念收藏品市场。一款矿泉水之所以能以收藏品的身份俘获人心，成为万众瞩目的焦点，是因为农夫山泉具有出色的营销能力。

如今的产品若没有包装的存在，将很难让消费者识别它归属于哪一个品牌。因此，品牌仅有让消费者认识的定位还不够，还需要可视化的品牌符号将定位刻进消费者的大脑。

就农夫山泉"生肖瓶"的瓶身而言，犹如水滴般清透优雅，是历时3年、邀请来自3个国家的5家设计工作室进行设计，经历300余次设计最终确定的作品。

2021年的"生肖瓶"，一如既往地采用传统十二生肖的故事形象，结合独特的东方美学设计，让传统的生肖形象映进现实；同时结合农历新年的时间节点，赋予其不一样的新年记忆，自然赢得好评。

思考：
1. 结合农夫山泉的营销方式，谈谈包装在营销中的作用。
2. 关于矿泉水的包装，你还有哪些创意与想法？

| 课堂讨论 |

党的二十大报告强调，"实施全面节约战略，推进各类资源节约集约利用""在全社会弘扬劳动精神、奋斗精神、奉献精神、创造精神、勤俭节约精神"。据统计显示，2017年"双11"全网总销售额达2539.7亿元，产生包裹13.8亿个。随着交易额再创新高，包装废弃物也急剧增长，大部分包装无法回收利用而变成垃圾，不仅加剧了环境污染，也导致了资源浪费。低碳发展，基础在绿色消费；生态文明，离不开人人参与。请同学们讨论，有哪些可以减少包装废弃物或者变废为宝的方案。

【课后练习】

一、选择题

1. （　　）是指产品为满足消费者某种需求所必须具有的功能和效用，是消费者购买产品时所追求的中心内容。
   A．产品的核心部分　　　　B．产品的形体部分
   C．产品的附加部分　　　　D．产品的整体部分

2. （　　），一般指消费者在购买时需要从品质、价格、款式、包装、服务等方面进行比较选择，导致购买行为的产品。
   A．特殊消费品　　　　　　B．选购消费品
   C．日用消费品　　　　　　D．舒适消费品

3. （　　），一般指能更多地满足消费者心理方面的需求、能显示自己的身份和地位，并满足消费者自尊及自我实现需求的消费品。
   A．享受消费品　　　　　　B．舒适消费品
   C．耐用消费品　　　　　　D．特殊消费品

4. 对（　　）来说，它一般具有最长的生命周期。
   A．产品品种　　　　　　　B．具体品牌的产品
   C．成熟的产品　　　　　　D．大类产品

5. 对于不同产品生命周期曲线可能表现的不同形状，我们通常将其称为产品生命周期的（　　）。
   A．变异性　　　B．层次性　　　C．创新性　　　D．突出性

6. 产品刚投入市场，销售量缓慢增长的阶段，称为产品进入（　　）。
   A．投入期　　　　B．成长期　　　　C．成熟期　　　　D．衰退期
7. 产品销售量趋于饱和并开始缓慢下降的时期，称为（　　）。
   A．成熟期　　　　B．成长期　　　　C．投入期　　　　D．衰退期
8. （　　）阶段的特点有：生产批量小；生产成本较高；获利甚微或亏损经营；销售渠道不多，销售量增长缓慢。
   A．投入期　　　　B．成长期　　　　C．成熟期　　　　D．衰退期
9. 企业以较低的价格和较高的促销费用销售新产品的策略是（　　）。
   A．快撇油策略　　　　　　B．快渗透策略
   C．慢撇油策略　　　　　　D．慢渗透策略

二、判断题
1. 当代市场营销学认为，产品是具有一定物质形状和原有价值的物品。　　（　　）
2. 产品生命周期是指产品的"自然寿命"或"使用寿命"。　　（　　）
3. 当企业推出的新产品鲜为人知，产品生产成本下降空间较大，且市场容量较大时，可以采用快撇油策略。　　（　　）
4. 当市场规模较小，但容量较大，消费者对产品已有所了解，且对价格很敏感时，企业可采用快渗透策略。　　（　　）
5. 产品衰退期是指产品销售量趋于饱和并开始缓慢下降的时期。　　（　　）

三、论述题
1. 试述企业产品处于成长期的特点及营销策略。
2. 试述企业产品处于成熟期的特点及营销策略。

项目六

定价策略

学习目标

1. 能了解产品的定价策略和定价方法的相关理论。
2. 掌握各种定价策略和定价方法之间的差别。
3. 掌握定价策略以及调价策略。

重点与难点

1. 定价策略和定价方法的相关理论和应用。
2. 如何为不同的产品选择合理的价格策略和合适的定价方法。
3. 比较不同定价策略和定价方法的特点。

能力目标

通过学习价格策略和定价方法,能运用相关理论对产品进行分析,并能为企业产品进行合理的定价。

导入案例

华住酒店集团的定价策略：
2023年酒店业的新挑战

2023年，随着旅游业的复苏和消费者需求的变化，酒店业面临着新的市场挑战。华住酒店集团作为中国领先的酒店品牌之一，拥有多个子品牌，如全季、汉庭等，覆盖了从经济型到高端的不同市场定位。在这一背景下，华住如何调整其定价策略以适应市场的变化，成为业界关注的焦点。

动态定价：华住采用了动态定价策略，根据酒店的位置、季节、市场需求等因素实时调整价格。这种策略使得华住在不同时间段和不同地区都能保持较高的入住率和收益。

会员优惠：华住会作为其会员体系，为会员提供了一系列的优惠措施，如折扣、免费升级等。这种策略不仅增强了会员的忠诚度，还通过口碑传播吸引了更多新客户。

线上线下融合：华住充分利用了线上预订平台和线下实体酒店的优势，通过线上线下融合的方式提供便捷的预订服务。同时，根据不同渠道的预订情况，灵活调整价格策略。

【案例分析】

华住在2023年酒店市场的表现、消费者反馈、竞争对手的策略与市场需求、品牌定位等相结合，从而取得成功。请同学们分小组讨论：华住酒店集团的定价策略如何适应未来酒店市场的变化？面对未来市场的变化，华住应如何调整其定价策略以保持竞争优势？

价格是市场营销组合因素中十分敏感而又难以控制的因素，它直接关系着市场对产品的接受程度，影响着市场需求和企业利润的多少，涉及生产者、经营者、消费者等各方面的利益。一般来说，如果企业提供给消费者的产品能够很好地满足目标消费者需要，并且定价十分科学合理，消费者就会乐意购买；反之，如果企业提供给消费者的产品虽然质量很高或样式十分优美，但定价不合理，消费者也会拒绝购买。因此，企业要制定出科学的市场营销组合策略，必须保证定价策略科学合理。

任务一 影响企业定价的因素

一、价格构成要素

从市场营销角度来看，价格构成的四个要素为生产成本、流通费用、税金和利润。

1. 生产成本

生产成本是价值构成中的物化劳动价值和劳动者创造的，用以补偿劳动力价值的转化形态，是指在生产领域生产一定数量和产品所消耗的物质资料和劳动报酬的货币形态。它是产品价值的重要组成部分，也是制定产品价格的重要依据。

2. 流通费用

流通费用是指产品从生产领域通过流通领域进入消费领域所消耗的物化劳动的货币表现。具体地讲，一部分是生产领域的生产企业为推销商品而发生的销售费用，它和生产成本共同构成生产企业的全部成本；另一部分是在流通领域发生的商业流通费用。根据商业流转环节的不同，流通费用还要划分为采购商业费用、批发商业费用和零售商业费用，作为批发价格和零售价格的组成部分。流通费用是发生在流通领域各个环节之间的，并和产品运动的时间、空间相依存，所以它是正确制定各种商品差价的基础。

3. 税金

税金是生产者为社会创造的价值表现形态。国家是通过法令形式强制规定产品的税率并进行征税的。税率的高低影响产品的价格，因而税率是国家宏观调控产品生产经营活动的重要经济手段。

4. 利润

利润是生产者为社会创造和占有的价值的表现形态，是企业扩大再生产的重要资金来源，体现了企业经营的效益高低。

二、影响企业定价的因素

产品定价之所以困难，是因为对其影响的因素很多，而且它们大多是企业不可控的，有些因素更是常常处在变动状态。企业要使定价策略有效，必须对其主要因素进行深入分析。

1．市场需求因素

在激烈竞争的市场条件下，市场需求状况是企业定价决策最重要的影响因素，对其分析主要从以下三个方面进行。

（1）市场供求关系。从理论上讲，大多数产品的价格与需求有这样的规律：如果其他因素不变，产品价格越高，市场需求量越少，反之亦然。这个需求规律可用图6-1中向下倾斜的曲线D（称为需求曲线）代表。产品的市场供应情况则相反：如果其他因素不变，产品价格越高，该产品在市场上的供应量就越多，反之亦然。这可用图6-1中向上倾斜的曲线S（称为供应曲线）代表。

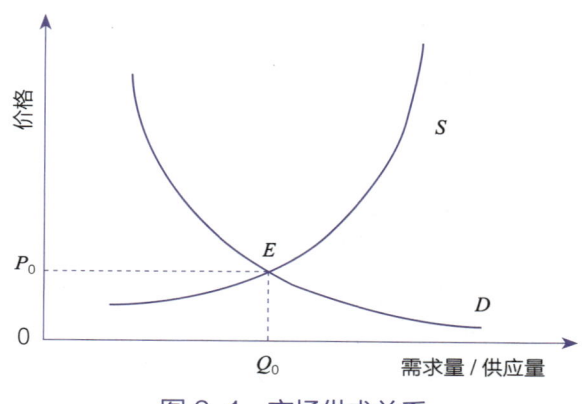

图6-1 市场供求关系

如果产品的市场价格过高，就会产生供大于求，在市场产品过剩的压力下，价格就会下调。如果市场价格过低，就会产生供不应求，在市场需求的刺激下，价格就会上扬。因此，在市场的需求和供应这两股力量的作用下，产品市场价格逐渐会在一定时期均衡于某一点，如图6-1中的E点，此时产品的均衡价格为P_0，市场需求量与供应量会相等，均为Q_0，这就是所谓的供求规律。企业产品所面对的竞争程度越高，其价格受市场供求关系的影响就越大；市场的垄断性越强，其价格受市场供求关系的影响就越小。

（2）产品的需求价格弹性。价格的变动会引起市场需求量的变动，但需求量变动的程度会因产品的不同、时期的不同而有很大区别。例如基本食品价格的变动，对其需求量的变动就较轻微；而高档家用电器价格的变动，对其需求量的变动就较大，如图6-2所示。

若A产品需求曲线为D_1，B产品需求曲线为D_2，设当价格为P_0时，它们对应的市场需求量都为Q_0，当价格从P_0降为P_1时，A产品需求量增加到Q_1，B产品需求量增加到

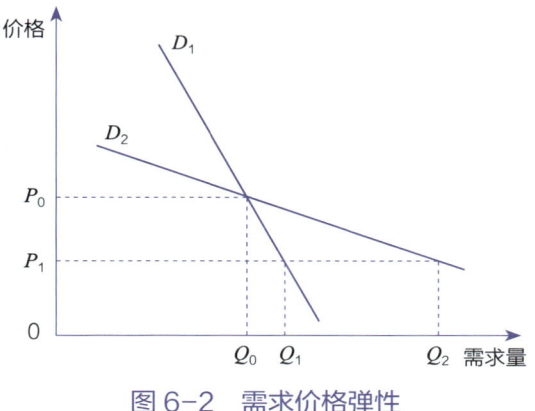

图 6-2 需求价格弹性

Q_2，后者变动程度远大于前者。这种变动的不同状况，可以用需求价格弹性来反映。需求价格弹性可定义为：在其他因素不变时，产品价格每变动 1%，而引起产品需求量变动的百分数。可用以下公式表示：

需求价格弹性（EP）=需求量变动的%/价格变动的%

$$EP_A = \frac{Q_1 - Q_0}{Q_0} \bigg/ \frac{P_1 - P_0}{P_0}$$

$$EP_B = \frac{Q_2 - Q_0}{Q_0} \bigg/ \frac{P_2 - P_0}{P_0}$$

式中：Q_1、Q_2 分别为价格变动前后的产品需求量；P_0、P_1 分别为产品的原价格与新价格。

由于一般情况下，产品价格变动与需求量变动的方向是相反的，所以需求价格弹性数值通常为负值。

不同产品具有不同的需求弹性，需求弹性影响着定价策略。具体如下：如果需求价格弹性的绝对值大于1时，那么，该产品是富有弹性的。当价格做一定变动时，引起产品需求量的变动幅度会超过价格变动幅度。此时企业若将产品降价，会使企业的销售收入增加；若将产品提价，企业的销售收入则会减少。如果需求价格弹性的绝对值小于1，那么该产品是缺乏弹性的。当价格做一定变动时，引起产品需求量的变动幅度会小于价格变动幅度。此时企业若将产品提价，会使企业的销售收入增加；若将产品降价，企业的销售收入则会减少。因此，对产品需求弹性的测定，可以使企业估计产品价格的变动和调整对市场需求量及企业销售收入水平的影响，从而有助于价格策略的选择。

当然，某产品需求价格弹性的确定，需要建立在长期销售资料的搜集分析的基础上。一般来讲，可以总结出以下几条规律：①生活必需品、生产资料产品的价格弹性较低，而生活非必需品的价格弹性较高。②企业在市场的垄断性较强时，企业产品的价格弹性较低；如果市场存有较多竞争产品、替代产品时，企业产品的价格弹性就较高。③价格低廉的产品的价格弹性低，价格水平高的产品的价格弹性高。④短期考察产品时，价格弹性较低，而从长期来看，产品的价格弹性较高。

（3）消费者对产品价格和价值的理解。最终评判产品价格是否合理的是消费者，因此，企业在定价时必须考虑消费者对价格的理解以及这种理解对购买决策的影响。换言之，定价决策也必须像其他营销组合决策一样，以消费者为中心。消费者在选购时，总是要将价格同产品价值相比较，因此，了解消费者对产品价值的理解是很重要的。价值可分为产品的实际价值和消费者个人所理解的价值。例如，消费者在饭店用餐，对饭菜价值的估计比较容易，但对其他方面如服务、环境等价值就不那么容易估计了，不同的人会有不同的认知和理解。如果消费者认为产品价格高于其实际价值，就不会购买这种产品。

对此，企业需要了解消费者购买一种产品的理由，按照消费者对该产品价值的认知来定价。由于消费者对产品附加价值的认知有差异，企业应采取不同的定价策略，即为不同特色的产品制定不同的价格，以适应不同的需要。例如，汽车制造商为一些消费者提供小型、节油、廉价的汽车，而为另一些消费者提供大型、高档、豪华、高价的汽车。

| 阅读与思考 |

在某眼镜店里，小王将同样的眼镜以不同的价格前后卖给两位顾客，两位顾客都很满意地离开了眼镜店。新来的售货员小张很奇怪，向小王求教。小王说："先进店的那位，我从衣着言谈便猜出家产雄厚，于是便以450元卖给他。后来的那位顾客，我感觉经济条件稍差一些，我只收了他150元钱。前者买的是面子，若别人知道他戴的是150元的眼镜，他反而会不乐意。后者买的是实惠，这个价格他才会接受，所以也很高兴。"相差300元，却都获得了顾客满意。

这种定价是否恰当？为什么？

2．定价目标

任何企业都不能孤立地制定价格，而必须按照企业的目标市场战略及市场定位战略的要求来进行。同时，企业管理人员还要制定一些具体的经营目标，如利润额、销售额、市场占有率等，这些都对企业定价具有重要影响。企业的价格可能对其利润、收入、市场占有率都有不同的含义。

与定价直接有关的营销目标主要有如下几种。

（1）维持企业的生存。有些企业由于经营管理不善或其他原因，造成产品大量积压、资金周转不灵，濒临破产，仅以维持生存、避免破产为目标。在这种情况下，价格应尽量压低，以能够迅速出清存货、收回资金、克服财务困难为准则。有时，为了及时处理积压产品，避免更大损失，或为了不错过有利的市场机会，定价可低于成本。但是维持生存只能作为短期目标，从长远来看，企业还是要寻求发展，否则仍难免倒闭。

（2）争取当期利润最大化。企业定价的目标有时是要取得当期的最大利润，而不是着眼于未来的长期利润。在这种情况下，企业需要估计和比较不同价格时的市场需求量，并结合产品成本一并考虑，然后选择可以得到当期最大利润、最大现金流量和最大投资收益的价格。

（3）争取最大限度的市场占有率。有些企业的目标是争取最大限度的市场占有率，因为他们相信，只要占有最大限度的市场份额，就能达到最低成本和取得长期的最大利润。为了达到这一目标，他们将价格尽可能定低。这种策略是以牺牲短期利润的办法，获取长期的利益。

（4）产品质量领先。企业也可以考虑产品质量领先这样的目标，并在生产和市场营销过程中始终贯彻产品质量最优化的指导思想。这就要求用高价格来弥补高质量和研究开发的高成本。产品优质优价的同时，企业还应保证提供优质的服务。

（5）其他目标。企业还可利用低价来达到其他目标，如以低价阻止竞争者进入市场；随行就市定价，以稳定市场，缓和竞争；通过适当的价格保住既有的顾客或避免政府干预，用临时性的降价来激发顾客的购买欲望；用某一种产品的低价来促进产品线中其他产品的销售等。

3．产品成本因素

任何企业都不能随心所欲地制定价格，基本要求就是产品的售价必须能够弥补其成本。因此，产品成本就成为企业制定价格的基本因素之一。建立完备、准确的成本资料是科学定价的基础。但仅有齐全的资料是不够的，因为产品实际的耗费情况是十分复杂的，如果使用成本资料不当，反而会对企业定价决策产生误导作用，这就需要对成本的各种类型做深入的了解和分析。

（1）固定成本与变动成本。固定成本是指在一定的产量范围内，不随产量的变动而变动的成本，如折旧费、房地租、办公费用、管理人员报酬等相对固定的开支。这些项目费用的总体支出水平在短期内是相对固定的，即使企业没有生产产品，也需要支出，而产量增加时，这部分支出并无显著增加。因此，如果产品产量很少时，每个产品就必须承担相当多的固定成本，以致产品的单位成本很高。如果产量增加，就会因承担固定成本的减少，而使产品单位成本迅速降低。

变动成本是指企业随着产品产量变动而变动的费用开支，如产品实体的原材料、加工产品的能耗和工资等，这些费用可以直接计入产品成本。一般来讲，在一段时期里变动成本总量增长的速度与产量增长速度基本是同比例的。

上述二者之和就是产品的总成本。对于企业定价决策而言，更关心单位产品成本情况。单位产品成本的变动趋势同时受单位固定成本和单位变动成本的影响。当产量水平较低时，单位固定成本很高，随着产量（或销售量）的增加，会迅速降低，但到一定程度后，降低的幅度很小。单位变动成本在一段时期内变动不大，但产量增加到一定程度后，上升幅度较大。于是单位成本的变化随着产量的增加，呈现"U"形状态，企业在进行定价决策时应考虑这种趋势。

（2）边际成本。产品的边际成本是指当该产品增加或减少单位产量时，所引起相应成本的变动量。例如，某企业生产某产品100件时，其总成本为10000元（单位成本为100元），当产量为101件时，其总成本变为10070元，此时这种产品的边际成本为70元。对于企业来说，企业关心的是增加产量能否增加利润，如果产品市场价格高于边际成本，增加产量就会带来利润量增加。假设上述的产品市场价格为80元（比单位成本要低），但只要企业生产能力尚有富余，增加生产一件产品，企业可多获利10元，增加产量是有利的。同理，如果产品市场价格低于产品的边际成本，则减少产量是有利的。因此，边际成本对企业的价格决策有重要影响，企业需要经常结合价格，观察边际成本的变化。

（3）机会成本。企业拥有的资源，如资金、设备、人力、原材料等，可以分别用于不同产品的生产经营，相应也会产生不同的收益。由于企业资源的有限性，如果多生产某一种产品，必然要减少另一种产品的生产量。所谓机会成本，就是指当企业选择生产经营某种产品时，因需要放弃生产经营另一种产品的机会而失去的相应收益。例如，某企业可以生产甲、乙两种产品，因为资源有限，如果多生产一件甲产品，就可能少生产三件乙产品，假设每销售一件乙产品可带来2元的利润，那么此时一件甲产品的机会成本为6元。如果甲产品的单位成本为10元，那么只有当甲产品的售价大于或等于16元时，企业才应决定多生产经营甲产品，否则应决定多生产经营乙产品。由此可知，产品价格不仅应能弥补生产经营成本，还要能弥补它的机会成本。企业研究分析产品的机会成本，对于制定定价策略和资源的合理配置，都有实际意义。

4. 市场竞争因素

产品价格不可能定得过高，否则会失去大多数顾客；价格也不可能定得过低，以至于无法抵销成本，但可以在一定的幅度内浮动。企业应在分析市场竞争程度的基础上，在定价的可能幅度内，确定具体的价格水平。

（1）竞争者的价格与其所提供的产品。现实的和潜在的竞争者对企业定价影响很大。特别是那些容易经营、利润可观的产品，潜在竞争者的威胁更大。通常竞争来自三个方面，即类似的产品、代用品以及对顾客来说效用相同的其他产品。企业应采取适当方式，了解竞争者提供给市场的产品质量和价格，并以本企业的产品与主要竞争对手的同种产品进行分析比较。如果本企业的产品质量与竞争者产品大体一样，那么这二者的价格水平也大致相同；如果本企业的产品质量比竞争者低，那么产品的价格就要比竞争者价格低一些，相反，则高一些。

（2）市场结构。由于行业的特点和市场环境的差异，不同企业会面对具有不同竞争程度的市场，这对企业的定价行为有着相当大的影响。因此，企业制定定价策略时，需要认真分析其市场的竞争结构。不同类型的市场有不同的运行机制和特点，对企业具有不同的约束力，因而在定价方面表现出显著的差异性。

①完全竞争市场。这种市场不受任何阻碍和干预，企业只能按照市场价格出售商品。买主和卖主只能按照由市场供求关系决定的市场价格来买卖商品，都只能是价格的接受者，而不是决定者。从严格的意义来看，完全竞争的市场几乎不存在，但一些小五金、小食品、农产品等市场类似这种类型。处于类似完全竞争市场结构中的企业，无须花很多时间和精力去做营销研究、产品开发、定价、广告、宣传、销售促进等市场营销工作，其经营的关键在于努力降低产品的单位成本。

②完全垄断市场。在完全垄断条件下，在一个行业中只有一个卖主（政府或私人企业），没有别家竞争，这个卖主可以完全控制市场价格。它根据自己的经营目标在法律允许的范围内自由定价。现实生活存在类似完全垄断的市场，例如拥有某产品专利权的企业、完全控制某种生产原料或某市场的销售渠道的企业等。另外城市中的公用事业或某些特殊行业的企业，如国家电网有限公司等，一般是独家经营。

但是，不同类型的完全垄断的定价也是有所不同的。

如果是政府垄断，则由于定价目标不同，产品价格制定也有高有低。比如有些产品与广大人民群众生活关系密切，价格定得就要低于成本（日本核辐射的时候，政府控制食盐的价格和供应）；有些产品的定价相对较高，以限制消费（很多大型城市限制了房屋买卖的手续费用，通过服务成本的增加限制了房地产市场价格）。

如果是私人管制垄断，则政府对某些私营垄断企业的定价加以调节和控制。比如美国政府允许某些私人垄断企业的收费能得到中等的收益。

如果是私人非管制垄断，则政府允许私营企业随意定价，但是垄断企业怕触犯反托拉斯法或者怕引起竞争，或想以低价加速市场渗透，往往不敢随意提高价格。

③垄断竞争市场。它是介于完全竞争和完全垄断之间的一种市场状态。在这种市场上，各企业对自己的产品有垄断权，但由于产品类似，企业之间存在竞争。在这种条件下，企业可能利用产品的独特性制定和控制价格。比如不同企业生产的同样疗效的类似药品实际上是同一种产品，但是不同品牌药品的制造商就通过铺天盖地、五花八门的广告宣传、包装、促销方式来区分产品，使消费者在心理上认为它们之间是存在差异的，吸引消费者花不同价格购买不同产品。

④寡头垄断市场。在这种市场上，同行业企业的数目不多，但每个企业生产和销售的产品都在行业中占有较大的比重。他们相互依存、相互制约，各个寡头企业对其他企业的市场营销战略和定价策略都非常敏感，任何一个寡头企业调整价格都会马上影响其他竞争对手的定价策略。所以，这个市场上产品的价格不是通过市场供求决定，而是通过各企业之间的妥协来决定。

一般来说，寡头垄断企业一般不轻易调整其产品价格，以避免产生恶性竞争。石油化工、汽车制造、冶金、电子等行业的大中型企业大多是处于这种市场结构。

5. 政府政策因素

价格水平的高低，往往对国民经济、社会稳定以及人民生活有着重要影响，尤其是对于重要生产资料和必需品的价格调整，很容易引起社会各界的关注。因此，各国政府或多或少都会对市场有关产品的价格有所控制，根据不同情况进行干预。在国际贸易中，不少国家政府为了维护本国企业的利益，实行市场保护，也会对进口产品的价格实行限制。企业制定价格必须遵守其目标市场所在地政府的有关规定，特别是在国际市场营销时，必须熟悉进口国政府有关价格方面的法律和政策。政府对产品价格的限制和干预主要有以下几种情况。

（1）关系国计民生的重要产品。主要是原料、能源、粮食、医药品等，也包括某些支农产品，如农机、化肥等的限价。这些产品的需求价格弹性较低，若价格水平高，影响面很大。政府对这些产品规定较低的市场价格，相应也会对有关生产经营的企业给付一定的补助。

（2）抑制通货膨胀。政府在通货膨胀率较高的时期，会实行物价冻结的政策，此时，企业的定价就会被限制在很狭小的范围内。

（3）对垄断的限制。实力强大的企业可以通过低价将竞争对手挤出市场，从而达到垄断的目的，少数大企业也可以协商定价，意图共同垄断市场。由于垄断形成后，会损害消费者利益，因此政府往往会通过一些法律，来防止因不正当竞争而引起的垄断。对于某些政策允许的垄断行业，如铁路、国家电网有限公司等，政府会实行限价政策。

（4）对出口产品价格的协调。政府为了防止各出口企业因争夺客户而竞相削价，以至于损害国家利益，就必须由有关部门通过签发经营许可证等方式来协调价格，统一对外。

（5）反倾销政策。《关税及贸易总协定》将倾销定义为：凡是一个国家将其产品以低于正常价格的办法挤入另一国家市场时，如因此对某一缔约国领土内已建立的某项工业造成重大损失或产生重大威胁，或对某一国内新建工业产生严重阻碍时，即构成倾销。进口国政府会对已被认定为倾销的进口产品增收高额"反倾销税"，以抵消其危害。因此，出口产品不宜一味地压低价格，否则被指控为倾销，会给产品在该国市场上的销售造成极大困难，甚至会被迫退出该市场。

| 阅读与思考 |

二十大报告中提到"加大税收、社会保障、转移支付等的调节力度"。请同学们思考，这一项政策会对企业定价造成什么影响？

任务二 定价导向

在影响定价的几种因素中,成本因素、需求因素与竞争因素是影响价格制定与变动的主要因素。企业通过考虑这三种因素的一个或几个来定价,但是,在实际工作中企业通常根据实际情况侧重于考虑某一方面的因素并据此选择定价方法,此后再参考其他方面因素的影响对制定出来的价格进行适当的调整。因此,企业的定价导向可以划分为三大基本类型,即成本导向定价、需求导向定价和竞争导向定价。

一、成本导向定价

所谓成本导向定价,就是企业以成本费用为基础来制定价格,主要包括成本加成定价法和目标利润定价法两种具体方式。

1. 成本加成定价法

成本加成定价法即根据单位成本与一定的加成率来确定产品的单位价格,具体有如下两种方式。

(1) 以成本为基础的加成。即企业在产品的单位总成本(包括单位变动成本和平均分摊的固定成本)上加一定比例的利润(即加成)来制定产品的单位销售价格。

该方法的计算公式是:

$$单位产品价格 = 单位成本 \times (1 + 成本加成率)$$

例如,某电视机厂商的成本和预计的销售量如下:

总固定成本　　　3 000 000元
单位变动成本　　1 000元
预计销售量　　　5 000台

若该制造商的预期利润率为20%,则采用成本加成定价法确定价格的过程如下:

$$单位成本 = 单位变动成本 + \frac{固定总成本}{预计销售量}$$

$$= 1\,000 + \frac{3\,000\,000}{5\,000}$$

$$= 1\,600(元)$$

$$单位产品价格 = 1\,600 \times (1+20\%)$$

$$= 1\,920(元)$$

（2）以售价为基础的加成。有的企业（如零售商）往往以销售额中的预计利润率为加成率来定价。如假设某零售商的单位进货成本为1 600元，该企业想要在销售额中有20%的利润，其加成价格的计算如下：

$$单位产品价格 = \frac{单位成本}{1-销售额中的预计利润率}$$

$$= \frac{1\,600}{1-20\%}$$

$$= 2\,000（元）$$

由此可以看到，成本加成定价法的关键是加成率的确定。在这方面，企业一般是根据某一行业或某种产品已经形成的传统习惯来确定加成率。不过，不同的商品、不同的行业、不同的市场、不同的时间、不同的地点加成率是不同的，甚至同一行业中不同的企业也会有不同的加成率。一般来说，加成率应与单位产品成本成反比；加成率应与需求价格弹性成反比（需求价格弹性不变时加成率也应保持相对稳定）；零售商使用自己品牌的加成率应高于使用制造商品牌的加成率。

2．目标利润定价法

目标利润定价法也称为目标收益定价法、投资报酬定价法，这是制造企业普遍采用的一种定价方法。该方法的操作过程是企业在单位总成本、预计销售量等指标的基础上，考虑企业的投资所能获得的投资报酬率来制定价格。公式为：

$$价格 = 单位成本 + \frac{总投资额 \times 投资报酬率}{预计销售量（单位）}$$

假设上述电视机厂商投资1 000万元，想要获得20%的投资报酬率，则其目标收益价格应为：

$$价格 = 1\,600 + \frac{10\,000\,000 \times 20\%}{5\,000}$$

$$= 2\,000（元）$$

如果企业对成本和预测的销售量都计算得较准确，采用这种方法确定的价格能实现20%的投资收益，且计算非常简单。但是，销售量要受到市场需求、竞争状况等诸多因素的影响，企业还应考虑销售量达不到5 000台的状况。此时可以绘制一张盈亏平衡图来了解其他销售水平的情况（图6-3）。假设固定成本始终保持为300万元，在固定成本上附加变动成本，总成本随着销售量增加而直线上升，总收入曲线从零开始，以价格为斜率，随市场销售量而上升。

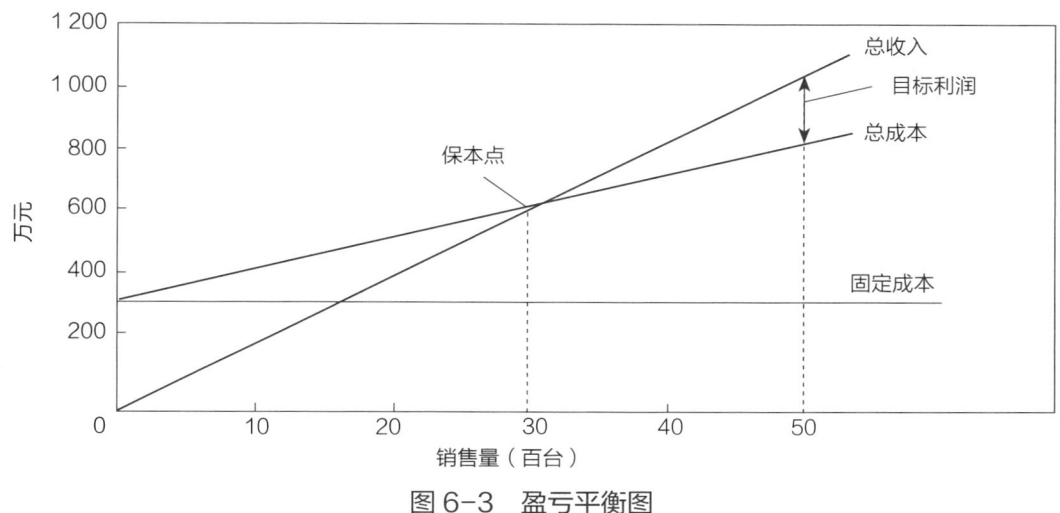

图6-3 盈亏平衡图

总收入曲线和总成本曲线在3 000台处相交，则3 000台为保本销售量，也就是目标利润为零时的销售量。保本销售量的计算公式为：

$$保本销售量 = \frac{固定成本}{价格-单位变动成本}$$

$$= \frac{3\,000\,000}{2\,000-1\,000}$$

$$= 3\,000（台）$$

以每台2 000元销售，至少要销售3 000台电视机才能保证企业不发生亏损，即总收入可弥补总成本。若企业希望在市场上能以2 000元的价格销售5 000台电视机，此时1 000万元的投资将获利200万元。然而，这在很大程度上取决于价格弹性和竞争者的价格。

成本导向定价法曾一度为多数企业所推崇，因为它简单易行。但是，这种定价导向存在很明显的缺陷。在大多数行业中，要在产品价格确定之前确定产品单位成本是不可能的，这是因为单位成本随产品的销量而变化。为了解决确定单位成本的问题，成本导向的定价者，只能假设产品价格不影响销售数量，销售量也不影响成本，这显然与实际情况相违背。成本导向定价往往容易导致在市场疲软时定价过高，在市场景气时定价过低。"王安试验室"（Wang Laboratory）生产的世界上第一台文字处理机的定价经历就很具有代表性。1976年，王安公司成功地推出这种产品，并很快占领了市场，这使公司得以迅速地成长。然而，到20世纪80年代中期，带有文字处理软件的个人电脑逐渐成为该产品的强大竞争对手。在竞争加剧、增长放慢的环境下，公司所信奉的成本导向定价哲学使其逐渐丧失了市场优势。由于价格随经常性费用的不断增加而上升，公司销售额持续下降，许多老顾客纷纷"背叛"了王安公司，转而选择其他公司更便宜的替代产品。

从国际上看,近年来定价问题的特点有了相当大的变化。除了极少数企业外,都废弃了单纯的成本导向定价法,而转变为需求导向定价法和竞争导向定价法,基于竞争和消费者心理的定价策略越来越受到重视。

二、需求导向定价

现代市场营销观念要求,企业的一切生产经营必须以消费者需求为中心,并在产品、价格、分销和促销等方面予以充分体现。只考虑产品成本,而不考虑竞争状况及顾客需求的定价,不符合现代营销观念。根据市场需求状况和消费者对产品的感觉差异来确定价格的方法叫作需求导向定价法,又称"市场导向定价法""顾客导向定价法",主要包括认知价值定价法、反向定价法、需求差异定价法、价值定价法、集团定价法等,其中需求差异定价法将在下一任务的定价策略中专门论述。

1. 认知价值定价法

认知价值定价法是指企业依据消费者对商品价值的理解,而不是依据企业的成本费用水平来定价,通过运用各种营销策略和手段,在消费者心目中建立并加强认知。认知价值定价法的关键和难点,是获得消费者对有关商品价值认知的准确资料。企业如果过高估计消费者的认知价值,其价格就可能过高,难以达到应有的销量;反之,若企业低估了消费者的认知价值,其定价就可能低于应有水平,使企业收入减少。因此,企业必须通过广泛的市场调研,了解消费者的需求偏好,根据产品的性能、用途、质量、品牌、服务等要素,判定消费者对商品的认知价值,然后据此来定价。如假设某家庭一个月用两瓶酱油,其单价为4.5元,现有一种浓缩酱油,一瓶可让同样的家庭使用一个月,则对其定价为7元一瓶是可被消费者接受的,因为每月可为消费者节省2元。该浓缩酱油的定价是以消费者的认知价值为基础的,而不是以产品的实际成本为基础。认知价值定价法的关键在于提供并向潜在顾客展示比竞争者更高的价值。

2. 反向定价法

反向定价法主要不是考虑产品成本,而是重点考虑需求状况,依据消费者能够接受的最终销售价格,反向推算出中间商的批发价和生产企业的出厂价格。反向定价法被分销渠道中的批发商和零售商广泛采用。该方法的特点是:价格能反映市场需求情况,有利于加强与中间商的良好关系,保证中间商的正常利润,使产品迅速向市场渗透,并可根据市场供求情况及竞争状况及时调整,定价比较灵活。

3. 价值定价法

目前,顾客都希望从购买的商品中获取高价值,所以,采用以低价出售高质量供应品的价值定价法在某种程度上可获得顾客忠诚,其主要的表现形式就是天天低价定价法，被许多零售商采用。这种定价方法强调把价格定得较低，但他们的定价并非总是市场上的最低价。因此，从某种意义上说，"天天低价"中的"低"并不一定最低。对这种定价方法更准确的表述应该是"每日稳定价"，因为它防止了每周价格的不稳定性。成功运用天天低价法会使零售商从与对手的残酷价格战中撤出。一旦顾客意识到价格是合理的，他们就会更多、更经常地购买。天天低价法下的稳定价格还减少了高/低定价法（high/low pricing strategy）中的每周进行大量促销所需要的广告，而是把注意力更多地放在塑造企业形象上。另外，天天低价法的销量和顾客群都较稳定，不会因贱卖的刺激而产生新的突发消费群，因而销售人员可以在稳定的顾客身上花更多的时间，多为顾客着想，提高企业整体服务水平。

由于对大多数零售商而言，天天低价难于保持，且采用天天低价法，零售商的商品价格与其竞争者的价格必须是可比的，比如某百货公司销售的全国名牌产品或超级市场上的牛奶和糖这样的日用品。因而，在零售市场上与天天低价法对立的高/低定价法也被广泛采用。在高/低定价法中，零售商制定的价格会高于其竞争者的天天低价，但使用广告进行经常性的降价促销。在降价过程中常常出现一种"仅此一天，过期不候"的氛围，从而导致购买者人头攒动，大大刺激了消费。过去，零售商仅仅在季末降价销售时节商品，杂货店和药店也只有在供货方提供优惠价格或存货过多时才会降价销售。现在，许多零售商对日益加剧的市场竞争和顾客对价值的关注做出反应，采用经常降价的方式进行促销。杂货店和药店的供货方也通过增加"处理期"获得更高收益。在"处理期"内，制造商则对零售商购买的商品提供特惠价格。

当然，零售商也可交替使用两种定价方法。在美国，较早实行天天低价的零售商（如沃尔玛）现在也开始进行经常性的促销活动，而主要使用高/低定价法的零售商则为努力稳定其价格而使用天天低价法。

4．集团定价法

为了给顾客以更多的实惠，不少企业制定了一系列团购价，尤其是对一些金额较大的商品如小汽车，顾客自发组织起来以团购价购买，可以大大降低购买价格。互联网的兴起更加便利了这种方式，毫不相识的顾客通过互联网，可以加入企业已有购买意向的顾客当中，当购买量达到一定标准后，顾客便可以理想的价格进行购买。当然这种方式对顾客的耐性是一种挑战，因为有些顾客可能等不到集团价格实行的时候就退出了。

三、竞争导向定价

竞争导向定价是指在激烈的竞争性市场上，企业通过研究竞争对手的生产条件、服务状况、价格水平等因素，依据自身的竞争实力，参考成本和供求状况来确定商品的价格，其特点是：价格的制定以竞争者的价格为依据，与企业自身商品的成本及市场需求状况不发生直接关系。竞争导向定价主要包括以下两种。

1. 通行价格定价法

通行价格定价法也称随行就市定价法、流行水准定价法，是指企业按照行业的现行平均价格水平定价，利用这样的价格来获得平均报酬。在企业难以估算成本、打算与同行业竞争对手和平共处、另行定价时很难估计购买者和竞争者对本企业价格的反应、经营的是同质产品、产品供需基本平衡时，采用这种定价方法比较稳妥。这样定价易于被消费者接受，可以避免激烈竞争特别是价格竞争带来的损失，同时可以保证适度的盈利。另外，由于企业不必去全面了解消费者对不同价差的反应，可为营销、定价人员节约很多时间。采用通行价格定价法，最重要的就是确定目前的"行市"。在实践中，"行市"的形成有两种途径：第一种途径是在完全竞争的环境里，各个企业都无权决定价格，通过对市场的无数次试探，相互之间取得一种默契而将价格保持在一定的水准上；第二种途径是在垄断竞争的市场条件下，某一部门或行业的少数几个大企业首先定价，其他企业参考定价或追随定价。

2. 封闭式投标拍卖定价法

许多大宗商品、原材料、成套设备和建筑工程项目最终的买卖和承包价格就是通过此方法确定的，其具体操作方法是首先由采购方通过刊登广告或发出函件说明拟采购商品的品种、规格、数量等具体要求，邀请供应商在规定的期限内投标。供应商如果想做这笔生意就要投标，即在规定的期限内填写标单，填明可供应商品的名称、品种、规格、价格、数量、交货日期等，密封送给招标人（采购方）。采购方在规定的日期内开标，选择报价最合理的、最有利的供应商成交并签订采购合同。一般来说，招标方只有一个，处于相对垄断地位，而投标方有多个，处于相互竞争地位，因此，最后的价格是供应商根据对竞争者报价的估计制定的，而不是按照供应商自己的成本费用或市场需求来制定的。

| 阅读与思考 |

有人说："产品的定价就是成本、利润、税金的综合，所以企业只要处理好这三者的关系，进行产品定价就没有后顾之忧了。"

你认为以上说法正确吗？和同学讨论交流，说一说自己的看法。

任务三 企业的定价策略

上述讲解的定价方法是依据成本、需求和竞争等因素决定产品基础价格的方法。基础单位价格是单位产品在生产地点或经销地点的价格，尚未计入折扣、运费等对价格的影响。但是在市场营销实践中，企业还需考虑或利用灵活多变的定价策略，修正或调整产品的基础价格。根据产品的需求弹性、产品生命周期所处的阶段、消费者购买的心理、消费者购买数量和时机等，可采用不同的定价策略。

一、新产品定价策略

新产品上市时，缺乏价格的参照系，通常难以把握定价的准确性，这时市场的竞争者少，产品富有特色，企业定价的自主权较大，新产品正式投放市场前，企业应通过一定方式预测其价格的大体水平，可以选择几个具有典型意义的市场进行测试，也可以邀请一些顾客、推销员或中间商参与考评。通过这种方式所得的价格称为新产品的预期价格，预期价格是新产品定价的参考。企业根据具体营销目标有两种新产品定价的策略：撇油定价策略与渗透定价策略。

1. 撇油定价策略

撇油定价策略是指对新产品制定较高的价格，意图在新产品投入市场的早期就能获得较大的利润。相当于新鲜牛奶，首先撇取处于最上层的精华部分——奶油，所以称之为撇油定价。

撇油定价策略主要具有如下优点：①新产品定高价，竞争者较少，特别是当新产品有明显的相对优势特征时，能降低顾客对价格的敏感程度；②高价能抬升产品的形象，有利于吸引高阶层的顾客，而这部分顾客往往是新产品的早期购买者；③新产品的高价位可以保有较大的降价空间，若发现定价过高，企业可适当调低价格，顾客易于接受；如果定价过低，企业若想调高，则不易为顾客所接受；④高价能够使企业早期收回新产品开发的投资，特别是对产品生命周期很短的产品．需要制定高价；⑤新产品高价能相对使市场需求适应产品生产能力。因为投入期时新产品的生产能力尚未完全形成，市场规模有时不宜扩张过快。

撇油定价策略主要具有如下缺点：①拼高价产生高利润，极易过早产生激烈竞争，因为这等于向其他企业发出信号："该新产品有利可图。"犹如邀请他人加入竞争。所以高价一般难以长期维持；②高价人为地抑制了产品的扩散速度，使销售增长率受阻；

③高价如果与产品质量不能一致，会引起消费者反感，对企业形象有损，而新产品投入初期，质量可能不够稳定；④高价不适应中、下阶层顾客要求，而这部分顾客是构成市场的大部分。

从市场营销实践来看，在以下条件下可以采取撇油定价策略：①市场有足够的购买者，他们的需求缺乏弹性，即使把价格定得很高，市场需求也不会大量减少；②高价使需求减少一些，因此产量减少些，单位成本增加一些，但这不至于抵消高价所带来的收益；③在高价情况下，仍然独家经营，别无竞争者（比如有专利保护的产品）；④某种产品的价格定得很高，使人们产生这种产品是高档产品的印象。

> **案例**
>
> 华为、OPPO、VIVO、华硕推出的定价策略是撇油定价，他们认为，高端手机和电脑的新产品推入市场，从利润的角度来看，高端商务手机和电脑的技术含量高，投入了更多的人力、财力，如果定价太低，会影响成本的回收。从消费者的心理出发，高端手机和电脑的消费对象对价格的敏感度低，认为高价可以体现出产品的高质量和高性能，如果手机的价格稍低，就会在消费者心里位置大大跌落。

2．渗透定价策略

渗透定价策略是指对新产品制定较低的价格，从而使新产品能迅速地扩散，很快地渗透到各个市场。渗透定价策略主要具有如下优点：①低价能迅速打开市场，特别是顾客对价格相当敏感的产品，销售量的扩大可使生产批量扩大，使规模效益得以发挥，可导致产品成本下降；②低价可以阻止竞争者进入该市场，由于低价会使早期经营者亏损，它等于向其他企业发出信号："该产品无利可图，不必染指该市场"；③低价能适应中、下阶层顾客，使新产品有较宽的目标市场。

渗透定价策略主要具有如下缺点：①低价可能使新产品在市场上形成大众化、低档化的形象，以后若要再提升产品的形象就比较困难；②低价使企业的新产品开发投资回收放慢，甚至要忍受亏损的局面，使企业资金利用效益降低；③如果新产品生产能力的提高来不及满足因低价而导致销售量增长的需要，那么企业的销售收入、利润等就会受到不应有的损失。

从市场营销实践来看，企业采取渗透定价需要具备以下条件：市场需求显得对价格极为敏感，因此低价会刺激市场需求迅速增长；企业的生产成本和经营费用会随着生产经营经验的增加而下降；低价不会引起实际和潜在的竞争。

撇油定价与渗透定价这两种策略截然相反，各有利弊，企业应根据具体情况加以选择，表6-1中的选择标准可供参考。

表6-1　新产品定价策略选择因素

影响因素	渗透定价	撇油定价
潜在市场容量	大	小
与竞争产品的相似性	相似性大	差异性大
仿制的难易	容易	困难
需求价格弹性	高	低
目标市场顾客的购买力	弱	强
销售量增长对产品单位成本降低的影响	较大影响	影响不大
投资回收期的要求	逐渐回收	迅速回收

案例

2013年，叶国富创立了一个新的日用品零售品牌：名创优品。日用品周转快，销量大，这个行业平均定倍率大约是3倍。叶国富决定，使用渗透定价法：只定1倍定倍率。定倍率，就是零售价相对于出厂价的倍数。1倍，就是零售价等于出厂价。叶国富用两年时间，开了1100多家名创优品的门店，然后聚合这些门店的订货量，利用大批量的进货，压低进货成本。过去，工厂很在乎毛利率，但在如此大单下，工厂更在乎利润绝对值。于是，名创优品在0.5元出厂价上，加8%～10%的毛利，覆盖总部运营成本，中国七大仓库运营成本等。直接供给1100家门店，用IT系统去掉一切中间代理。门店加32%～38%的毛利，覆盖店员工资，租金水电等。别人是1块钱出厂价，卖3块钱。但名创优品，是5毛钱出厂，最后到消费者手上的价格还不到1块钱，不到别人的出厂价。在同行看来，它简直是以自己的成本价来销售商品。

因为极低的价格与不俗的质量，名创优品打开了自己的市场。名创优品在2013年年底创立，仅仅4年后，2017年的收入已经达到120亿元。当市场扩张到足够大以后，即使盈利的毛利率小，也可以产生不俗的利润。

二、折扣定价策略

折扣定价策略是企业根据不同情况，按一定的标准对顾客在价格上作某种程度的减让或优惠，以达到不同的营销目的。折扣定价策略的实质是一种降价行为，但如果企业直接对产品降价，可能会产生较严重的负面影响。例如影响产品和商标的声誉、引起同业的不满、打击销售者士气等。折扣定价策略是营销中常用的间接降价手段。

1．价格折扣的主要类型

（1）现金折扣。现金折扣是指对购买者在约定的期限内付款或提前付款给予一定的价格折扣，目的是鼓励购买者尽快支付货款，以利于企业及时回收资金、加速资金周转。折扣的大小一般根据付款期间的利率（或资金成本）和风险成本等因素来确定。最典型的例子是"2/10，净30"，意思是：买方应在30天之内付清货款，但如果在成交后10天内付款，给予2%的现金折扣。

（2）数量折扣。数量折扣是企业对购买产品的数量达到某种标准的顾客给予一定的折扣。这种折扣可以仅针对超过标准部分的产品，也可以对全部订购产品都给予折扣。具体做法有累积数量折扣和非累积数量折扣。

①累积数量折扣。这是当顾客在一段时期内，购买某种商品的数量累积达到一定标准时的折扣，与顾客的购买次数无关。例如，企业规定：在一年内顾客历次购买某产品数量累积达到200件以上时，给予3%的价格折扣。这种策略的主要目的是鼓励顾客重复购买，培养企业的长期顾客。

②非累积数量折扣。这是当顾客在一次购买过程中，如果购买批量达到某一数量标准时，企业给予一定的价格折扣。例如，企业规定：顾客每次购买批量达到100件以上时，企业可给予2%的价格折扣。这种策略的主要目的是鼓励顾客增加购买批量，达到降低销售成本的目的。

累积数量折扣策略和非累积数量折扣策略在使用上并不矛盾，可以联合采用。数量折扣的形式除了可以减少顾客现金的支付以外，还可以给予顾客等值的产品或购买券，或给予顾客某些特殊的待遇。

（3）功能折扣。功能折扣也称贸易折扣，指制造商给中间商的折扣，是生产者给某些批发商或零售商的一种额外折扣，促使他们执行某种市场营销功能，如推销、储存或者服务等。这种策略的主要目的是要调动中间商经销本企业产品的积极性。

（4）季节性折扣。季节性折扣是生产季节性产品的生产企业，对一定季节内的购买者给予折扣优待，鼓励中间商提早储存商品的一种策略，如防晒霜、羽绒服就是季节性消费的产品。生产企业为了鼓励经营者和消费者提早订货，对购买者给予一定的折扣，目的在于保证生产企业不受季节性影响并充分发挥生产能力。

（5）运输折扣。运输折扣是企业为了弥补远方顾客的部分运费，给其一定的价格折扣。具体折扣率可以按照路途远近、运费高低等情况确定。这种策略的主要目的是吸引远地客户，扩大产品销售的地理范围。

（6）价格折让。价格折让也是减价的一种形式。例如，"以旧换新折让"，多见于汽车行业或其他耐用品行业；"促销折让"是生产者对中间商提供促销的一种报酬。

价格折扣形式还有很多，如节日折扣、特殊顾客（如老人、军人）折扣等，企业应根据具体情况，组合使用多种方式才能取得良好的效果。

2. 影响折扣策略的主要因素

影响折扣策略的主要因素有以下三个。

（1）竞争对手以及联合竞争的实力。市场中同行业竞争对手的实力强弱会威胁到折扣的成效，一旦竞相折价，要么两败俱伤，要么被迫退出竞争市场。

（2）折扣的成本均衡性。销售中的折价并不是简单地遵循单位价格随订购数量的上升而下降这一规律。对生产厂家来说，有两种情况是例外的：一种是订单量大，很难看出连续订购的必然性，企业扩大再生产后，一旦下季度或来年订单陡减，投资难以收回；另一种是订单达不到企业的开机指标，开工运转与分批送货的总成本有可能无法用增加的订单补偿。

（3）市场总体价格水平下降。由于折扣策略有较稳定的长期性，当消费者利用折扣超需购买后，再转手将超需的那部分商品以低于折扣价卖给第三者，这样会扰乱市场，导致市场总体价格水平下降，给采用折价策略的企业带来损失。

企业实行折扣策略时，除考虑以上因素外，还应考虑企业流动资金的成本、金融市场汇率变化、消费者对折扣的疑虑等因素。目前在我国商界，总代理、总经销方式越来越普遍，折扣在经销方式中的运用也非常普遍。一种现象极为突出，即厂家和大的经销商注重在地区影响范围内消除折扣的差异性，因为市场内同一厂家的同种商品折扣标准混乱，会使消费者或用户难以确定应该选择哪种价格，结果折扣差异性在自己市场内形成了冲抵，影响了经销总体目标的实现。

案例

"无积压商品"的蒙玛公司

蒙玛公司在意大利以"无积压商品"而闻名，其秘诀之一就是对时装分多段定价。它规定新时装上市，以3天为一轮，凡一套时装以定价卖出，每隔一轮按原价削10%，以此类推，那么到10轮（一个月）之后，蒙玛公司的时装价就削到只剩35%左右的成本价了。这时的时装，蒙玛公司就以成本价售出。因为时装上市还仅一个月，价格已跌到1/3，谁还不来买？所以一卖即空。蒙玛公司最后结算，赚钱比其他时装公司多，又没有积货的损失。

三、地区定价策略

一般来说，一个企业的产品不仅卖给当地顾客，而且还会销售给外地的顾客。当面对外地顾客时，需要考虑把产品从产地运到顾客所在地的费用问题。地区性定价策略就是企业要把某种产品卖给不同地区的顾客时，要考虑是分别制定不同的价格，还是制定相同的价格，即企业要决定是否制定地区差价。一般包括以下几种地区性定价方法。

1．FOB原产地定价

FOB原产地定价即指卖方负责将产品装运到原产地的某种运输工具上交货，并承担此前的一切风险和费用。交货后的一切风险和费用包括运费由买方承担。这样，每个顾客各自担负从原产地到目的地的运费，看上去是很合理的。但这种定价法有失去远方顾客的危险，因为远途顾客必须承担较高的运输费用。

2．统一交货定价

与FOB原产地定价相反，统一交货定价法是没有地区差价的。企业对不同地区的顾客实行统一价格加运费，运费按平均运费计算，也叫邮资定价。这种定价法简便易行，并可争取远方顾客，但对近处顾客不利。

3．分区定价

分区定价形式介于FOB原产地定价和统一交货定价之间。所谓的分区定价，即把产品的销售市场划分为两个或两个以上的区域，在每个区域内制定同一价格。一般来说，较远的区域定价高些。企业采用分区定价法存在以下问题：第一，在统一价格区内，距离企业较远的顾客比距离企业较近的顾客划算；第二，处在两个相邻价格区界两边的顾客，他们相距并不远，却要按照高低不同的价格购买同一种产品。

4．基点定价

基点定价是指企业指定一些城市为基点，按基点到顾客所在地的距离收取运费，而不管货物实际上是从哪里起运的。如果所有的卖主都以同一个城市为基点，那么所有顾客都支付同样的装运价格，就可消除价格竞争，但其他形式的竞争依旧存在。

5．免收运费定价

免收运费定价是指有些急于同某顾客或某地区做成生意的企业，由自己负担部分或全部实际运费，以促成交易。这样做是为了增加销售额，使平均成本降低而足以补偿这部分运费开支，以达到渗透市场、在竞争中站住脚的目的。

四、心理定价策略

消费者购买心理会影响到购买行为，不同消费者的购买心理是有所不同的，但在许多情况下，存在消费心理相似的消费群体。利用定价来满足具有不同购买心理的消费群体的策略称为心理定价策略。

1. 尾数定价策略

尾数定价策略也称非整数定价策略、零头定价策略或奇数定价策略。这种策略定价,有意使产品价格不是整数而留有尾数,如2.97元,9.8元,24.5元,常用的尾数是5,7,9,特别是9用得最多。根据调查发现,有尾数的价格使消费者感到便宜和真实,由此产生信任并刺激购买。对于普通日用消费品,尾数定价效果更为明显。

> **案例**
>
> 如某品牌的手机标价998元,给人以便宜的感觉。人们认为只要几百元就能买一部手机,其实它比1 000元只少了2元。尾数定价策略还给人一种定价精确、值得信赖的感觉。

2. 整数定价策略

整数定价策略是指用整数来定价,如92元的价格变成100元的价格,1120元的价格变成1200元的价格,去掉尾数提高价格,相应地提高了商品身价,可满足消费者的炫耀需求。这种策略适用于价值昂贵的商品,特别是高档商品和消费者不太了解的商品,消费者往往以价格作为辨别质量的"指示器",认为"一分钱一分货"。

3. 声望定价策略

声望定价策略是指对有声誉的名牌产品制定高价以满足消费者求名的心理。采用整数定价策略的产品是价值较大的产品,而采用声望定价策略定价的产品只是有声望的名牌产品而不一定是价值较大的产品。在质量相当的情况下,名牌产品价格要高出非名牌产品价格,并具有更大的盈利率,但它的价格不一定是整数,也可以是尾数。消费者具有崇尚名牌的心理,往往以价格来判断质量,低价格反而被认为有质量问题。除名牌产品外,一些艺术品、文物古玩也常常使用声望定价策略。

4. 习惯定价策略

习惯定价策略是指按照习惯的价格心理制定价格。消费者经常购买的日常消费品,如自来水、方便面、洗涤剂等,其价格在消费者心目中已形成一种习惯性的标准。高于这个习惯价格会被认为是不合理的涨价,低于这个习惯价格则会被认为是质量下降。这类商品宜按照习惯定价,不能轻易和频繁地调价。如果要提价,可以通过减少数量,或者通过改变品牌、变换包装来实现。康师傅方便面标出"建议零售价1.10元",使顾客认为"厂家反对暴利和欺诈",从而产生信任感和良好印象。

5．招徕定价策略

采用招徕定价策略，有意将少数几种商品的价格降低到市价以下，甚至低于成本，以招徕顾客，增加其他商品的连带性购买来扩大销售额。采用这种策略时，选择降价的商品应是消费者购买频率高的日用消费品。另外，企业经营的产品品种必须多，以便顾客和消费者选择和连带购买。如有的企业举办"大展销""酬宾减价"等活动，一些低值畅销商品采用处理品价格或大减价，以带动其他商品的销售。

五、差别定价策略

差别定价是指企业销售某种产品时，根据不同细分市场的需求差异情况，制定不同水平的价格。这种策略具有很强的市场针对性，应用得当能使企业取得很好的经济效益。差别定价具体方式主要有以下几种。

1．对不同的顾客群制定不同的价格

顾客之间有很大差异，如不同阶层的收入不一样，不同文化的消费习惯不一样，等等。只要顾客有差异，其需求性质就有区别，从理论上来讲，即使完全相同的产品也可以制定有差异的价格。例如，许多公园、影院和展览馆等对学生或老年人给予优惠。

2．对不同改良程度的同类产品制定不同的价格

在同类产品中，不同品种之间的特性有区别，如果各自成本水平差距较大，其价格的制定自然也要有差距。但即使不同品种的成本相近，也可以制定差别性价格，这样可以通过价格的明显差异，充分突出产品的特性，满足部分顾客的需求，也能使企业利润率提高。

3．对不同地理区域制定不同的价格

当不同地理区域的经营成本、竞争程度、潜在销售量等市场条件相差较大时，可以使用差别定价策略。例如，日本的家用电器、照相器材等产品在北美地区销售时，定价较低，在本国市场销售时，定价较高。

4．对不同时间制定不同价格

有些产品价格特别是饮食服务业的价格，可因季节、日期甚至同一天里的不同时间定不同的价格。例如，长途电话在不同时间段收费不同；旅游服务企业在淡季和旺季收费不同；餐馆在同一天的午餐和晚餐，也可定不同的价格；等等。

> **案例**
>
> 哈尔滨市某商场规定,商场的商品从早上9点开始,每一小时降价10%。特别在午休时间及晚上下班时间商品降价幅度较大,吸引了大量上班族消费者,在未延长商场营业时间的情况下,带来了销售额大幅度增加的好效果。

差别定价策略的应用必须具备以下条件:①不同细分市场的需求价格弹性有显著差别,企业才能在弹性较低的市场定高价,在弹性较高的市场定低价;②不同细分市场之间不能相互渗透,处于低价市场的产品不会流入高价市场,例如国内市场与国际市场之间因为海关隔离,则可以进行差别定价;③在计划实行高价的细分市场内,预期不会出现同类产品的低价竞争者,否则差别定价可能不利于竞争。

六、产品组合定价策略

一个企业往往并非只提供一种产品,而是提供许多产品。产品组合定价策略的着眼点在于制定一组使整个产品组合利润最大化的价格。常用的产品组合定价有以下几种形式。

1. 产品线定价

产品线定价是指根据产品线内各项目之间在质量、性能、档次、款式、成本、顾客认知、需求强度等方面的不同,参考竞争对手的产品与价格,确定各个产品项目之间的价格差距,以使不同的产品项目形成不同的市场形象,吸引不同的顾客群,扩大产品销售,争取实现更多的利润。如某服装店对某型号女装制定三种价格:260元、340元、410元,在消费者心目中形成低、中、高三个档次,人们在购买时就会根据自己的消费水平选择不同档次的服装,从而消除了在选购商品时的犹豫心理。企业以保本甚至微亏的价格来制定低价产品的价格,往往可增加顾客流,使生产与销售迅速达到一个理想的规模,遏制竞争。高价产品则可树立企业的品牌形象,以超额利润迅速收回投资,增强企业的发展后劲。中价产品通过发挥规模效益可为企业带来合理的利润,维持企业的正常运行。企业采用这一策略要注意档次的划分要适当,商品档次既不要分得过细也不要过粗,价格档次的差距既不要过大也不要过小。

2. 选择特色定价

选择特色定价是指企业在提供主要产品时,还提供各种可选择产品或具有特色的产品。比较典型的例子如餐馆、酒吧等。餐馆的主要提供物为饭菜,另外,顾客还可能需要酒、饮料等。有的餐馆将食品的价格定得较低,而将酒水类商品的价格定得较高,主要靠后者盈利;有的餐馆则将食品的价格定得较高,将酒类商品的价格定得较低,以吸引那些爱酒人士。

3. 附属产品定价

附属产品,又称受制约产品,是指必须与主要产品一同使用的产品。例如,照相机的附属品是胶卷,剃须刀的附属品是刀片,机械产品的附属品是配件。大多数企业采用这种策略时,将主要产品定价较低,而附属产品定价较高。以高价的附属品获取高利,补偿主要产品因低价造成的损失。例如,柯达公司给照相机定低价,胶卷定高价,增强了照相机在同行业中的竞争力,又保证了原有的利润水平。然而,将附属品的价格定得太高也存在一定风险,容易引起不法分子生产低廉的仿制品,反过来与正规商品竞争。

4. 两段定价

服务性企业常常采用两段定价策略,为其服务收取固定费用,另加一笔可变的使用费,如电话用户每个月的话费为月租加上按通话时间计算的通话费。景点的旅游者除了支付门票费外,还要为其娱乐项目支付额外的费用。企业一般对固定费用定价较低,以便吸引顾客使用该服务项目,而对使用费定价较高,以保证企业充足的利润。

5. 副产品定价

在生产加工石油、钢铁等产品的过程中,常常会产生大量的副产品。有些副产品本身对顾客就有价值,因此企业切不可将它们白白浪费掉,而应对它们合理定价,销往特定市场。这可为企业带来大量收入,同时也有利于企业为其主要产品制定低价,提高主要产品的竞争力。如炼铁过程中产生的水渣是水泥工业的主要原料。

6. 产品捆绑定价

企业常常将一些产品捆绑在一起进行销售,捆绑价低于单件产品的价格总和。如化妆品公司将润肤露、洗发水、啫喱水、防晒霜等捆绑在一起进行销售,虽然有的消费者并不需要其中的某项,但看到价格比单件购买便宜很多,便买下了。因而,在一定程度上,这种价格可推动消费者购买。然而,在捆绑定价时要注意使用这一策略的灵活性,因为有些理智的消费者往往只是按需购买,他们只需要捆绑组合中的某一种或几种商品,这时企业要能满足他们的要求。

| 阅读与思考 |

适合网店的创意定价策略

1. 10元一件随机发货

积压商品,尤其是有瑕疵的商品,基本上是卖不出去的,但又占着库存。另外,考虑到现在社会的基本物价,10元钱(或者其他相对较低的价格,但是尽量不要高于20元)是很低的价格。所以,将库存产品制作清单网页,定价10元一件,但销售前提是不能选择尺寸、规格(可以下订单后标注自身要求,尽量按照买家要求发货),不能挑选产品、颜色等,所邮寄的商品完全是随机发货。

采用这种方法要注意,对产品进行限量购买,否则数量太多会涉及运费的支出。这种定价方法对于买家而言是价格上的优惠,导致购买后的满意度相对较高;对于卖家而言,虽然以低于成本的价格销售,但是相对于商品积压和占用库存所带来的损失则是"盈利"的。因此,这种方法是一种双赢的方式。

2. 概率销售

概率销售是2008年由两位学者Fay和Xie在国际著名的营销学术期刊Marketing Science上发表的学术论文中首次提出的,指的是销售者利用其现有的产品或者服务来创造概率产品,并把概率产品作为潜在的购买者的一种附加购买选择。例如,在国外某购物网站上,一款运动衫定价为50美元,颜色有9种。如买家对颜色有明显喜好,则按照50美元购买;如买家对颜色没有要求,家人或朋友又有同样的需要(作为家庭服或者情侣衫),则可以进行无要求购买,即不要求颜色随机发送即可,此时可以制定为超低价(接近或低于成本)。

请同学们思考、讨论,这样定价的好处是什么?采取这种定价方式有没有什么限制?

任务四 价格调整策略

企业制定价格后,还得经常监测环境的变化,并适当调整价格,以求更好地在市场上生存和发展。

一、价格调整策略

1．降价策略

企业降价可能有如下一些原因。

①企业生产能力过剩，急需要扩大销量来缓解库存压力，但此时通过加强推销、改进产品或者其他措施都不能达到目的。不过，企业降价容易引起价格战。

②企业希望通过降价来夺取竞争者的市场份额。丰田公司在20世纪50年代初，为了打开销路，占领市场，在同行业中以最高的广告费用和最低的价格出售产品。在美国市场上，丰田汽车平均价格比美国车便宜1300美元，以低价竞争的姿态出现在各大竞争对手面前，先后击败福特汽车公司、克莱斯勒汽车公司。到20世纪90年代，丰田公司位居世界汽车工业公司第二位，仅次于通用汽车公司。

③企业的成本降低，使产品有降价的空间，或者是企业希望通过降价来扩大市场份额，进而达到成本降低的目的。因为有些产品的潜在顾客由于受其消费水平的限制而放弃购买，企业降价无疑可使这一部分顾客转化为现实顾客，从而增大企业的销量。但此时降价的风险也较高：首先顾客可能会误认为是产品的质量降低；其次，价格降低在一定时期可买到市场份额，但买不到顾客忠诚度，随着竞争者的价格降低，顾客又会转向竞争者。

④在经济萧条时期，消费者的购买力下降，他们只愿意买较为便宜的产品，此时企业不得不降价，以适应消费者的购买力水平。

企业降价既可直接将企业产品的目录价格或标价绝对下降，也可灵活地采用变相降价的方式。如通过提供各种折扣、优惠；提供多种免费服务；在价格不变的情况下，提高产品质量、增加产品的性能、增大单位包装的产品含量；允许顾客延期付款等。由于这种价格技术较为灵活与隐蔽，不会很快招致竞争者的攻击。

2．提价策略

提价往往容易给企业带来不利影响，如竞争力的下降、消费者的不满、经销商的抱怨等，甚至还会受到政府的干预和同行的指责。然而，一次成功的提价却能大幅度地提高企业利润。

（1）企业提价的原因。企业提价的原因往往有如下几个。

①为了缓解成本攀升的压力。企业成本的提高可能是由于单方面的原材料价格上涨，或者是由于生产或管理费用提高，或者是由于通货膨胀引起的普遍物价上涨。为了保证利润率不因此而降低，企业不得不采取提价策略。

②企业的产品供不应求。对于某些产品来说，在需求旺盛而生产规模又不能及时扩大而出现供不应求的情况下，可以通过提价来遏制需求，同时又可以取得高额利润，缓解市场的供需矛盾。如我国在黄金周、春节期间的飞机票价格上涨。

（2）企业提价的方式。企业提价可采取如下几种方式。

①直接提高商品目录的价格。在企业提价原因不明的情况下，很容易招致消费者的反感。

②在通货膨胀时期，延缓报价。企业决定暂时不规定最后价格，等到产品制成时或交货时方规定最后价格。对于生产周期较长的商品，如大型机械设备、轮船、飞机的制造，采用延缓报价可减少通货膨胀对企业造成的不利影响。

③采用价格自动调整条款。企业要求顾客按当前价格付款，但在交货时可按某种价格指数调整价格，如在交货时支付由于通货膨胀引起增长的全部或部分费用。这一般适用于施工时间较长的工程，如建筑业。

④将免费项目独立出来收费。如免费送货、免费的零配件都可被重新加以定价。

⑤减少或取消价格折扣。如数量折扣、现金折扣等。

在方式选择上，企业应尽可能多地采用间接提价，把提价的不利因素降到最低程度，使提价不影响销量和利润，而且能被潜在消费者普遍接受。同时，企业提价时应采取各种渠道向顾客说明提价的原因。另外，在确定价格调整幅度时，企业应考虑到消费者的反应。

当然，企业也可采取其他方法来避免提价：在价格不变、包装不变的情况下，减少产品的分量；降低产品的质量；减少产品的功能；使用廉价的材料等。但是如果这些方法运用不当，容易引起顾客的不满，降低企业形象，给企业的长远发展带来不利影响。

二、价格变动后的反应

企业价格变动往往容易引起顾客、竞争者、分销商、供应商，甚至政府、新闻媒介等的注意。这里主要分析顾客与竞争者对企业价格变动的反应。

1. 顾客的反应

一般情况下，由于价格与需求成反比，因而降价可刺激购买，提价会抑制购买，但也会出现相反的情况。因为顾客对降价可能有以下看法：产品将被换代新产品所替代；产品有缺点，在市场上销售情况不好；企业财务发生困难，可能不会继续经营下去；价格还会进一步下跌，应等待观望；产品的质量、功能下降，如使用了廉价的原材料。此时，降价反而抑制了购买。另外，顾客对提价的看法可能是：这种商品是抢手货，应赶快购买，以免价格继续上涨。在这种情况下，提价反而有利于商品的销售。

顾客对不同产品价格变动的反应也有所不同。对于价值高、经常购买的产品的价格变动较为敏感；而对于价值低、不经常购买的产品，顾客不大在意。

2. 竞争者对价格变动的反应

企业在考虑改变价格时，不仅要考虑到购买者的反应，而且还必须考虑竞争对手对企业的产品价格变动的反应。

假若企业只有一个强大的竞争者，我们可将竞争者的反应分为两种情况。

①竞争者对其对手的价格变动以一种既定的方式做出反应。在这种情况下，竞争对手的反应可以预测。企业可以通过获取并分析该竞争者的内部资料、历史案例来预测其可能的反应，也可以从与该竞争者接触较多的顾客、供应商、代理商、金融机构等方面获取信息来预测其可能的反应。

②竞争者将每一次价格变动都视为一种新的挑战，并以当时的自身利益做出反应。此时，企业必须了解竞争者当时的自身利益。这就需要对竞争者的财务状况、销售情况、生产能力、顾客的忠诚性及企业目标等进行调查与分析。如果竞争者的经营目标是市场份额，他可能会跟进这次价格变动；如果竞争者的经营目标是获取最大利润，他可能在其他方面做出反应，如增加广告预算、加强产品促销、提高产品质量等。

假若企业同时面临多个竞争者，在调价时就必须估计每一个竞争者的可能反应。如果所有竞争者的行为大体相同，企业只需分析具有代表性的典型竞争者即可。如果每个竞争者在企业规模、市场占有率或企业政策等关键因素上具有显著差异，则他们对价格变动的反应也会有较大区别，此时，企业需对每个竞争者逐一进行分析。

总之，企业在调整价格时，应充分利用内、外资源来推测竞争者可能的反应，以便采取适当的营销对策。

三、对竞争者价格变动的反应

前面讲的是企业先调价时应预测其他相关方的反应，那么当竞争者的价格先变动时，企业又该相应地如何做出反应呢？

企业对竞争者调价的反应会因市场的不同而不同。在同质产品市场，如果竞争者降价，企业必随之降价，否则企业会失去顾客。如果竞争者提价，且提价对整个行业有利，其他企业会随之提价，但如有一个企业不提价，提价的企业将不得不取消这次提价。在异质产品市场，企业对竞争者价格变动的反应有更多选择的自由，因为此时的购买者不仅考虑产品价格的高低，而且考虑质量、服务、可靠性等因素，因而他们对较小的价格差额并不敏感。

企业在做出反应前，应分析竞争者调价的目的是什么。调价是暂时的，还是长期的？如果企业对此不做出反应，本企业的市场份额和利润将会如何变化？如果企业对此做出反应，竞争者又会采取什么行动？

作为市场领导者的企业往往会更多地受到其他较小企业的攻击，它们往往通过"侵略性的削价"来抢占市场领导者的市场份额。在这种情况下，市场领导者可有以下几种选择。

①维持原价。因为市场领导者认为：如果降价就会使利润减少过多；维持原价不会

失去很多的市场份额;虽然维持原价会导致目前市场份额降低,但失去的市场阵地很快能重新恢复。

②维持原价,同时改进产品、服务、沟通等。企业发现运用这种战略比低价经营更划算。

③降价。市场领导者降价是因为他们认为:降价后成本会随着数量的增加而下降;由于市场对价格很敏感,不降价将使市场占有率大幅下降;维持原价导致市场份额降低后将难以恢复原有的市场份额。如果企业降价,不应降低产品质量和服务水平,否则会损坏企业形象,影响以后的发展。

④提价,同时推出某些新品牌,以围攻竞争对手的品牌。

⑤推出廉价的产品线。企业可在竞争者所攻击的产品线中增加廉价的产品,以迎接竞争者的挑战。

受到竞争对手进攻的企业还必须考虑:产品在其生命周期中所处的阶段;它在企业产品业务组合中的重要性;竞争者的意图和资源;市场对价格和质量的敏感性;成本费用随着销售量和产量的变化的情况;企业可选择的机会等。

然而,在实战中深入分析企业可选择的每一方案几乎是不可能的。尽管竞争对手在调整价格之前经过了较长时间的思考与权衡,但是一旦决定调价,其动作会非常迅速,有时是一夜之间的事。这时要求企业能迅速做出反应,不需要过多的时间进行充分思考,因而企业需预先准备好备用的反应措施,并建立一个价格反应程序,来缩短价格反应的决策时间。

【课后练习】

一、选择题

1. 完全垄断市场的特点之一是（ ）。
   A. 企业采用随行就市的定价方法　　B. 企业可制定尽可能高的价格
   C. 企业愿意使用非价格竞争手段　　D. 价格竞争是企业常用的手段
2. 完全竞争市场的主要特点是（ ）。
   A. 许多相互竞争的企业同时存在
   B. 任何一个企业都不可能操纵或影响价格
   C. 各企业对其他企业的降价非常敏感
   D. 企业采取随行就市的方法定价
3. 寡头垄断的市场特点是（ ）。
   A. 只有少数几个企业生产同类产品
   B. 易造成价格战
   C. 企业一般愿意进行非价格竞争
   D. 价格竞争是企业常用的手段

4. 垄断竞争的特点是（　　）。
   A．生产某类产品的企业较多，市场具有竞争的特点
   B．每个企业在一定程度上都是自己产品的垄断者
   C．使用价格竞争和非价格竞争
   D．企业可制定高价格

5. （　　）是企业所能定出的最低价格。
   A．顾客对价格的接受程度
   B．企业对价格的承受程度
   C．竞争者对价格的限制手段
   D．国家物价政策法规对企业价格波动的允许程度

6. 按顾客的接受程度来定价，也就是制定一个（　　）。
   A．能使企业得到最小利润的价格
   B．能使企业得到最大利润的价格
   C．能使企业得到适当利润的价格
   D．使产品价格等于可变成本

7. （　　）是企业迫于内外环境所不得已而采用的定价目标。
   A．以争取产品质量领先为定价目标
   B．以扩大市场份额为定价目标
   C．以避免竞争为定价目标
   D．以生存为定价目标

8. （　　）是以企业的生产要素供给者所提供的生产要素价格为基础的。
   A．需求导向定价法　　　　B．成本导向定价法
   C．竞争导向定价法　　　　D．生产导向定价法

9. 下列心理定价法策略中，哪一种利用顾客的求新心理（　　）。
   A．撇油定价　　　　　　　B．渗透定价
   C．声望定价　　　　　　　D．零数定价

10. （　　）就是当顾客提前付清购买商品的款项时，供货方能给予顾客的一种折扣。
    A．数量折扣　　　　　　　B．现金折扣
    C．竞争折扣　　　　　　　D．以旧换新

二、判断题
1. 在垄断竞争的市场结构中，企业只能采用价格竞争作为竞争手段。　　（　　）
2. 企业对价格的承受程度，就是企业所能定出的最高价格。　　（　　）
3. 从总体上看，只要价格的下降没有导致总利润的减少，则此价格即被认为是顾客所能接受的。　　（　　）
4. 按顾客的接受程度来定价，也就是制定一个能使企业得到最大利润的价格。
　　（　　）

5. 企业对价格的承受程度，从短期看是指企业产品单位可变成本，从长期看，其价格的极限应是产品的单位总成本。　　　　　　　　　　　　　　（　　）

三、论述题

1. 什么是企业定价的三维环境？
2. 企业的定价目标有哪些？
3. 产品定价策略有哪几种？

项目七

分销渠道策略

学习目标

1. 理解分销渠道及其功能。
2. 掌握影响分销渠道设计的因素。
3. 理解批发商、零售商的含义与类型。
4. 掌握分销渠道的类型及其设计管理。

重点与难点

1. 分销渠道的含义、职能类型。
2. 分销渠道策略。
3. 批发商与零售商。
4. 分销渠道与营销渠道的区别。
5. 分销渠道的设计与管理。

能力目标

学习与把握分销渠道策略,中间商的选择、激励、评估与调整等管理分销渠道的方法和相关"业务链接"等程序性知识;能用所学知识规范"分销渠道策略运作"的相关技能活动。

导入案例

1950年，丰田公司债台高筑，濒临破产，公司接受了日本中央银行建议，将汽车生产公司与销售公司分开。石田退三主管生产公司，神谷正太郎一心一意抓销售公司。由于公司分开，各司其职，销售公司可以自行决定推销方式，表现出了高度的灵活性和强大的活力。

销售公司为了促进销售，在1977年建立了"推销责任区域制度"。这种制度就是在全丰田系统成立特约经销点，并根据汽车的类型，把经销店分为"丰田店、小丰田店、奥特牌店、花冠牌店"。共有经销店252个，下属营业所2850个，共有推销员28000多名，形成了庞大的销售网络和推销员队伍。在此基础上，明确划分出每一个经销店所属营业所的现有区域和每个推销员所负责的经销地段，使公司的流通网点星罗棋布。

为了牢牢控制住现有区域，公司制定了《责任区访问法》。访问法的主要内容是：挨区访问，挨户访问，争取不漏一家一户，按行业一个一个地访问，收集各行业的购买汽车的情报资料；针对购买汽车的大主顾，进行重点访问，此外，还有根据季节、汽车种类而进行的访问。

为了保证责任区最大限度地销售汽车，销售公司给推销员制定了一定的销售定额。公司根据每个推销员的具体情况以及他们所在地段，按月下达销售数额。经销店要求每一个推销员必须完成自己的销售数额。这种科学的分工、严格的管理、合理的网点布局，为丰田公司数以百万计的汽车能源源不断地出售创造了条件。

【案例分析】

丰田公司的案例展现了其如何通过建立广泛的销售网络和明确责任区域制度来实现市场覆盖和销售增长。请同学分小组讨论：丰田公司是如何实现市场覆盖和销售目标的？丰田公司的分销渠道策略在实施过程中可能面临哪些挑战？如何应对这些挑战？

任务一
分销渠道的含义、功能、流程与结构

分销渠道，是指产品或服务从生产者流向消费者（用户）所经过的各个中间商联结起来的整个通道。这个通道通常由生产者、批发商、零售商及其他辅助机构组成，为使产品到达企业和消费者而发挥各自职能，通力合作，有效地满足市场需求。一个运作良好的分销渠道不仅要在适宜的地点以适宜的价格、质量、数量提供产品或服务来满足市场需求，而且要通过渠道成员的各种营销努力来刺激市场需求。

而人们常说的分销渠道，则是指某种产品和服务在从生产者向消费者转移过程中，取得这种产品和服务的所有权或帮助所有权转移的所有企业和个人（科特勒定义）。因此，分销渠道成员包括经销商（因为他们取得所有权，包括批发商、零售商、批零兼营商等）和代理商、后勤管理组织（因为他们帮助转移所有权）等，此外，还包括处于渠道起点和终点的生产者和消费者或工业用户，但是，不包括供应商、辅助商。

由于消费者需求随着商品、时间以及地点的不同经常发生变化，所以分销渠道也要随着消费者需求的变化而发生改变。比如：IBM公司在20世纪80年代依靠它的推销人员将它的PC个人电脑卖给商业用户，因为那个时代PC机很贵，普通消费者没有购买能力。后来，随着计算机成本的下降，伴随着销售价格的迅速下降，出现了大量的代理商、批发商和零售商以满足普通家庭的需求。

因此，分销渠道就是促使产品或服务顺利地从生产者转移给消费者或工业用户的一系列组织机构。

一、分销渠道的含义与特征

1．分销渠道的含义

分销渠道是指产品（服务）从生产领域进入消费领域过程中，由提供产品或服务有关的一系列相互联系的机构所组成的通道。它是促使产品（服务）能顺利地经由市场交换过程，转移给消费者（用户）消费使用的一整套相互依存的组织。渠道的成员包括生产商、中间商、服务性企业和消费者（用户）。

2．分销渠道的特征

（1）分销渠道反映某产品（服务）价值实现全过程所经由的整个通道，其起点是生产者，终点是消费者或工业用户。

（2）分销渠道是一群相互依存的组织和个人。

（3）分销渠道的实体是购销环节。商品在分销渠道中通过一次或多次购销活动转移所有权或使用权，流向消费者或工业用户。购销次数的多少，说明了分销渠道的层次和参与者的多少，表明了分销渠道的长短。值得一提的是代理商并未与被代理商发生购销关系，没有取得商品的所有权，仅仅是帮助被代理商销售而已。分销渠道的长短决定于比较利益的大小。

（4）分销渠道是一个多功能系统。它不仅要发挥调研、购销、融资、储运等多种职能，在适宜的地点，以适宜的价格、质量、数量提供产品和服务，满足目标市场需求，而且要通过分销渠道各个成员的共同努力，开拓市场，刺激需求，同时还要面对系统之外的竞争，自我调节与创新。

分销渠道是通过生产形式效用、所有权效用和时间、地点效用为最终消费者创造价值的协调运作网络系统。

二、分销渠道的功能及其管理的重要性

1．分销渠道的功能

（1）市场调研。收集、整理有关现实与潜在消费者、竞争者及营销环境的有关信息，并及时向分销渠道其他成员传递。

（2）促进销售。通过各种促销手段，以消费者乐于接受的、富有吸引力的形式，把商品和服务的有关信息传播给消费者。

（3）寻求顾客。寻求潜在顾客，针对不同细分市场的特点，针对消费者提供不同的营销业务。

（4）分类编配。按买方要求分类整理供应产品，如按产品相关性分类组合，改变包装大小、分级等。

（5）洽谈生意。在分销渠道的成员之间，按照互利互惠的原则，彼此协商，达成有关商品的价格和其他条件的最终协议，实现所有权或持有权的转移。

（6）物流运输。从产品离开生产线起，就进入了营销过程，分销渠道自然承担起商品实体的运输和储存功能。

（7）财务信用。分销渠道的建设、运转、职工工资支付、渠道成员之间货款划转、消费信贷实施都需要财务上的支持。

（8）承担风险。分销渠道成员通过分工分享利益的同时，还应共同承担产品销售、市场波动带来的风险。

2．分销渠道管理的重要性

（1）只有通过分销，企业产品（或服务）才能进入消费领域，实现其价值。

（2）充分发挥渠道成员，特别是中间商的功能，是提高企业经济效益的重要手段。

（3）良好渠道管理可降低市场费用，既为消费者（用户）提供合理价格的产品（服务），也为企业提高经济效益创造了空间。

（4）渠道是企业的无形资产，良好的渠道网络可形成企业的竞争优势。

渠道在营销组合中的地位：产品（Product）是营销的基础；价格（Price）是营销的核心；渠道（Place）是营销的关键；促销（Promotion）是营销的手段。

三、分销渠道的流程与结构

1．分销渠道的流程

（1）实体转移流程是产品实体在渠道中从生产者向消费者转移的运动过程（图7-1），其主要部分是产品运输和储存。物流的持续、有效是渠道保证运行质量与效率的重要条件。一般来说，渠道成员在任何时候都要持有存货，但过量存货又会造成过高的备货成本。因此，合理组织商品储运或物流，是提高分销渠道效率和效益的关键。

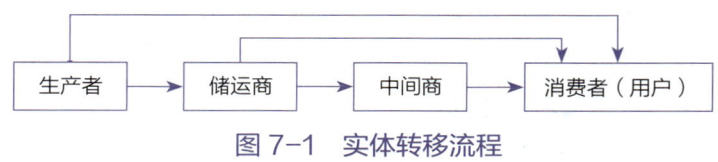

图7-1　实体转移流程

（2）所有权转移流程是指产品所有权或持有权从一个渠道成员转到另一成员手中的流转过程（图7-2）。这一流程通常伴随购销环节在渠道中向前移动。在租赁业务中，该流程转移的是持有权和使用权。

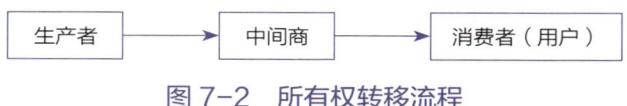

图7-2　所有权转移流程

（3）货款转移流程，例如，客户通过银行账户向代理商支付货款账单，代理商扣除佣金后再付给生产者，并支付运费和仓储费，如图7-3所示。

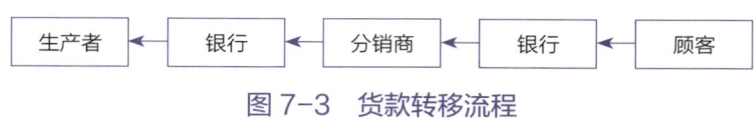

图7-3　货款转移流程

（4）信息转移流程是各成员之间相互传递市场信息的过程。这一过程在渠道的每一环节均必不可少。通常分销渠道中两个相邻的机构之间要进行信息交流，互不相邻的机构之间有时也会有一定的信息交流，如图7-4所示。

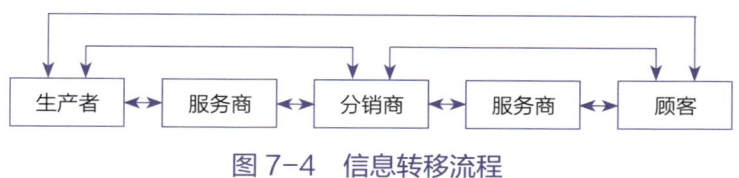

图7-4　信息转移流程

（5）促销转移流程。促销流是渠道成员的促销活动流程，具体而言，是指通过广告、人员推销、宣传报道、销售促进等活动由一个渠道成员对另一个渠道成员施加影响的过程。促销流从生产者流向中间商，称之为贸易促销，直接流向最终消费者则称之为最终使用者促销。所有渠道成员都有对顾客的促销责任，既可以采用广告、公共关系和营业推广等大规模促销方式，也可以采用人员推销等针对个人的促销方式，如图7-5所示。

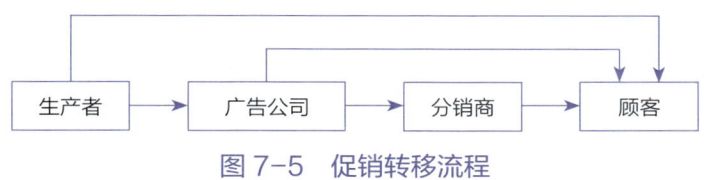

图 7-5　促销转移流程

2. 分销渠道的基本结构

分销渠道的结构会随着商品的特点、渠道成员的多少、不同渠道的长短先后等因素的不同而发生变化。分销渠道的结构主要包括渠道的层级结构、宽度结构和系统结构。

（1）层级结构。分销渠道按照商品从生产者转移到消费者的过程中所包含的渠道层级的多少，可以分为零阶渠道，一阶、二阶和三阶渠道，据此也可以分为直接渠道和间接渠道、短渠道和长渠道等几种类型。渠道的层级结构如图7-6所示。

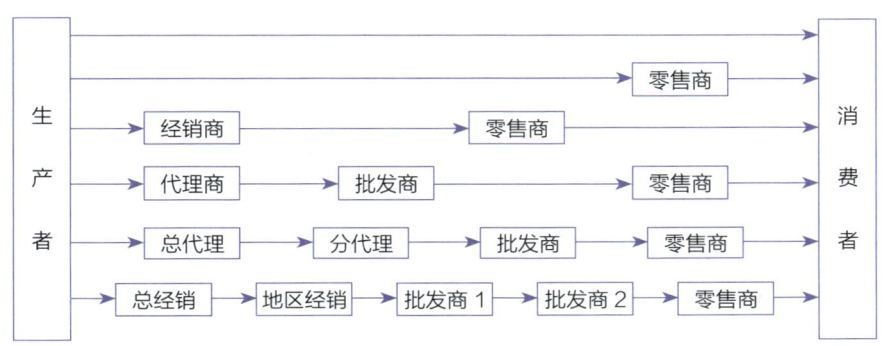

图 7-6　渠道的层级结构

①零阶渠道（直接销售）是生产者将产品直接销售给消费者，中间不经过任何中间商的分销渠道类型。这种直销的主要方式有上门推销、邮销、互联网直销及厂商自设机构销售。直销是工业品销售的主要方式，大型设备、专用工具及需要提供专门服务的工业品，几乎都采用直销渠道。随着科学手段的完善，消费品直销渠道也得到长足发展。

②一阶渠道包括一级中间商。在消费品市场上，中间商通常是零售商；而在工业品市场上，它可以是一个代理商或经销商。

③二阶渠道包括两级中间商。消费品二阶渠道的典型模式是经由批发和零售两级转手销售。在工业品市场上，两级中间商大多是由工业品批发商和销售代理商组成。

④三阶渠道是包含三级中间结构的渠道类型。一些消费范围广的日用品，如肉类食品及包装方便面，需要大量零售机构营销，其中许多小型零售商通常不是大型批发商的服务对象。

⑤四阶渠道、五阶渠道等层级更高的分销渠道也有，但极罕见。一般来说，对制造商而言，渠道层级越多越难协调和控制，会给分销渠道的管理与控制带来诸多不便。

（2）宽度结构。渠道宽窄取决于渠道的每个环节中使用同类型中间商数目的多少。企业使用的同类中间商多，产品在市场上的营销面广，称为宽渠道。反之，企业使用的同类中间商少，分销渠道窄，称为窄渠道，它一般适用于专业性强的产品，或贵重耐用的消费品，通常由一家中间商统包，几家经销。它使生产企业容易控制营销，但市场营销范围受到限制。

分销渠道的宽窄是相对而言的。受产品性质、市场特征和企业营销战略等因素的影响，分销渠道的宽度结构大致有以下三种类型。

①独家式分销渠道（最窄）。

独家式分销渠道是指企业在目标市场上或目标市场的一部分地区内，仅指定一家中间商经营其产品。独家式分销渠道是窄渠道。

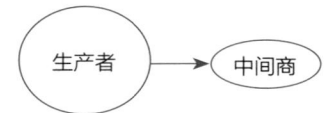

独家式分销渠道的优点是：中间商能获得企业给定的产品的优惠价格，不能再代销其他竞争性的相关产品。对于独家经销商而言，经营有名气的企业产品，可凭名牌产品树立自己在市场上的声望和地位，同时可获得生产者广泛的支持，所以能提高中间商的积极性。对于企业而言，易于控制产品的零售价格，易取得独家经销商的合作。其缺点则有：因缺乏竞争，顾客的满意度可能会受到影响，经销商对生产者的反控力较强。

此种模式适用于技术含量较高，需要售后服务的专用产品的营销，如机械产品、耐用消费品、特殊商品等。具体而言，如新型汽车、大型家电、某种品牌的时装等。

②精选式分销渠道（中宽）。

精选式分销渠道指在同一层次上或一定区域内，精选少数符合要求的中间商，经销本企业的产品，即：从入围者中选择一部分作为经销商。精选式分销渠道通常由实力较强的中间商组成，能有效地维护生产者品牌信誉，建立稳定的市场和竞争优势。这类渠道多为消费品中的选购品和特殊品以及工业品中的零配件等。精选式分销渠道是中宽度渠道。

精选式分销渠道的优点是：比密集性营销能取得经销商更大的支持，同时又比独家式营销能够给消费者购物带来更大的方便，一般来说，消费品中的选购品和特殊品适宜采用精选式分销渠道。其缺点有：中间商的竞争较独家

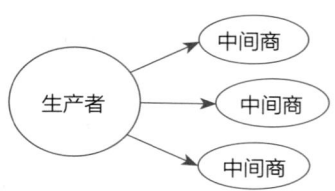

式分销渠道时激烈，而且选择符合要求的中间商较困难。消费者和用户在选购商品时会进行商品的比较，所以不如广泛式分销渠道可以给予顾客更多的选择。

③广泛式分销渠道（最宽）。

广泛式分销渠道是指在同一层次上使用较多的中间商，即：凡符合厂家最低要求的中间商均可参与分销渠道。一般来说，产品的营销密度越大，销售的潜力也就越大。广泛式分销渠道是宽渠道。

广泛式分销渠道的优点是：市场覆盖率高、便利顾客。其缺点则是：市场竞争激烈，价格竞争激烈，导致市场混乱，有时会破坏厂家的营销意图；渠道的管理成本（包括经销商的培训、营销系统支持、交易沟通网络的建设等费用）很高。

| 阅读与思考 |

日本大阪的谷寿糖果公司专门制造西点、蛋糕和饼干，在关西是最大的糖果公司，在日本也是属于第一流的。很多食品糖果店曾经对该公司表示，有意购买他们的产品，然而董事长细谷清向来是不随便应允的。他不随便订约，这是尽量避免和业绩欠佳的商店扯上关系的缘故。他的经营理念是：产品绝对不给业绩不佳的商店销售。他只让各条街上生意最鼎盛、信誉最佳、名气最大的商店销售他的糖果，因此他成功了。最好的产品给最好的商店销售，它的反应当然是极佳的。

有"美国连锁百货店大王"之称的贝尼伊在国内拥有1600多家连锁商店，曾经有人问他："你成功的秘诀是什么？"贝尼伊回答说："商品价廉物美，店员服务精神良好等，固然都是重要的因素，但最重要的是，必须与信誉最好、销量最多的店铺合作。"

思考：

1. 选择中间商应考虑哪些因素？
2. 上述案例中的两家企业在选择中间商时主要考虑的是什么因素？
3. 这个案例对我们有什么启发？

（3）系统结构。20世纪80年代以来，分销渠道系统突破了由生产者、批发商、零售商和消费者组成的传统模式，有了新的发展，形成了整合渠道系统，如垂直渠道系统、水平渠道系统和多渠道营销系统等，从而克服了传统渠道系统成员之间的松散关系所带来的各自为政，各行其是，为追求其自身的利益最大化而不惜牺牲整个渠道系统的利益的缺陷。

①传统渠道系统。由独立的生产者、批发商、零售商和消费者组成的分销渠道。

特点：松散、各自为政、只追求自身的最大利益。

②整合渠道系统。渠道成员通过不同程度的业态一体化整合形成的分销渠道。

特点：分工、合作、优势互补，以严格的契约规范每个成员的行为。

■ 垂直渠道系统

这是由生产企业、批发商和零售商纵向整合组成的统一系统。该渠道成员或属于同一家公司，或将专卖特许权授予其合作成员，或有足够的能力使其他成员合作，因而能控制渠道成员的行为，消除某些冲突。垂直分销渠道的特点是专业化管理、集中计划，销售系统中的各成员为共同的利益目标，都采用不同程度的一体化经营或联合经营。

在我国，这种垂直分销渠道也逐渐成为主要的发展趋势。垂直渠道系统主要有三种形式。

Ⅰ. 公司式垂直系统

公司式垂直一体化分销体系是指一家公司拥有和统一管理若干工厂、批发机构和零售机构，能够控制市场分销渠道的若干层次，甚至控制整个市场的分销渠道，综合经营生产、批发、零售业务。

Ⅱ. 管理式垂直系统

管理式垂直系统指通过渠道中某个有实力的成员来协调整个分销渠道的销售管理业务，其业务涉及销售促进、库存管理、定价、商品陈列、购销活动等，该体系不是由同一个所有者下属的相关生产部门和分销部门组织而成，而是由某一家规模大、实力强的企业出面组织，渠道成员承认相互之间的依赖关系，并且愿意接受这家企业的统一领导，对整个分销渠道的产品流通活动进行协调与管理。

Ⅲ. 契约式垂直系统

契约式垂直系统也称合同式垂直系统，指不同层次的独立制造商和经销商为了获得单独经营达不到的经济利益，而以契约为基础实行的联合体。它主要分为三种形式。

ⅰ. 特许经营组织，它是近年来发展最快和最令人感兴趣的零售组织，包含以下三种形式：生产者倡办的零售特许经营或代理商特许经营、生产者倡办的批发商特许经营系统和服务企业倡办的零售商特许经营系统。

ⅱ. 批发商倡办的连锁店，即批发商组织独立的零售商成立自愿连锁组织，帮助他们和大型连锁组织抗衡。批发商制定一个方案，根据这一方案，使独立零售商的销售活动标准化，并获得采购方面的好处，这样，就能使这个群体有效地和其他连锁组织竞争。

ⅲ. 零售合作组织，即零售商可以带头组织一个新的企业实体来开展批发业务和可能的生产活动。成员通过零售商合作组织集中采购，联合进行广告宣传，利润按成员的购买比例进行分配，非成员零售商也可以通过合作组织采购，但不能分享利润。

■ 水平渠道系统

指由两家或两家以上的公司横向联合起来的渠道系统。它们可实行暂时或永久的合作。当面临一个新的市场机会时，这些公司或因资本、生产技术、营销资源不足，无力单独开发市场机会；或因惧怕独自承担风险；或因与其他公司联合可实现最佳协同效益，因而组成共生联合的渠道系统。这是在同一层次的若干生产商之间、若干批发商之间、若干零售商之间采取的横向联合方式。总之，这种系统可发挥群体作用，共担风险，获取最佳效益。

■ 多渠道营销系统

指对同一或不同的细分市场采用多条渠道营销系统（图7-7）。这种系统一般分为两种形式：一种是生产企业通过多种渠道销售同一商标的产品，这种多渠道营销系统也称为双重营销；另一种是生产企业通过多渠道销售不同商标的差异性产品。此外，还有一些公司通过同一产品在销售过程中的服务内容与方式的差异，形成多条渠道以满足不同顾客的需求。多渠道系统为制造商提供了三方面的利益：扩大产品的市场覆盖面，降低渠道成本和更好地适应不同顾客要求，但该系统也容易造成渠道之间的冲突，给渠道控制和管理工作带来很大难度。

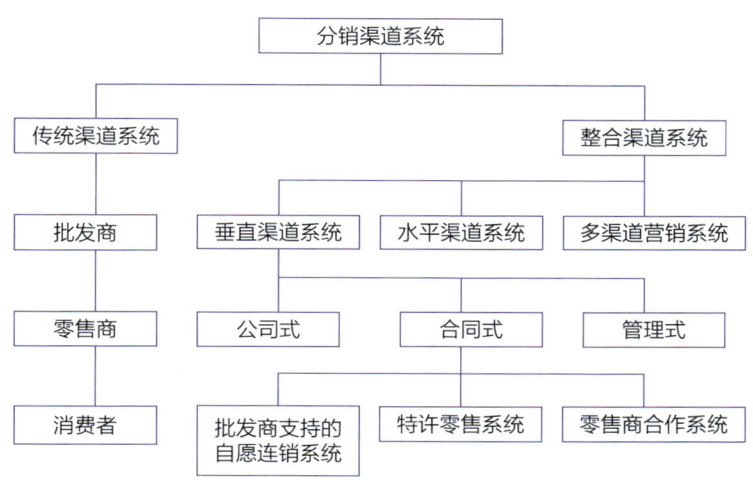

图 7-7 分销渠道系统

案例

广东湛江家用电器公司吃尽了只管盲目生产，不问销售状况的单纯性生产的苦头。之后，他们吸取教训，自1980年起成立了拥有170多人的经销科，并围绕产品的销售，提出"四面出击，服务至上，直线销售"的十二字方针。首先是公司建立庞大的销售系统，并选择产品联销单位和代理人，采取"让利联营，赊账批发"等办法，使对方有利可图，乐意帮助公司开拓市场。这样一来，生意越做越大，经销科的推销员不辞劳苦，足迹遍布长城内外、大江南北。他们只身在外，可以随时拍板做生意，花钱登广告，并根据实际情况，灵活确定联营单位和代理人。其次是服务至上，对市场进行高强度渗透。公司在遍布全国的销售量较大的地方建立了100多个维修站，为本公司产品专营维修服务和一年保修，使得对公司的信任感、购买安全感在顾客的心目中扎根，使产品的后续消费者源源不断。第三是全国联网，掌握市场。全国1000多个联营销售点联成一体，其中任何一个销售点都可凭公司的电话或电报到另一个销售点以出厂价调货，即可使他们互通有无，掌握市场，发展市场，也避免了脱销和积压现象。

四、分销渠道管理

企业在对影响分销渠道的各种因素进行全面分析的基础上，实施对分销渠道的管理，包括对中间商的选择和对分销渠道的控制等。

1. 选择市场中间商的条件和步骤

中间商的质量和素质的好坏，直接关系到产品在市场上的销路和信誉。因此，选择中间商不能仅凭主观印象或个人好恶，而应确定评价标准，慎重考察和选用。

（1）中间商经营的范围与市场。企业的目标市场应与将要选择的中间商所经营市场范围相一致，与本企业的产品销路相对口。

（2）中间商的销售能力。应了解该中间商的市场渗透能力是否强，是否有一支训练有素的推销队伍，是否有懂自己产品技术的专门人才来推销，中间商的管理层是否精通业务和具备一定的专业知识以及有较高的理论素质等。

（3）中间商的财务实力。应选择资金较雄厚、财务状况较好的中间商，如此一来，对方才可以在企业需要时提供财务帮助，如提供预付货款、分担销售费用、为企业担保等。

（4）中间商的储运条件。应选择具备足够的仓库、运输工具以及具备必要的冷藏、保温、保鲜设备的中间商，因为这样可以保证产品的保存和销售。尤其是对于某些商品，如鲜活商品来说，有无专用的运输设备，仓库能否控制温度等条件，是企业选择的先决条件。

（5）中间商的信誉。应选择能得到社会信任和尊敬的中间商，这样可以得到对方企业的真诚合作，同时有利于企业产品的市场竞争。

案例

宝洁和沃尔玛：对手变盟友

一份战略联盟协议让沃尔玛和宝洁化干戈为玉帛，成为供应链中的合作伙伴，从而结束了二者长期敌对的局面。

宝洁是消费型产品的全球领导者，零售巨擘沃尔玛是它的大客户之一。在20世纪80年代中期，这两家巨型企业之间的关系变得剑拔弩张。宝洁的促销力度很大，给零售商很大的折扣优惠。沃尔玛趁机以超出常规的购买量大量吃进并囤积宝洁的产品。

这就给宝洁造成了很多麻烦，它生产太多，伤害了现金流。为了提高现金流，宝洁于是提供更多的推广优惠，而沃尔玛的反应是买得更多，于是这两家公司之间的恶性循环就这样持续下去。

于是，宝洁下决心要化敌为友，向沃尔玛抛出了成立战略联盟的橄榄枝。

第一个难题是如何组建一支由双方的管理人员所组成的运作团队，他们举行了数天的研讨会，通过运用系统思维工具，在共同的商业活动将会给双方带来的结果方面达成了共识。来自宝洁和沃尔玛的管理者们发现，彼此的举措原来可以是合理的，而不是自利的行为。

充分理解对方的需要之后，这两家公司在双赢战略的基础上开始合作，而宝洁也无须再向沃尔玛提供折扣。"这个战略实施非常成功，于是被推而广之——宝洁甚至几乎停止了所有的降价推广活动，为此它几乎得罪了整个零售业。但是这样做的结果却是，宝洁的盈利大幅攀升。"

为了使合作可以运转，这两家公司把软件系统连接到一起，很多信息都实现了共享。据报道，现在，当沃尔玛的分销中心里宝洁的产品存货量低时，它们的整合信息系统会自动提醒宝洁要补货了。

该系统还允许宝洁通过人造卫星和网络技术远程监控沃尔玛每个分店的宝洁产品专区的销售情况，而网络会把这些信息实时反映给宝洁的工厂。宝洁的产品无论何时在收银台扫描，这些工厂都可以知道。这些实时信息使宝洁能够更准确地安排生产、运输，以及为沃尔玛制订产品推广计划。节省下来的库存费用就使得宝洁可以向沃尔玛提供更加低价的产品，这样沃尔玛就能继续它的"每日低价"策略了。

2. 渠道控制

企业对渠道的控制应是间接的，而不是直接的。因为中间商是独立的经济实体，而不是企业的下属机构，企业无权直接插手。除非企业成立自己的分销系统，如无此条件，则应设法对渠道实施有限度的控制，这往往是企业能够在市场获得成功的因素之一。

（1）通过签订合同或协议来提出制约性要求。企业可以使中间商了解企业的营销目标，要求中间商在一定时间内完成一定的销售量，要求中间商在推销产品时不得损害本企业的利益。

（2）确定评价中间商工作绩效的各种标准。确定评价中间商工作绩效的标准包括销售目标、市场份额、平均存货水平、向顾客交货时间等。标准应尽量具体，这样评价起来就较准确。

（3）衡量销售渠道的效能。企业定期考察中间商的销售额、市场覆盖面、提供服务情况、付款及利润情况。同时，检查每个中间商同时经销多少种与本企业相竞争的产品；检查中间商是否及时发出订货单；检查哪些中间商在积极努力地推销本企业的产品；检查中间商的销售渠道所定价格的合理程度以及广告宣传效果等。这样，就可以鉴别出对企业有最大贡献的中间商。同时，可以激励成绩不佳的中间商。如激励无效，此中间商已危及企业最高利益时，应当机立断更换中间商。

（4）激励并协助中间商。企业激励中间商的方法主要是：了解他们的经营目标和要求，必要时做出一些让步；提供市场需要的优质产品；给予中间商适当的盈利、独家营销权或其他一些特许权；为产品多做广告，提高产品的知名度。企业协助中间商，主要是协助他们的销售促进活动，如应经常派人去店协助进行产品陈列、展销、操作表演；**提供商业咨询以及帮助训练推销人员和维修人员，进行技术指导等；协助他们搞好经营管理，帮助他们总结经验教训，在困难时与他们同舟共济**。此外，可以适当地提供财务协助，如允许较长的付款期和为其财务担保等。

3．渠道调整

随着市场和环境的变化，企业的分销渠道系统应根据其变化而进行调整。当然，一般来说，销售渠道的选择应相对保持稳定，但不可能一成不变。当以下情况出现时，则应及时调整。

（1）企业的实力变化时。如果企业实力增强，就可建立自己的销售系统。这时，可以保留较强的中间商，淘汰成绩不佳的中间商，增加渠道投资。

（2）产品销售量变化较大时。当企业的销售量增减变化较大时，应及时调整销售渠道，改变使用中间商的人员和数量，重新确定运输、库存、保管产品的方式和仓库位置以及数量。

（3）新产品投入市场初期。如果现有的渠道不适合推销新产品的需要，应及时调整渠道，如增减某条市场渠道，或是增减个别渠道成员。

（4）企业的市场环境发生变化时。当企业的市场环境发生政策性变化、消费结构或消费习惯发生变化或企业的竞争环境发生变化的时候，企业应适当调整原有的销售渠道。根据当时的具体情况，企业或是调换新的中间商，或是变换直接渠道和间接渠道，或是调整长渠道和短渠道，或是变换宽渠道和窄渠道，甚至创建新的渠道系统，以适应市场的新动态。

| 阅读与思考 |

党的二十大报告中提到：

全面推进乡村振兴。全面建设社会主义现代化国家，最艰巨最繁重的任务仍然在农村。坚持农业农村优先发展，坚持城乡融合发展，畅通城乡要素流动。加快建设农业强国，扎实推动乡村产业、人才、文化、生态、组织振兴。

请同学们讨论分析：农民增收致富都有哪些渠道？农产品的售卖适合采用何种渠道？

任务二 渠道组合策略

销售渠道类型繁多，企业在建立渠道时，一般需要考虑渠道的长度、宽度以及渠道系统，然后采取相应的策略。

一、渠道长度策略

渠道长度策略就是根据渠道级数的多少来确定渠道的长短。根据产品性质，分销渠道可以分为消费品销售渠道和工业品销售渠道两大方面。消费品销售渠道的结构包括五种形式：

生产者—消费者

生产者—零售商—消费者

生产者—批发商—零售商—消费者

生产者—代理商—零售商—消费者

生产者—代理商—批发商—零售商—消费者

工业品销售渠道的结构，包括四种形式：

生产者—工业品用户

生产者—批发商—工业品用户

生产者—代理商—工业品用户

生产者—代理商—批发商—工业品用户

在上述分销渠道中，消费品销售渠道结构的第一种形式称为直接渠道，其特点是不以中间商为交换媒介；第二、三、四、五种形式称为间接渠道，其特点是以中间商为交换媒介。

1．直接渠道

直接渠道，也称零级渠道，是由生产厂家将产品直接销售给消费者。直接销售的基本特征是生产和流通的职能都由生产者承担，实行产销直接见面。直接销售主要有六种方式：上门推销、邮售、电话销售、合约销售、制造商自设商店、消费者或用户直接向生产者订货。

直接渠道的优点很多：生产者和消费者直接接触，生产者能及时、具体、全面地了解消费者的需求以及市场变化的情况，从而能及时地调整生产经营决策；能为消费者提供较好的售前售后和技术咨询服务；销售环节少，商品能很快地到达消费者手中，从而缩小商品流通时间，减少流通费用，提高经济效益。

直接渠道的缺点是：由于直接销售，生产者要设置销售机构、销售设施、销售人员，这就相应增加了销售费用，同时也分散了生产者的精力；由于生产者自有的销售机构有限，从而限制了产品流通的范围，不利于生产的发展；由于生产者要自备一套产品库存，这就减缓了资金周转速度，从而减少对生产资金的投入，此外，生产者还要多负担储存费、产品损耗等；由于直接销售，产品库存集中在生产者手中，若市场供求关系发生变化，销售困难，价格下降，生产者要承担全部损失，因此，市场风险很大。

2．间接渠道

间接渠道的基本特征是生产者和消费者之间加入商业中介机构的转手买卖活动，由商业中介机构专门承担产品流通的职能。间接渠道的形式有：各类批发商、零售商、代理商、经纪商等。间接渠道是产品分配的主要类型，此外，许多工业品也是通过若干中间商转卖给消费者和用户的。

间接渠道的优点是：生产者不必花费大量的人、财、物去直接和大量的消费者交易，只和数量有限的中间商交易，减少了交易次数，节省花费在销售上的消耗；可以借助中间商丰富的销售经验和市场知识、良好的声誉、畅通的销售网络来扩大产品销售范围，提高市场占有率；由于通过中间商销售，生产者无须再设置产品销售库存，从而加快资金周转，增加对生产的资金投入，减少了产品储存费用和损耗费用；中间商具有挑选、整理、分装、装配、加工能力，就可以把生产中的一些工作转到中间商这里，从而减少生产者的生产工序，也使产品更方便销售，更适应消费者的需求；由于拥有庞大的销售网络，中间商能收集大量的信息，掌握市场动态，并可以引导消费，指导消费。

间接渠道的缺点是：增加了销售环节。销售费用增加，流通时间也增加了；由于中间商对生产过程和技术要求不是很了解，所以难以提供完善的、良好的售前售后和技术咨询服务等。

3．渠道长度策略的选择

一般认为，生产者—批发商—零售商—消费者（包含两个中间层次）的模式是典型的市场营销渠道类型，中间层次的多少可称为渠道的长度。

分销渠道的长与短仅为形式不同，并不能表明它们孰优孰劣。因为随着分销渠道的长短变化，一种产品既定的市场营销职能不会减少或扩增，而只是在参与流通过程的机构之间转移替代或分担。例如，一家企业决定改由自己直接向消费者推销产品，这样，收益虽然多了，但是，由于承揽了原批发商、零售商的工作，费用也随之增大。因此，渠道长度策略的关键点是选择适合自身特点的渠道类型，权衡利弊得失，以扩大经营效益为目的。目前，企业大多采用多渠道推销产品，提高市场渗透力，以适应不同市场的需求。

二、渠道系统策略

渠道系统策略是整个营销系统的重要组成部分，它对降低企业成本和提高企业竞争力具有重要意义。以下是关于渠道系统策略的一些关键点。

渠道的拓展方向：企业需要确定其渠道的拓展方向，这包括确定目标市场、评估潜在渠道伙伴以及制订拓展计划。

分销网络建设和管理：企业需要建立和管理一个有效的分销网络，以确保产品能够顺利地流向消费者。这包括选择合适的分销商、建立分销协议、管理库存以及解决分销过程中的问题。

区域市场的管理：企业需要对其区域市场进行管理，以确保在各个区域都能实现销售目标。这包括了解区域市场的特点、制定区域销售策略、管理销售团队以及评估销售绩效。

营销渠道自控力和辐射力的要求：企业需要确保其营销渠道具有足够的自控力和辐射力，以便能够有效地推广产品并吸引消费者。这包括选择合适的渠道类型、制定渠道推广策略、管理渠道关系以及评估渠道绩效。

在制定渠道系统策略时，企业需要充分考虑其产品特性、市场需求以及竞争状况等因素。同时，企业还需要不断地优化其渠道系统，以适应不断变化的市场环境。

任务三 影响渠道选择的因素

每一个生产者在产品生产出来以后,都会面临如何正确选择产品销售渠道的问题。产品销售渠道选择得合不合适,对产品销售是至关重要的。只有对影响销售渠道选择的各种因素进行认真的分析,才能做出正确的决策。影响渠道选择的因素主要有以下几个方面。

一、产品性质和特点

1．单位价值

产品的单位价值越低,一般销售渠道也越长。因为这种产品通常是一些常用的日用品,只有销售面广,数量多,才能达到规模效益。而产品的单位价值高,销售渠道相应就较短。因为这种产品通常是一些高档耐用品,销售数量较少,销售时对销售设施和技术服务要求较高。例如,价值贵重的珠宝首饰、貂裘大衣,制造商往往是直接交给百货公司销售的。

2．产品的体积与重量

如果产品的体积庞大、笨重,考虑到运输、储存费用等条件,宜选择直接销售或短渠道销售,以减少中间环节,节省费用,减少损耗。

3．易腐性

凡是保鲜要求高,易腐坏的产品,如鲜果、鲜蛋、鲜水产等,需迅速通过渠道,及时供应市场,以求在最短的时间内以最快的速度把产品推销出去,所以渠道要短。

4．时尚性

式样、花色、品种变化快的产品,时效性强,如时装、新奇玩具等,销售渠道宜短,以求速售。

5．技术性

工业产品技术要求高,售后技术服务要跟得上,企业通常都直接卖给工业用户,因为这有利于推销员当面详细介绍产品,保证技术服务的质量。

6．适用性

如果产品是定做的,用途较窄,就不宜经过中间商,可由生产者直接销售给消费者和用户。而标准品因具有一定的品质、规格和式样，消费面较广，销售渠道可长可短。

7．产品生命周期

新产品初上市，消费者不了解，新的中间商往往不愿推销，考虑运用原有的销售渠道推销；同时，为了尽快使产品进入市场，直接收集产品信息，投放资金，加强促销，采用直接销售和短渠道销售。在产品成熟期和衰退期，宜采取间接销售和长销售渠道，以减少风险。

二、市场因素

1．潜在顾客数量

市场潜量越大，越需要利用中间商，采用间接销售；如果市场潜量小，企业可直接使用推销员推销，或选择少数大代理商、零售商推销。

2．市场范围的大小

市场范围大，说明现实的与潜在的顾客数量多，分布广，更需要中间商提供服务，销售渠道就长；如果销售的分布范围小，市场范围就小，生产者直接销售为好。

3．售出批量的大小

顾客一次性购买批量大的，交易次数少，可选择直接销售；而交易次数频繁，数量零星的，就需要较长渠道。

4．消费者购买习惯

对于日用消费品，需求较为固定，顾客希望在最方便的地方买到，因此，要用广泛的销售渠道，让为数众多的零售商把产品卖给消费者。对特种商品，不宜广泛采用中间商，因为消费者习惯于选择专门商店或规模大、供应品种多而服务好的商店购买。

5．市场的其他特点

竞争者销售渠道、市场需求、销售季节性等因素的变化，也是企业选择渠道时应注意的方面。

三、企业自身的因素

1．企业声誉

声誉高、名气大的公司，产品较为优良，信用卓著，可自由选择销售渠道，甚至建立自己的渠道系统，既可以与消费者建立良好的公共关系，又可以多获得利润，占有较大优势。而正在发展中的微型企业，则大概率要依赖中间商提供服务。

2．企业规模

企业规模大，资金雄厚，可建立自己的销售力量，因此，渠道较短；反之，则应利用中间商提供销售过程服务。

3．企业管理能力

企业如果具有丰富的营销知识、经验和技巧，较强的经营能力，就可不必依赖中间商而开展直接销售，或是越过批发商直接向零售商供货；而缺乏销售经验的公司，最好选择可靠、有信誉、有实力的批发商为其服务。

4．可提供的服务

生产者如果能提供良好的服务，愿为其产品做大量广告，并承担广告费用，或是能满足中间商的要求，加强售后服务等，中间商大多乐意为其销售，就可以扩大渠道的宽度；反之，则应控制中间商的数量。

四、环境因素

1．法律法规与政府规定的限制

企业必须遵守目标市场的法律法规和政府规定等，如国家规定的专卖专营产品。尤其在国际市场上，有些发展中国家政府规定，某些进口业务必须由国家企业经办；有的国家不允许跨国公司在该国办公司，直接分销；有的国家则规定抽取代销税，使得该国代理商都愿意表面买断而实际代理，从而抽取佣金。

2．经济形势因素

当经济繁荣时，消费增长，市场容量增大，此时可采用较长较宽的分销渠道。在经济萧条阶段，通货紧缩，市场需求下降，生产企业都希望采用使最终消费者负担最轻的销售方式，因此，只能是控制和降低产品的最终价格，所以，必须尽量减少不必要的流通环节，使用较短的分销渠道，甚至直接销售。

| 阅读与思考

高级手表、普通自行车、刮脸刀片、可乐等产品分别适合哪种分销形式？

任务四 分销渠道策略与设计

一、营销渠道设计的目标

营销渠道设计是指为实现营销目标，对各种备选渠道结构进行评估和选择，从而开发新型的营销渠道或改进现有营销渠道的过程。

渠道目标是渠道设计者对渠道功能的预期，体现着渠道设计者的战略意图。分销渠道目标的确定首先必须是以消费者的需求为核心。渠道设计的目标主要有以下几个方面。

（1）顺畅，保证产品以最短的时间送到消费者手中。这主要是满足目标消费者时效的要求。

（2）便利，使顾客方便购买。

（3）开拓市场，增加新顾客、发现新用途。非传统渠道使得消费者能在方便的地方购买商品和得到服务。

（4）提高市场占有率，增加新顾客、提高重复购买率、激活休眠客户。

（5）扩大品牌知名度，增强顾客对产品的认知，树立产品在顾客心目中的地位。

（6）经济性，建立低成本上的分销策略使企业能赢得需求弹性大的市场部分，将费用节约的好处让给消费者，并通过挑战竞争对手的价格而获得满意的利润。

（7）市场覆盖面及密度，销售网点的建立和维护。制造商往往通过两条以上竞争的分销通路销售同一商标的货物，或销售两种商标的基本相同的产品。

（8）控制渠道，实现高效率的渠道网络和渠道整合。为了实现以上目标，首先要考虑两个匹配，即产品与市场的匹配和渠道与客户购买行为的匹配。

二、企业渠道设计的原则与步骤

1．渠道模式设计的原则

（1）畅通高效原则。畅通的分销渠道应以消费者需求为导向，将产品尽快、尽好、尽早地通过最短的路线，以尽可能优惠的价格送达消费者方便购买的地点。

（2）覆盖适度原则。随着市场环境的变化及整体市场的不断细分，原有渠道已不再能达到厂商对市场份额及覆盖范围的要求，而且消费者购物偏好也在变化，他们要求购买更便捷，更物有所值，或更有选择余地，此时，厂商应深入考察目标市场的变化，及时把握原有渠道的覆盖能力，并审时度势，对渠道结构做相应调整，勇于尝试新渠道。

（3）稳定可控原则。只有保持渠道的相对稳定，才能进一步提高渠道的效益。但由于影响分销渠道的各个因素总是在不断变化，一些原来固有的分销渠道难免会出现某些不合理的问题。这时，就需要分销渠道具有一定的调整功能，以适应市场的新情况、新变化，保持渠道的适应力和生命力。调整时应综合考虑各个因素的协调，使渠道始终都在可控制的范围内保持基本的稳定状态。

（4）协调平衡原则。企业在选择、管理分销渠道时，不能只追求自身的效益最大化而忽略其他渠道成员的局部利益，应合理分配各个成员间的利益。

（5）发挥优势原则。企业在选择分销渠道模式时为了争取在竞争中处于优势地位，要注意发挥自己各个方面的优势，将分销渠道模式的设计与企业的产品策略、价格策略、促销策略结合起来，增强营销组合的整体优势。

2．中国渠道的4大变化趋势

（1）通路结构：从多层次长渠道向扁平方向变化。厂家—总经销商—二级批发商—三级批发商—零售店—消费者，此种渠道层级可谓传统销售渠道中的经典模式。在供过于求、竞争激烈的市场营销环境下，传统渠道存在着许多不可克服的缺点。为迎合消费者偏好的变化，需对渠道结构进行调整，要求厂商作为产品或服务的供给者，应顺应渠道变化的趋势，制定符合企业发展目标的渠道策略。因此，许多企业正将销售渠道改为扁平化的结构，即销售渠道越来越短、销售网点则越来越多。销售渠道短，增加了企业对渠道的控制力；销售网点多，则增加了产品的辐射面和销售量。

渠道扁平化应该到什么程度，目前厂商和中间商并没有明确的目标。但是就中国的具体国情来讲，有一点可以明确，那就是核心代理是渠道不可或缺的。因为国内市场区域广阔，地方经济发展不平衡，各地区人文特点差异较大，靠厂商独立推广产品，无法针对不同的区域特点有的放矢，往往花费很大代价却得不到预期的效果，而代理商恰好解决了这些问题。

（2）通路运作：分销渠道的一体化倾向。由于城市化和消费者购物先后顺序的变化，对交通服务设施等提出了更高的要求，买方市场格局的出现，使生产—分配—交换—消费中各个环节的相对重要性发生了历史性的变化，生产商更加依赖批发商和零售商所能提供的有限市场，出现了纵向一体化——生产企业与流通企业合资经营的渠道形式。为了应付日益复杂的环境，许多生产商、批发商和零售商组成统一的系统，以降低交易费用、开发技术、确保供应和需求。

（3）通路关系：由商业利益（利用）关系向共赢的合作伙伴关系变化。传统的渠道关系是每一个渠道成员都是一个独立的经营实体，以追求个体利益最大化为目标，甚至不惜牺牲渠道和厂家的整体利益。在伙伴式销售渠道中，厂家与经销商一体化经营，实现了厂家对渠道的集团控制，使分散的经销商形成一个整合体系，渠道成员为实现自己或大家的目标共同努力，追求双赢（或多赢）。

（4）通路重心：渠道重心由总经销商向终端市场建设转化。成功企业开始以终端市场建设为中心来运作。一方面通过对代理商、经销商、零售商等各环节的服务与监控，使自身的产品能够及时、准确而迅速地通过各渠道环节到达零售终端，提高产品市场展露度，使消费者买得到；另一方面，在终端市场进行各种各样的促销活动，提高产品的出现率，激发消费者的购买兴趣。

3．渠道设计的步骤

斯特恩等学者通过对许多家大型公司的长期研究，总结出"用户导向分销系统"设计模型，如图7-8所示，将渠道战略设计过程划分为五个阶段，共14个步骤。

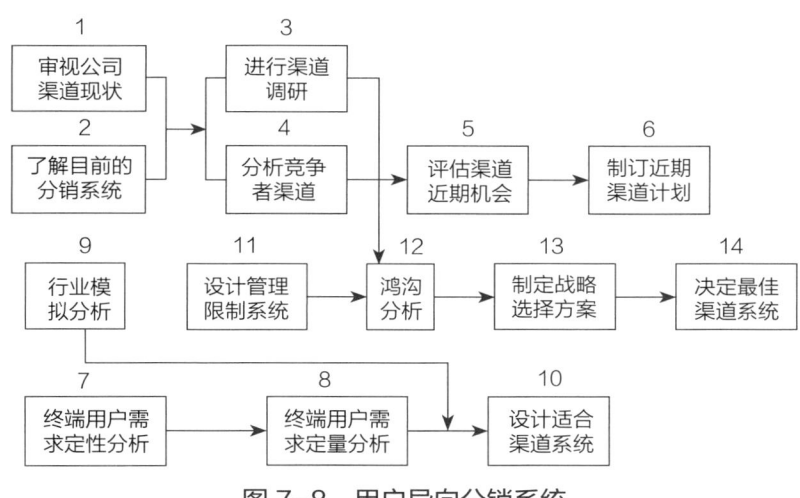

图 7-8　用户导向分销系统

（1）分析当前环境与面临的挑战（步骤1～步骤4）。要求通过这些步骤，对目前分销渠道的状况、覆盖的市场范围及其对公司的绩效等方面的影响，有一个清晰的认识和准确的把握。

步骤1：审视公司渠道现状。通过对公司过去和现在销售渠道的分析，了解公司以往进入市场的步骤，各步骤之间的逻辑联系及后勤、销售职能；公司与外部组织之间的职能分工，现有渠道系统的经济性（成本、折扣、收益、边际利润）。

步骤2：了解目前的分销系统。即了解外界环境对公司渠道决策的影响，例如宏观经济、技术环境和消费者行为等环境要素对分销渠道结构的重要影响。渠道设计者有必要认真分析下列因素：①行业集中程度；②宏观经济指数；③当前和未来的技术状况；④经济管理体制；⑤市场进入障碍；⑥竞争者行为；⑦最终用户状况；⑧产品所处的市场生命周期阶段；⑨市场密度与市场秩序。

步骤3：进行渠道调研。对公司及竞争者的渠道环节、重要相关群体和渠道有关人员进行调查分析，获取现行渠道运作情况、存在问题及改进意见等方面的第一手资料。

步骤4：分析竞争者渠道。分析主要竞争者如何维持自己的地位，如何运用营销策略刺激需求，如何运用营销手段支持渠道成员等。

（2）制定近期的渠道对策（步骤5～步骤6）。在这一阶段，设计者应根据前面调研分析结果，把握渠道战略可能做出某些调整的机会，进行短期"快速反应"式调整。

步骤5：评估渠道近期机会。分析竞争者的渠道策略变化带来的机会。

步骤6：制订近期渠道计划。这是一个将焦点放在短期策略上的计划，即"快速反应"计划。这种计划通常是对原渠道策略的适时、局部调整。

（3）设计"理想"的渠道系统（步骤7～步骤10）。这一阶段要求设计人员"忘掉"以前已有的分销渠道，摒弃惯性思维，一切从零开始进行全新渠道的设计。

步骤7：终端用户需求定性分析。该步骤一般要考察四个因素，即购买数量、分销网点、运输和等待时间以及产品多样化或专业化。

步骤8：终端用户需求定量分析。在了解消费者（用户）需要何种服务产出的基础上，本步骤将进一步了解这些服务产出（如地点便利性、低价、产品多样性、专家指导等）对用户的重要程度，并比较分析这些特定要求对不同细分市场的重要性。

步骤9：行业模拟分析。这一步骤要求把思路拓宽，以便在依据用户"购买"属性和产出分类明确了细分市场的若干特征后，能从类似行业的成功经验中，吸取适应市场的渠道创新"营养"。

步骤10：设计适合渠道系统。目标是建立能最好地满足最终用户需求的理想分销渠道模型。该步骤的关键是要解决渠道功能即营销流程的设计，怎样才能以最低成本有效传递服务产出。理想渠道设计的另一个问题是明晰公司主要以什么手段来满足各个细分市场最终用户的需求。

（4）限制条件与鸿沟分析（步骤11～步骤12）。本阶段要求对拟出的理想渠道方案的现实限制条件进行调研分析，并比较分析理想渠道系统同现实渠道系统的差异，为最后选定渠道战略方案提供依据。

步骤11：设计管理限制系统。包括对管理者的偏见、管理目标和内部、外部强制威胁的详尽分析。本步骤主要通过与渠道方案的执行人员进行深入访谈，了解未来方案能否被认可和执行，了解传统观念和做法的力量有多强，以及了解渠道系统分析的约束条件，如是否有无法更改的行规。最后将所有合理或不合理的目标和限制条件明白地列出来，从而看到改变分销渠道的各种困难。

步骤12：鸿沟分析。这一步骤要对三种不同的分销系统进行比较，分析其差异，即鸿沟。这三种系统是：理想的（用户导向）系统、现有系统和管理限制的系统。

（5）选定渠道战略方案（步骤13～步骤14）。本阶段要根据前面调研分析的结果选择分销战略方案，设计构建最佳渠道系统。

步骤13：制定战略选择方案。首先检验管理偏见的有效性，将目标和限制条件陈述给企业外部人员和内部挑选出来的人，评估其合理性，是否不可改变，以及改变可能带来的损益，接着要召开非正式会议，分析说明管理层的定位和理想定位之间的差距。然后列出宏观环境和竞争机会的制约。最后，综合以上信息和意见，决定达至理想系统所需要的对原系统进行重新构建的原则。

步骤14：决定最佳渠道系统。最后一步是让理想的分销系统绕过管理层保留或认可的目标和制约，形成充分吸纳了整个过程中的合理要求的最佳分销渠道系统方案。

三、企业渠道设计因素分析

1．目标市场特性对渠道选择的影响

（1）顾客的规模与分布。顾客需求大、顾客数量多的话，采用长宽渠道，否则采用短窄渠道。

（2）购买特点。购买批量大、购买频率低、购买形式单一以及购买稳定的话，采用短窄渠道，否则采用长宽渠道。

（3）竞争状况。竞争激烈则采用短宽渠道，进行深度分销，否则采用长窄渠道。

2．产品特性对渠道选择的影响

（1）产品的价值、体积与重量。价值高、体积大、重量大采用短窄渠道，否则采用长宽渠道。

（2）产品的易损性与时尚性。易损、易腐蚀、流行性的产品采用短宽渠道，否则采用长宽渠道。

（3）标准化程度与附加服务。标准化程度高、附加服务少的采用长宽渠道，否则采用短窄渠道。

（4）产品生命周期。成长期、成熟期的采用长宽渠道，其他时期采用短窄渠道。

3．企业特性对渠道决策的影响

（1）企业的规模与声誉。规模大、声誉好的采用短渠道，否则采用长渠道（宽窄酌情而定）。

（2）企业销售人员的经验与服务能力。经验丰富、服务能力强的采用短渠道，否则采用长渠道。

4．环境特性对渠道决策的影响

（1）经济环境。高速经济增长时期采用长渠道，否则为短渠道。

（2）市场经营环境。市场不规范采用短渠道，否则采用长渠道。

四、日常中的渠道管理工作

1．销售部门的角色：织网与服务

（1）织网。扮演蜘蛛的角色，把厂家、中间商、用户（消费者）连接起来。

（2）服务。全方位的服务——进行服务营销。

①向工厂提供的服务：市场需求与竞争消息、产品开发方向、以市场为导向产品设计、建议弹性生产等；②向用户提供的服务：售前、售中、售后服务，让顾客买得放心、用得踏实；③向中间商提供的服务：存货管理、培训、促销员管理、促销活动组织与实施、资金管理、现代营销意识传播等。

2．分销渠道中存在的窜货问题

窜货又称倒货或冲货，是经销网络中的企业分支机构或中间商受到利益驱使，使所经销的产品跨地区销售，造成市场价格混乱，从而使其他经销商对产品失去信心，消费者对品牌失去信任的营销现象。窜货很大程度上在于利益驱使。跨区销售行为与市场发育程度具有十分密切的联系。许多海外著名的公司，已经在窜货控制方面为我国提供了可供借鉴的经验。这些经验集中到一点，便是经销管理到位、管理方法严谨、经销策略严密周到，特别是在对经销商、对市场的管理方面比较到位。

3．冲突的处理

（1）冲突的形式。

①横向冲突：是指同一渠道中同一渠道层次的中间商之间的冲突，可能出现在同类中间商之间，也可能出现在同一渠道层次不同类型的中间商之间。某些经销商为了牟取利益而违反与制造商签订的销售合同，将产品在应由制造商的其他经销商销售的区域低价销售，结果冲击了其他经销商的合法利益，在现阶段这种窜货行为的冲突比较常见；②纵向冲突：是指同一渠道中不同层次成员之间的冲突。例如批发商与零售商之间的冲突，批发商与制造商之间的冲突；③交叉冲突：是指当某个制造商建立了两条或两条以上的渠道向同一市场出售其产品或服务时，发生于渠道之间的冲突。

（2）冲突的内容。一般为降价、跨区域销售、承诺不兑现等。

（3）冲突的原因。

①角色错位。一个渠道成员的角色，是其在渠道中应当承担什么样的任务，以及使每一个渠道成员都可以接受、预见的行为规范。如果一个渠道成员的行为，超出了其他渠道成员预期可接受的范围，就会出现角色错位；②目标差异。如果同一渠道系统中的所有成员都有共同的目标，那么各自的效率和效益将会实现最大化。然而，事实上每个公司都是一个独立的法人实体，有自己的利益，有自己的目标，这些目标有些可能会重叠，而另一些则可能不相关，甚至背道而驰，这样就会产生冲突；③观点差异。观点差异是指渠道成员同一情景或对同一刺激做出的不同的反应；④沟通困难。沟通困难是指渠道成员之间不沟通、沟通缓慢或不准确甚至是错误的信息传递；⑤决策权分歧。决策权分歧是指渠道成员对于其应当控制的特定领域生意的强烈感受；⑥期望差异。期望差异是指不同的渠道成员对未来发展的不同估计、不同预期；⑦资源稀缺。资源稀缺是指由于渠道资源的分配不均而造成的冲突。

（4）处理冲突预防型方法。渠道成员如何应对冲突？这要分两种情况：一种是在第一时间控制冲突，在冲突的低级层次上就能将冲突控制，防止其演化升级到更高层次的冲突，这通常是通过建立制度化机制来解决。在冲突的萌芽阶段，渠道成员通常会制定一些政策来处理冲突，最后这些政策就变成了制度；另一种是在显性冲突出现后，采取某种行为方式来解决冲突，比如迁就、回避、妥协、合作等行为。下面就对这两个方面加以讨论。

①设计制度化机制以控制早期冲突。

■信息强化机制

所谓信息强化机制是指通过渠道成员之间充分的信息交流与沟通，实现信息共享，从而达到预防和化解渠道冲突的目的。通过信息强化机制，加强了渠道成员彼此的信任，从而能建立和维护彼此间的良好合作关系。

对于信息强化机制的具体实现方法有以下几种主要形式。

ⅰ．建立会员制度。通过会员制度，加强彼此的定期沟通和意见反映，以化解和预防会员间的冲突。

ⅱ．渠道成员间通过互派人员来加强沟通。由于深入到对方机构里工作，因此增强了相互了解。当互换人员回到各自的工作岗位后，更容易从对方的角度考虑问题，从而有利于加强彼此的理解、信任和合作。

ⅲ．渠道成员之间共享信息和成果。这种做法因为渠道成员之间共同分享某一方所拥有的技术、信息而加强了彼此的合作关系。

ⅳ．邀请渠道成员参与本企业的咨询会议或董事会议。这种做法可以促进渠道成员的信息交流，使企业在做决策时考虑到合作成员的要求，从而达到互相尊重和互相理解，有助于减少冲突。

②第三方机制。指冲突双方不是通过协商、说服等充分沟通的方式来达到彼此谅解和理解，最终达成共识、解决冲突，而是需要第三方通过调解或仲裁方式介入来解决冲突。调解机制的存在能够制止冲突，仲裁也同样是制止冲突的有效途径。仲裁可以是强制性的，也可以是自愿的。在强制性的仲裁程序中，法律要求各方把争端交由第三方，而第三方的决定是最终的和具有约束力的。

③建立产销战略联盟。是指从长远发展的角度出发，"产"方与"销"方（制造商与中间商、代理商与中间商、上游中间商与下游中间商）之间通过签订协议的方式，形成风险—利益联盟共同体，按照商定的营销策略和游戏规则，共同开发市场，共同承担市场责任和风险，共同管理和规范销售行为，并共同分享销售利润的一种战略联盟。对付渠道冲突最有效的办法是让渠道成员建立产销战略联盟，形成利益共同体，使矛盾双方成为一家人。

（5）处理冲突的治理型方法。

①回避、冷处理。即从冲突中退出，听任其发展变化。当冲突微不足道，然而冲突双方情绪过于激动而需要时间使他们恢复平静时，或当采取行动后所带来的负面影响超

过冲突解决后获得的利益时，回避就是一种不失为理智的策略。

②迁就、忍让。这是将他人的需要和利益放在高于自己的位置之上，以"他赢你输"来维持和谐关系的策略，是通过成全另一个渠道成员来强化关系的主动手段。它标志着一种合作的、互惠的真诚意愿，相应地将在一个更长时期内建立信任和承诺。

③强制、竞争。是指追逐自己的目标而忽视他人的利益，以牺牲一方为代价而满足另一方的需要。这种方式不做任何让步，导致的结果会加剧冲突，助长不信任和合作的破灭。在长期的合作关系中，渠道成员一般应尽量避免使用这种方式。

④折中、妥协。即要求双方都做出一定的让步，取得各方都有所赢、有所输的效果。当冲突双方势均力敌时，当希望对复杂的问题取得暂时的解决办法时，或者当时间要求过紧而需要一个权宜之计时，折中是合适的策略。

⑤合作、协同。这是一种双赢的解决方式，此时冲突各方都满足了自己的利益，使渠道成员获得双赢。这种策略要求各方之间开诚布公地讨论，积极倾听并理解双方的差异，对有利于双方的所有可能的解决办法加以认真考察。合作是一种理想的冲突解决策略，但并不是在任何条件下都可以采用。它需要双方的承诺，当双方都希望互利，且没有时间压力时，当问题十分重要而不宜妥协折中时，合作是最佳策略。

【课后练习】

一、单项选择题

1. 向最终消费者直接销售产品和服务，用于个人及非商业性用途的活动属于（　　）。
   A．零售　　　　B．批发　　　　C．代理　　　　D．经销
2. 以大批量、低成本、低售价和微利多销的方式经营的连锁式零售企业是（　　）。
   A．超级市场　　　　　　　B．方便商店
   C．仓储商店　　　　　　　D．折扣商店
3. 企业对中间商的基本激励水平应以（　　）为基础。
   A．中间商的业绩　　　　　B．企业实力
   C．交易关系组合　　　　　D．市场形势
4. 批发商最主要的类型是（　　）。
   A．商人批发商　　　　　　B．经纪人
   C．代理商　　　　　　　　D．制造商销售办事处
5. 宝洁产品多采用广告宣传，不进行过多的终端维护，然而经销商、零售商都钟爱宝洁的产品，宝洁的渠道控制属于（　　）。
   A．市场控制　　　　　　　B．利益控制
   C．品牌控制　　　　　　　D．产品控制

二、多项选择题

1. 分销渠道包括（　　）。
   - A．生产者
   - B．独立批发商
   - C．代理商
   - D．供应商
   - E．消费者

2. 影响分销渠道设计的因素有（　　）。
   - A．顾客特性
   - B．产品特性
   - C．竞争特性
   - D．企业特性

3. 经纪人或代理商主要分为（　　）。
   - A．产品经纪人
   - B．制造商代表
   - C．销售代理商
   - D．采购代理商
   - E．佣金商

4. 某企业的销售渠道是"生产者—零售商—消费者"，属于（　　）。
   - A．直接渠道
   - B．间接渠道
   - C．长渠道
   - D．短渠道

5. 中间商包括（　　）。
   - A．批发商
   - B．企业代理商
   - C．经纪商
   - D．采购商
   - E．零售商

三、判断题

1. 分销渠道是由一系列的中间商所组成的。（　　）
2. 中间商的出现是商品经济发展的必然产物。（　　）
3. 宽渠道是指制造商同时选择两个以上的同类中间商销售产品。（　　）
4. 运输与储存是产品物流的主要内容。（　　）

项目八

促销策略

学习目标

1．了解促销的作用。
2．理解促销的本质。
3．掌握促销组合的内容。
4．掌握促销的核心概念。

重点与难点

1．促销的内涵。
2．促销的基本内容。
3．促销的主要形式。
4．促销在企业中的地位。
5．结合实际,理解促销活动的意义。

能力目标

能够用各种促销方式展开活动。

导入案例

安踏集团正在同时抓三股风潮：新国货风潮、奥运会冬奥会风潮和未来5年的全民健身风潮。

安踏集团在新国货风潮中展现出了敏锐的洞察力和果断的行动力。他们选择聘请热爱运动的明星作为全球首席代言人，并通过强调自己的"新国货"身份，与国务院发布的《全民健身计划（2021年—2025年）》（以下简称《计划》）保持高度一致。这一举措不仅提升了安踏品牌的形象，也增加了其知名度。同时，安踏积极响应国家体育总局的倡议，携手明星共同担任冰雪运动推广大使，推动这项运动的普及和发展。这一行动为安踏品牌注入了新的活力和正面影响。此外，安踏还获得了北京冬奥会的特许授权，得以在产品上使用"国旗图案"。这一举措不仅体现了安踏作为品牌的国家荣誉感和民族自豪感，也为品牌带来了更多的曝光和关注。通过这些精心策划的举措，安踏成功地将自己塑造为新国货的代表品牌之一，吸引了大量消费者的目光和购买意愿。这为安踏未来的发展奠定了坚实的基础，并有助于在竞争激烈的体育用品市场中保持其领先地位。

2021年7月底8月初，安踏最忙的事是陪中国的运动员们在东京奥运会上领奖牌，因为安踏是中国代表团的指定领奖服装品牌。这届东京奥运会下来，安踏的Logo光是上冠军领奖台就上了38次。这两年运动服装行业里流行一句黑话，叫"不怕耐克和阿迪，就怕安踏带国旗"，说的就是这个。

不过除了当领奖服，在奥运会之前的7月初，安踏集团就发布了安踏这个主品牌在未来五年的新战略，说是要在未来五年内，让安踏这个主品牌实现18%~25%零售金额年复合增长。那具体怎么去实现它呢？安踏要在好几个角度都发力。比如，投入40多亿来做产品研发，而且是以跑步、篮球和女子品类作为核心品类，同时还要保住自己在儿童市场的领导地位；再比方说，未来两年要投入4个亿去提升数字化，未来五年会员要翻倍到1.2亿；再比方说，安踏还要借助赞助东京奥运会和北京冬奥会的影响力，在一二线城市，打造冠军店，冠军店主推的品牌概念要改成"爱运动 中国有安踏"，并且要用国家队级别的技术和材料来打造冠军系列的高端产品。这些目标和规划，紧跟时事，吻合了国务院在《计划》里面提的任务：高端制造、数字化、单项运动等。安踏的新战略里也专门说，计划到2025年，女性品类产品的流水规模要接近200亿。200亿什么概念？比2020年安踏品牌的总收入还多。安踏集团的总裁郑捷说，中国女性的健身活动频次已经比男性超出了25%，超过一半的女性每周保持三次以上的有规律的运动，而且女性每年平均健身支出也比男性要高出15%~20%，女性的运动服饰增长也要高出男性服饰2%~4%。这些数字都让安踏坚信，女性在未来会成为运动市场重要的增长热点之一。安踏集团要发力重构安踏这个主品牌，而且它重构安踏的思路，非常紧跟时事，很多动作都紧扣了

国务院新发布的《计划》。

【案例分析】

安踏集团成功地通过多个维度的营销手段提升了品牌的认知度、美誉度和市场份额。请同学们分小组讨论：安踏如何巧妙地运用明星代言和时事热点来推动品牌发展？安踏如何通过多元化的促销来满足不同消费者群体的需求？

任务一 促销与促销组合

一、促销的含义与作用

促销即促进销售，是指企业通过人员推销或非人员推销的方式，向目标顾客传递产品或劳务的存在及性能、特征等信息，帮助消费者认识产品或劳务所带给消费者的利益，从而引起消费者的兴趣，激发消费者的购买欲望及购买行为的活动。从这个概念可以看出，促销具有以下几层含义。

（1）促销的核心与本质是信息沟通。

（2）促销的目的是引发、刺激消费者产生购买行为。

（3）促销的方式有人员促销和非人员促销两类。

（4）促销的构成因素一般说来，主要包括广告、销售促进、公共关系和人员推销这四种方式。

在现代市场营销活动中，促销已远远超出推销的内涵。现代市场营销所需要的，不仅是要适应需求，而且要创造需求。因此需要有效的促销活动与之相配，具体来说促销有以下作用。

1. 传递信息，提供情报

在促销过程中，一方面企业或中间商向买方（中间商或消费者）传递有关企业产品特点、价格及服务质量和内容等信息，以便吸引消费者对产品或服务产生需求并采取购买行为；另一方面，买方向卖方反馈对产品价格、质量和服务内容、方式的要求等有关信息，促使生产者及中间商取长补短、更好地满足消费者的需求。

2. 突出特点，吸引消费者购买

在市场竞争激烈的情况下，企业不能仅靠提高产品质量来争取顾客，还要通过促销活动，展示自己产品的性能和特点，或显示产品能给消费者提供的满足程度及附加值等。促销便于消费者了解本企业产品与其他企业同类产品的差异性，使消费者认识到本企业产品的特点及所带来的利益，从而使消费者乐于购买本企业产品。

3. 稳定市场，促进销售

在激烈的市场竞争中，有些企业产品的市场地位常常不稳定，致使这些企业的产品销售波动较大。企业运用适当的促销方式，可使消费者对本企业产品加深了解，提高对企业产品的偏爱，进而稳住已有的市场，达到稳定和扩大销售的目的。

4. 刺激需求，扩大销售

需求是有弹性的，既可以扩大，也可以减少。企业通过各种有效的促销手段，不仅能够诱导和激发需求，还能在一定条件下创造需求。当企业营销的某种商品处于低需求时，促销可以招徕更多的消费者，扩大需求；当需求波动时，促销可以起导向作用，平衡需求；当需求衰退，销售量下降时，促销可以使需求得到一定程度的恢复。

二、促销组合及其影响因素

所谓促销组合，是指企业根据营销目标和产品的特点，综合影响促销的各种因素，对各种促销方式的选择、编配和运用。促销组合主要包括：人员推销、广告、营业推广、公共关系等。

不同的促销组合形成不同的促销策略，如以人员推销为主的促销策略，是采取主动的直接方式，即"推"式策略。推式策略，是指企业运用人员推销的方式把产品推向市场，先由企业（生产者）推向中间商，再由中间商推向消费者，如图8-1所示，其目的是说服中间商和消费者购买企业的产品。这种策略一般适合单位价值较高，性能复杂，需要做示范的产品以及流通环节较少、渠道较短和市场比较集中的产品，如机械设施、设备等。

以广告等非人员推销为主的促销策略，采取的是间接的方式，即"拉"式策略。拉式策略，是指企业运用以广告促销为主的方式，将顾客吸引过来，即由消费者向零售

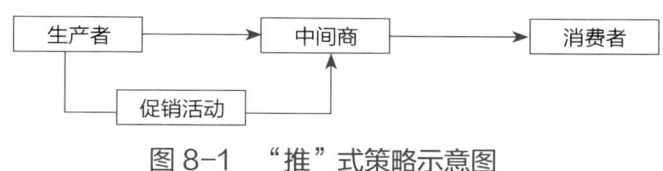

图8-1 "推"式策略示意图

商、零售商向批发商、批发商向生产者求购，由下至上，层层拉动，如图8-2所示。这种策略一般适合于单位价值较低，技术简单的产品以及流通环节较多、渠道较长和市场范围较广的产品，如日常消费品牙膏、洗衣粉等。

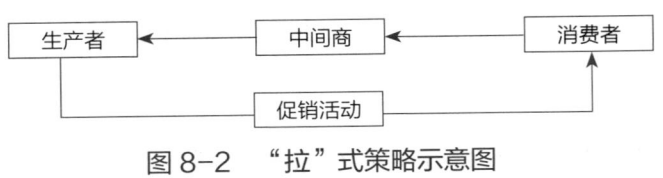

图8-2 "拉"式策略示意图

企业在促进产品销售的过程中，究竟是实行"推"式策略，还是实行"拉"式策略，要根据具体情况而定。一般来说，应当两者兼顾，各有侧重。因此，促销组合实质是综合运用促销方式，形成企业的一整套促销活动，其组合结构如图8-3所示。

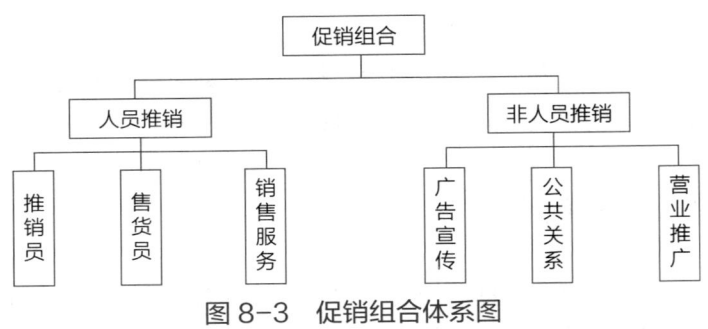

图8-3 促销组合体系图

影响促销组合的主要因素有以下几个。

1．促销目标

企业的促销目标是随着企业营销的不同阶段及营销环境的变化而变化的，因而促销目标是动态的。不同的促销目标需要不同的促销工具，其成本效益会有所不同。例如，广告、营业推广和公共关系在建立购买者知晓方面，比人员推销的效益要好。在促进购买者对企业及其产品的了解方面，广告的成本效益最好，人员推销居其次。购买者对企业及其产品的信任，在很大程度上受人员推销的影响，广告购买者订货与否以及订货多少主要受营业推广的影响，销售促进则是起了协调作用。

2．促销费用

促销费用是企业开展促销活动所必需的，企业究竟以多少费用用于促销活动，要根据市场竞争情况、企业的实力和产品的特点决定。一般来说，促销预算大，就可选择电视广告等费用较大的促销方式；反之，就选择花费较少的促销方式。企业制定促销预算的方法有：量力支出法，要求企业必须在估计本企业所能承担的能力之后安排促销预算。销售额百分比法，要求企业以一个特定的销售额或销售价百分比来安排促销预算。竞争对等法，以竞争对手的促销费用来安排自己的促销预算。目标任务法，要求企业必须依据特定的目标及其任务来估算所需费用，从而决定促销预算。

3．产品因素

这可以从产品性质和产品生命周期两方面考虑。

（1）产品性质。不同性质的产品，由于购买者的购买力的不同，因而需要采用不同的促销组合策略。消费品的促销组合次序依次为：广告、销售促进、人员推销、公共关系，其中以广告和销售促进为主；工业品的促销组合次序依次为：人员推销、销售促进、广告、公共关系，其中以人员推销为主。

（2）产品生命周期。在产品生命周期的不同阶段，促销的目的不同，因而要相应制定不同的促销组合：在投入期，促销的目的主要是使消费者了解和认识新产品，因而一般采取以广告为主，以人员推销和营业推广为辅的促销组合以引起消费者的购买欲望。在成长期，出现了竞争者，促销的目的发生了变化，由介绍产品发展到宣传产品特色，因此，主要采用以广告为主，人员推销、公共关系为辅的促销组合策略。在成熟期，竞争者增多，促销的目标是增进消费者的购买兴趣与对企业产品的偏爱，因此，仍然以广告为主，并适当采用营业推广。在衰退期，产品的销售量急剧下降，促销的目的是削减存货，减少费用，尽量保持足够的利润。因而促销费用不多，一般采用营业推广和人员推销的促销组合。

4．市场条件

市场条件的不同，也导致不同的促销组合。

（1）从市场范围来看，如果企业的目标市场是小规模的本地市场，则以人员推销为主；如果企业的目标市场是全国乃至世界市场，则应该采用以广告为主的促销策略。

（2）从市场性质来看，如果企业促销对象是消费者市场，因其消费者分布广，则应使用广告等非人员推销的方式；而对于产业市场，因其用户集中，主要采用人员推销方式。

（3）在有竞争者的条件下，制定促销组合和促销策略还应该考虑竞争者的促销形式与策略，并不断调整自己的促销组合和促销策略。

任务二 人员推销策略

一、人员推销的概念及特点

（一）人员推销的概念

所谓人员推销，是指企业通过派出销售人员与一个或一个以上可能成为购买者的人交谈，进行口头陈述，以推销商品，促进和扩大销售。

销售人员在企业和消费者之间起着关键性的纽带作用。许多情况下，销售人员同时服务于两个主体——买者与卖者。对于消费者而言，他们代表的是公司，必须找到和发现新顾客，向他们传播公司的产品和服务信息；对于公司而言，他们代表的是消费者，他们必须了解消费者，将消费者的意见反馈给公司。

（二）人员推销的特点

人员推销与非人员推销相比，具有不可替代的作用，其主要特点体现在以下几个方面。

（1）具有较强的针对性。

（2）信息传递的双向性。人员推销是一种典型的信息双向沟通的促销形式。一方面推销人员向顾客传递产品的质量、功能、使用、安装、服务价格等方面的信息；另一方面推销人员通过与顾客接触和有意识的观察调研，收集顾客对企业的产品与服务的评价，并不断反馈信息，为企业制定营销策略提供依据，从而提高企业的决策水平。

（3）推销过程的灵活性。推销人员通过与顾客直接接触，可以亲眼观察到顾客对其推销的反应，并根据顾客的不同反应和需求，有针对性地采取必要的协调行动，以适应顾客的行为和需要，促进交易的进行。

（4）推销过程的情感性。推销人员由于长期与顾客接触，可以"一回生二回熟"，促使买卖双方建立深厚的友谊，密切企业与顾客之间的关系，从而培养顾客的忠诚度，同顾客建立长期的关系，稳定产品的销售。

当然，人员推销也具有一些缺点，主要表现在：成本费用高，特别是在市场范围广和顾客分散的情况下，采用人员推销的方式，将受到较大的限制；对销售人员的要求比较高，随着科学技术的发展，新产品不断涌现，产品的技术日趋复杂，产品功能趋向多样化，因此要求推销人员必须熟悉产品的特点、功能、使用、维修等知识，而且要有较强的事业心、责任感，还要善于语言表达、有较强的观察力等。

二、推销人员的素质

人员推销是一个信息沟通过程,也是一个商品交换、技术服务过程,因此推销人员的素质十分重要。一个合格的推销人员应具备以下素质。

(1)思想道德素质。要求具有强烈的事业心和责任感。诚实、热忱、勇于进取、文明经商、有吃苦耐劳的精神。

(2)业务素质。要求熟悉企业、产品、市场、心理等方面的知识,能够灵活应变,有娴熟的技巧。

(3)行为标准方面,要求能团结协作、文明礼貌、举止适度、谈吐文雅、态度从容等。

三、推销人员的甄选与培训

(一)推销人员的甄选

推销人员的素质高低直接影响到促销活动与整个销售活动的成败,所以甄选高效率的推销人员成为销售决策中的首要问题,对企业开拓市场至关重要。它包括以下内容。

1. 推销人员的来源

推销人员的来源一般有两种:一是企业内部,即选拔本企业热爱、适合推销工作的人才;二是企业外部,即企业通过职业介绍所、广告等向社会公开招聘,从中挑选合格人才。

2. 推销人员甄选的方法

甄选的方法通常采取表格申请、笔试、面试相结合的方法,一般分为填写申请表格(据以判断其是否符合候选人的基本条件)、测验、面试(可以了解其语言能力、仪表仪态、面临窘境的处置方法以及知识的广度、深度等)、学历经验调查、体格检查、录用等程序。

(二)推销人员的培训

优秀的推销人员来自教育培训。企业不仅要对甄选确定的推销人员进行培训,还要对在岗人员进行培训,使他们适应市场形势发展的需要。

1. 培训的目的

企业对推销人员的培训目的是使推销人员掌握企业及其产品、竞争对手、顾客、工作程序与责任等方面的知识与技巧,提高业务素质。

2．培训的内容

一般包括企业知识（包括企业的历史、战略目标、组织机构、财务状况、主要产品的销售情况和政策、市场竞争对企业的影响等），产品知识（包括企业营销的范围、结构、产品的性能、用途、使用和保管方法等），市场知识（包括企业目标顾客的分布、需求特点、购买力水平、购买动机、购买行为以及市场情况、本企业的市场地位，竞争者产品的市场地位和营销措施等），推销技巧（包括推销原则和推销策略，推销人员的工作程序和责任，良好的个性，处理公众关系和人际关系的能力等），心理学知识与政策法规知识等。

3．培训的方法

培训的方法通常有三种：课堂讲授培训、模拟培训、实践培训。课堂讲授培训一般由专家讲授理论知识和推销的方法技巧；模拟培训则由推销人员模拟推销或分析推销实例；实践培训则由有经验的推销人员带领上岗、逐渐熟悉业务。

四、人员推销的形式、对象与策略

（一）人员推销的基本形式

一般说来，人员推销有以下几种形式。

1．上门推销

上门推销是一种常见的人员推销形式。它是由推销人员携带样品、说明书和订单等走访顾客，推销产品，如保险产品的推销。这是一种积极主动的"蜜蜂经营法"推销形式，可以针对顾客的需要提供有效的服务，为顾客广泛认可和接受。

2．柜台推销

柜台推销又称门对门推销，是指企业在适当地点设置固定的门市，由营业员接待进入门市的顾客，推销产品。这是一种"等客上门"式的推销方法。门市的营业员是广义的推销人员。门市的产品种类齐全，能满足顾客多方面的购买要求，为顾客提供较多的购买方便，并且可以保证产品安全无损，因此，柜台推销适合于零星小产品、贵重产品和容易损坏的商品。

3．会议推销

会议推销指的是利用各种会议，如在订货会、交易会、展览会、物资交流会等会议上向与会人员宣传和介绍产品，开展推销活动。这种推销形式具有接触面广，推销集中，可成交额较大，推销效果较好等特点。

（二）人员推销的推销对象

推销对象是人员推销活动中说服的对象，主要有消费者、生产用户和中间商三类。

1．向消费者推销

推销人员要了解消费者的有关情况，诸如年龄、性别、民族、职业、宗教信仰等，进而了解消费者的购买欲望、购买能力、购买特点和习惯以及消费者的心理反应等。对不同消费者，采用不同的推销技巧。

2．向生产用户推销

销售人员要了解生产用户的有关情况，诸如生产用户的生产规模、人员构成、经营管理水平、产品设计与制作过程以及资金情况等。推销人员还要能准确而恰当地介绍企业产品的优缺点，说明生产用户使用该产品后能得到的效益、帮助生产用户解决疑难问题，以取得用户信任，同用户建立长期的关系。

3．向中间商推销

向中间商推销也需要推销人员具备相当的业务知识和较高的推销技巧。在向中间商推销产品时，要了解中间商的类型、业务特点、经营规模、经济实力以及他们在整个分销渠道中的地位；要向中间商提供有关信息，为中间商提供服务，同中间商建立良好的关系，以扩大销售。

（三）人员推销的基本策略

在人员推销活动中，一般采用以下三种基本策略。

1．试探性策略

试探性策略也称为"刺激—反应"策略，即在对顾客不了解的情况下，推销人员运用刺激性手段引发顾客产生购买行为的策略。

2．针对性策略

针对性策略也称为"配方—成交"策略，是指推销人员在基本了解顾客某些情况的前提下，有针对性地对顾客进行宣传、介绍，以引起顾客的兴趣和好感，从而达到成交目的。

3．诱导性策略

诱导性策略也称为"诱发—满足"策略，是一种创造性推销策略。这种策略的特点是推销人员运用能激起顾客某种需求的说服方法，诱发、引导顾客产生购买行为。

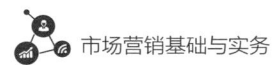

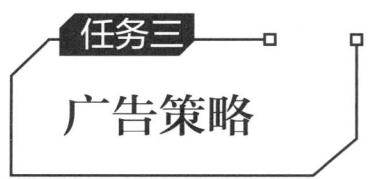

"商品如果不做广告,就好像一个少女在黑暗中向你暗送秋波。"西方流行的这句名言充分表现了广告在营销中的独特地位。

一、广告的含义和功能

(一)广告的含义

广告是广告主以付费的方式,通过一定的媒体有计划地向公众传递有关商品、劳务和其他信息,借以影响受众的态度,进而诱发或说服其采取购买行动的一种大众传播活动。

从以上定义可以看出,广告主要具有以下特点:①广告是一种有计划、有目的的活动;②广告的主体是广告主,客体是消费者或用户;③广告的内容是商品或劳务的有关信息;④广告的手段是借助广告媒体直接或间接传递信息;⑤广告的目的是促进商品销售或树立良好的企业形象。

(二)广告的功能

在当代社会,广告既是一种重要的促销手段,又是一种重要的文化现象。广告对企业、对消费者和社会都具有重要作用。

1. 广告对企业的功能

(1)传播信息,沟通产销。广告对企业的首要功能是沟通产销关系。所以,如果一个企业不善于做广告,就好像在黑暗中向情人暗送秋波。

(2)降低成本,促进销售。从绝对成本的角度看,上述四种促销方式中,广告的成本是最高的。但如果从相对成本的角度看,因为广告的大众化程度高,广告的成本又是比较低的。比如可口可乐,每年的巨额广告费平均分摊到每一个顾客身上只有0.3美分,但如果用人员推销成本则需60美元。据统计,在发达国家,投入一元广告费,可收回20~30元的收益。

(3)塑造形象。广告是塑造企业形象的重要手段。

2. 对消费者的功能

(1)指导消费。消费者获取商品信息的来源主要有四种,即商业来源、公共来源、人际来源和个人来源。广告是消费者重要的商业来源。可以说，在现代社会，面对琳琅满目的商品，如果离开了广告，消费者将无所适从。

（2）刺激需求。广告的一个重要功能就是刺激消费者的购买欲望，促使消费者对商品产生强烈的购买冲动。广告刺激的需求包括初级需求和选择性需求。所谓初级需求，是指通过广告宣传，促使消费者产生对某类商品的需求，如对电脑、汽车等的需求；选择性需求是指通过广告宣传，促使消费者产生对特定品牌的商品的需求，如联想电脑、红旗汽车等，引导消费者认品牌购买。

（3）培养消费观念。广告引导着消费潮流，促使消费者树立科学的消费观念。

3．对社会的功能

（1）美化环境，丰富生活。路牌广告、霓虹灯广告等，优化了城市形象，使都市的夜晚变得星光灿烂，绚丽多姿。因此，广告被称为现代城市的脸。优美的广告歌曲、绚丽的广告画面、精彩的广告词，也无不给人以艺术的享受。

（2）影响意识形态，改变道德观念。据调查，一个美国人从出生到18岁在电视中看到的广告达1800多个小时，相当于攻读一个短期大学所用的学时。所以，广告对社会的价值观念、文化传承都具有非常重要的影响。

二、广告促销方案的制定

对于广告在促销中的作用尽管存在争论，尽管中国的企业家对做不做广告表现的非常无奈，发出"不做广告是等死，做广告是找死"的感叹。但在市场上，中国企业对广告却始终情有独钟。这从中央广播电视总台每年黄金时段的广告招标金额节节攀升可见一斑。

显然，市场早已走进了"酒好也怕巷子深"的时代，当代企业所要考虑的并不是要不要做广告的问题，而是如何做出精品广告，从而赢得消费者对广告的信任的问题，这需要企业进行科学的广告决策。

企业的广告决策，一般包括五个重要的步骤，简称"5M"。

1．确定广告目标（Mission）

企业广告决策的第一步是确定广告目标。广告目标是企业通过广告活动要达到的目的，其实质就是要在特定的时间对特定的目标受众完成特定内容的信息传播，并获得目标受众的预期反应。

企业的广告目标取决于企业的整个营销目标。由于企业营销任务的多样性和复杂性，企业的广告目标也是多元化的。美国市场营销专家罗希尔·科利在《确定广告目标、衡量广告效果》一书中曾列举了52种不同的广告目标。

根据产品生命周期不同阶段中广告的作用和目标的不同，一般可以把广告的目标大致分为告知、劝说和提示3大类。

（1）告知性广告。告知性广告主要用于向市场推销新产品，介绍产品的新用途和新功能，宣传产品的价格变动，推广企业新增的服务，以及新企业开张等。告知性广告的主要目标是为了促使消费者产生初始需求。

（2）劝说性广告。在产品进入成长期、市场竞争比较激烈的时候，消费者的需求是选择性需求。此时企业广告的主要目标是促使消费者对本企业的产品产生"偏好"。具体包括，劝说顾客购买自己的产品，鼓励竞争对手的顾客转向自己，改变消费者对产品属性的认识，以及使顾客有心理准备乐于接受人员推销等。劝说性广告一般通过现身说法、权威证明、比较等方法说服消费者。

（3）提示性广告。在产品的成熟期和衰退期使用的主要广告形式，其目的是提示顾客购买。比如提醒消费者购买本产品的地点，提醒人们在淡季时不要忘记该产品，提醒人们在面对众多新产品时不要忘了继续购买本产品等。

2．制定广告预算（Money）

广告目标确定后，企业必须确定广告预算。广告预算是否合理对企业是一个至关重要的问题。预算太少，广告目标不能实现；预算太多，又造成浪费，有时甚至决定企业的命运。

确定广告预算的方法，主要有四种，即量力支出法、销售额百分比法、目标任务法和竞争对等法。基本操作如前所述，但企业在确定广告预算时必须充分考虑以下因素。

（1）产品生命周期。产品在投放期和成长期前期的广告预算一般较高，在成熟期和衰退期的广告预算一般较低。

（2）市场占有率的高低。市场占有率越高，广告预算的绝对额越高，但面向广大消费者的产品的人均广告费用却较低；反之，市场占有率越低的产品，广告预算的绝对额也较低，但人均广告费并不低。

（3）竞争的激烈程度。广告预算的多少与竞争激烈程度的强弱成正比。

（4）广告频率的高低。广告频率的高低与广告预算的多少成正比。

（5）产品的差异性。高度同质性的产品，消费者不管购买哪家企业生产的都一样，广告的效果不明显，广告预算低；高度差异性的产品，因为具有一定的垄断性，不做广告也会取得较好的销售效果。而具有一定的差异性但这种差异又不足以达到垄断地位的产品，因为市场竞争激烈，广告预算反而比较多。

3．确定广告信息（Message）

广告的效果并不主要取决于企业投入的广告经费，关键在于广告的主题和创意。广告主题决定广告表现的内容，广告创意决定广告表现的形式和风格。只有广告内容迎合目标受众的需求，广告表现具有独特性，广告才能引人注意，并给目标受众带来美好的联想，并促进销售。

广告的信息决策一般包括3个步骤。

（1）确定广告的主题。广告主题是广告所要表达的中心思想。广告主题应当显示产品的主要优点和用途以吸引消费者。对于同一类商品，可以从不同角度提炼不同的广告主题，以满足不同消费者的需要和同一消费者的不同需要。

广告信息的产生，可以通过对顾客、中间商、有关专家甚至竞争对手的调查来获得创意。西方的营销专家认为，在消费者购买商品时期望从中获得四种不同的利益：理性的、感性的、社会的和自我实现的。产品使用者从使用后效果的感受、使用中的感受和附加效用的感受三种途径中实现这些满足。将上述四种利益和三种途径结合起来，就产生了12种不同的广告信息，从每一种广告信息中可以获得一个广告主题。在企业广告活动中，常用的广告主题主要有：快乐、方便、传统、健康、3B（宠物、小孩和美女）等。根据国外广告专家的调查结果，广告的主题主要有食欲、健康、快乐、名望、安全、经济等44种。

（2）广告信息的评估与选择。一个好的广告总是集中于一个中心的促销主题，而不必涉及太多的产品信息。"农夫山泉有点甜"，就以异常简洁的信息在受众中留下深刻的印象。如果广告信息过多过杂，消费者往往不知所云。

广告信息的载体是广告文案。对广告文案的评价标准有许多，但一般要符合三点要求：其一，具有吸引力。即广告信息首先要使人感兴趣，引人入胜；其二，具有独特性。即广告信息要与众不同，独具特色，而不要人云亦云；其三，具有可靠性。广告信息必须从实际出发，实事求是，而不要以偏概全，夸大其词，甚至无中生有。只有全面客观的广告传播，才能增加广告的可信度，才能持久地建立企业和产品的信誉。

（3）信息的表达。广告信息的效果不仅取决于"说什么"，更在于怎么说，即广告信息的表达。广告信息表现的手段包括语言手段和非语言手段。

语言在广告中的作用是其他任何手段所不及的，因为语言可以准确、精炼、完整、扼要地传达广告信息。如铁达时手表的"不在乎天长地久，只在乎曾经拥有"、统一润滑油的"多一份润滑，少一份摩擦"、中国移动通信公司的"我的地盘听我的"等，既简明扼要，又朗朗上口，都取得了意想不到的效果。

非语言就是语言以外的、可以传递信息的一切手段，主要包括构图、色彩、音响、体势语等。

进行广告表现，要做到图文并茂，善于根据不同产品的不同广告定位，把语言手段和非语言手段有机地结合起来。

任何一个广告信息都可以用不同的表现风格加以表现。例如，生活片段，表现人们在日常生活中正在满意地使用某产品；生活方式，借助广告形象强调产品如何适应人们的某种生活方式；音乐，包括背景音乐和广告歌曲；幻想，针对本产品或其用途，设计出一种幻想意境；气氛，为产品制造可以引起某种联想的氛围，给人以暗示；人格化，创造一个人物或拟人化的形象来代表或象征某产品；专门技术，表现企业在生产某产品过程中的技术和专长；科学证据，借助于科学研究成果或调查证明，表现产品的优越之处；旁证，由值得信赖的权威人士推荐或普通用户的"现身说法"，以证明产品的功能和用途。

4．选择广告媒体（Media）

广告表现的结果就是广告作品。广告作品只有通过恰当的广告媒体投放才能实现广告传播的目标。

广播、电视、报纸和杂志是传统的四大大众传播媒体，互联网被称为第五大大众媒体。除大众传播媒体以外，还有招牌、墙体等户外媒体，车身、车站等交通媒体，信函、传单等直接媒体等众多种类。

广告媒体的选择，主要依据下列因素进行。

（1）广告产品的特征。一般生产资料适合选择专业性的报纸、杂志、产品说明书；而生活资料则适合选择生动形象、感染力强的电视媒体和印刷精美的彩色杂志等媒体。

（2）目标市场的特征。其一，目标市场的范围。全国性市场适合选择全国性媒体，如中央广播电视总台、《人民日报》等；区域性市场适合选择地区性媒体，如《广州日报》、广州电视台等；其二，目标市场的地理区域。农村市场需要选择适合农民的媒体，如《南方农村报》等；城市市场则适合选择都市类媒体，如《南方都市报》等；其三，目标市场的媒体习惯。每种媒体都有自己独特的定位，每类消费者也都有自己的媒体习惯。所以，媒体选择要有针对性。

（3）广告目标。以扩大市场销售额为目的的广告，应选择时效性快、表现性强、针对性强的媒体；树立形象的广告则适合选择覆盖面广、有效期长的媒体。

（4）广告信息的特征。情感诉求的广告适合选择广播、电视媒体等媒体；理性诉求的广告适合选择报纸、杂志等印刷类媒体。

（5）竞争对手的媒体使用情况。一般情况下，应尽可能避免与竞争对手选择同一种媒体，特别是同种媒体的同一时段或同一版面。如果中国移动和中国联通的广告登在同一种报纸的同一版面上，或者在电视的同一时段投放，效果就可能会大打折扣。

（6）广告媒体的特征。各类广告媒体都有各自的广告适应性，如电视的优势是生动形象，时效性强，多手段传播，但不易保存，费用高；报纸价格便宜，易保存，但不生动等。选择广告媒体一定要对各类媒体的广告属性进行充分的把握。

（7）国家广告法规。广告法规关于广告媒体的规定是选择广告媒体的重要依据。

5．评估广告效果（Measurement）

广告的效果主要体现在三方面，即广告的传播效果、广告的促销效果和广告的社会效果。广告的传播效果是前提和基础，广告的促销效果是广告效果的核心和关键，企业的广告活动也不能忽视对社会风气和价值观念的影响。

（1）广告传播效果的评估。主要评估广告是否将信息有效地传递给目标受众。这种评估传播前和传播后都应进行。传播前，既可采用专家意见综合法，由专家对广告作品进行评定；也可以采用消费者评判法，邀请消费者对广告作品从吸引力、易读性、好感度、认知力、感染力和号召力等方面进行评分。传播后，可再邀请一些目标消费者，向他们了解广告的阅读率或视听率，对广告的回忆状况等。

（2）广告促销效果的评估。促销效果是广告的核心效果。广告的促销效果，主要测定广告所引起的产品销售额及利润的变化状况。测定广告的促销效果，一般可以采用比较的方法。在其他影响销售的因素一定的情况下，比较广告后和广告前销售额的变化；或者其他条件基本相同的甲和乙两个地区，在甲地做广告而在乙地不做广告，然后比较销售额的差别，以此判断广告的促销效果。

（3）广告的社会效果的评估。主要评定广告的合法性以及广告对社会文化价值观念的影响，一般也可以通过专家意见法和消费者评判法进行。

任务四 公共关系

一、公共关系的要素及特征

从营销的角度讲，公共关系是企业利用各种传播手段，沟通内外部关系，塑造良好形象，为企业的生存和发展创造良好环境的经营管理艺术。

1. 公共关系的要素

公共关系的构成要素分别是社会组织、传播和公众，它们分别作为公共关系的主体、中介和客体，相互依存。

社会组织是公共关系的主体，它是指执行一定社会职能、实现特定的社会目标，构成一个独立单位的社会群体。在营销中，公共关系的主体就是企业。

公众是公共关系的客体。公众是面临相同问题并对组织的生存和发展有着现实或潜在利益关系和影响力的个体、群体和社会组织的总和。企业在经营和管理中必须注意处理好与员工、顾客、媒体、社区、政府、金融等各类公众的关系，为自己创造良好和谐的内外环境。

社会组织与公众之间需要传播和沟通。传播是社会组织利用各种媒体，将信息或观点有计划地与公众进行交流的沟通过程。社会组织开展公关活动的过程实际上就是传播沟通过程。

2. 公共关系的特征

作为一种促销手段，公共关系与前述其他手段相比，具有自己的特点。

（1）注重长期效应。公共关系是企业通过公关活动树立良好的社会形象，从而创造良好的社会环境。这是一个长期的过程。良好的企业形象也能为企业的经营和发展带来长期的促进效应。

（2）注重双向沟通。在公关活动中，企业一方面要把本身的信息向公众进行传播和解释，同时也要把公众的信息向企业进行传播和解释，使企业和公众在双向传播中形成和谐的关系。

（3）可信度较高。相对而言，大多数人认为公关报道比较客观，比企业的广告更加可信。

（4）具有戏剧性。经过特别策划的公关事件，容易成为公众关注的焦点，可使企业和产品戏剧化，引人入胜。

> **案例**
>
> ## 波司登：坚持创新，打造更具科技实力的羽绒服国货
>
> 波司登始创于1976年，至今专注羽绒服48年，产品畅销全球多个国家，连续多年全国羽绒服销量名列前茅，其企业实力和品牌价值，不容小觑。
>
> 为了打造更具科技实力的羽绒服国货品牌，波司登不仅拥有多达数百项专利，更是拥有全国首个国家级认可的实验室和拥有温标体系的羽绒服品牌，同时还参与制定了羽绒服国家标准。从助力攀登珠穆朗玛峰的中国登山队到探索南北极的中国科考队，波司登以其不断钻研突破的专业科技，不断助力专业人士探索关于未来的更多可能性。
>
> 具体到产品的研发上，2021年，波司登推出轻薄羽绒服基础系列产品，引领防寒服从"厚、重、肿"向"轻、薄、美"转型。2022年，公司将轻薄羽绒服品类进一步升级，推出"更多样、更轻暖、更时尚"的产品，在产品设计上，将卫衣、针织等元素和羽绒服相结合，在制造工艺上，通过羽绒拼接方式使羽绒服更具层次感，在保暖功能上，创新使用多层保温空气层面料。据悉，新一代轻薄羽绒服保暖性较传统轻薄羽绒服提高约70%。
>
> 另外在风衣羽绒服市场，波司登在风衣羽绒服的基础上，对风衣羽绒服的版型、面料、功能三大方面进行全面升级。升级风衣羽绒服的防水性能提升15%，防风能力提升28%，抗皱能力提升5%，透气指数提升30%，保暖性提升10%，此外还升级了抗油污科技，增加三防技术。而正是因为对品质和科技的执着追求，波司登业绩实现高复合增

长，其品牌价值也迅速提升。波司登旗下登封系列羽绒服获中国优秀设计金奖，舒适户外羽绒服系列一举揽获5项国际权威大奖，此外波司登还成功入选"2022年全球最有价值50强服饰品牌（Brand Finance Apparel 50 2022）榜单"。

二、公共关系的实施

公共关系活动需要经历以下步骤。

1．确定公关目标

进行公共关系活动要有明确的目标。目标的确定是公共关系活动取得良好效果的前提条件。企业的公关目标因企业面临的环境和任务的不同而不同。一般来说，企业的公关目标主要有以下几类：①新产品、新技术开发之中，要让公众有足够的了解；②开辟新市场之前，要在新市场所在地的公众中宣传组织的声誉；③转产其他产品时，要树立组织新形象，使之与新产品相适应；④参加社会公益活动，增加公众对组织的了解和好感；⑤开展社区公关，与组织所在地的公众沟通；⑥本组织的产品或服务在社会上造成不良影响后，进行公共关系活动以挽回影响；⑦创造一个良好的消费环境，在公众中普及同本组织有关的产品或服务的消费方式，等等。

2．确定公关对象

公关对象的选择就是公众的选择。公关的对象决定于公关目标，不同的公关目标决定了公关传播对象的侧重点的不同。如果公关目标是提高消费者对本企业的信任度，毫无疑问，公关活动应该重点根据消费者的权利和利益要求进行。如果企业与社区关系出现摩擦，公关活动就应该主要针对社区公众进行。选择公关对象要注意两点：一是侧重点是相对的。企业在针对某类对象进行公关活动时不能忽视了与其他公众沟通；二是在某些时候（如企业出现重大危机等），企业必须加强与各类公关对象的沟通，以赢得各方面的理解和支持。

3．选择公关方式

公共关系的方式是公共关系工作的方法系统。在不同的公关状态和公关目标下，企业必须选择不同的公关模式，以便有效地实现公共关系目标。一般来说，供企业选择的公关方式主要有以下两类。

（1）战略性公关方式。下列五种公关方式，主要针对企业面临的不同环境和公关的不同任务，从整体上影响企业形象，属于战略性公关。

①建设性公关。主要适用于企业初创时期或新产品、新服务首次推出之时，主要功

能是扩大知名度,树立良好的第一印象。

②维系性公关。适用于企业稳定发展之际,用以巩固良好企业形象的公关模式。

③进攻性公关。企业与环境发生摩擦冲突时所采用的一种公关模式,主要特点是主动。

④防御性公关。企业为防止自身公共关系失调而采取的一种公关模式,适用于企业与外部环境出现了不协调或摩擦苗头的时候,主要特点是防御与引导相结合。

⑤矫正性公关。企业遇到风险时采用的一种公关模式,适用于企业公共关系严重失调,从而企业形象严重受损的时候,主要特点是及时。

(2)策略性公关方式。下列五种公关方式,属于公共关系的业务类型,主要是公共关系的策略技巧,属于策略性公关。

①宣传性公关。运用大众传播媒介和内部沟通方式开展宣传工作,树立良好企业形象的公共关系模式,分为内部宣传和外部宣传。

②交际性公关。通过人际交往开展公共关系的模式,目的是通过人与人的直接接触,进行感情上的联络,其方式是开展团体交际和个人交往。

③服务性公关。以提供优质服务为主要手段的公共关系活动模式,目的是以实际行动获得社会公众的了解和好评。这种方式最显著的特征在于实际的行动。

④社会性公关。利用举办各种社会性、公益性、赞助性活动开展公关,带有战略性特点,着眼于整体形象和长远利益,其方式有三种:一是以企业本身为中心开展的活动,如周年纪念等;二是以赞助社会福利事业为中心开展的活动;三是资助大众传播媒介举办的各种活动。

⑤征询性公关。以提供信息服务为主的公关模式,如市场调查、咨询业务、设立监督电话等。

4．实施公关方案

实施公关方案的过程,就是把公关方案确定的内容变为现实的过程,是企业利用各种方式与各类公众进行沟通的过程。实施公关方案是企业公关活动的关键环节。再好的公关方案,如果没有实施,都只能是镜花水月,没有任何价值。

实施公关方案,需要做好以下工作。

(1)做好实施前的准备。任何公共关系活动实施之前,都要做好充分的准备,这是保证公共关系实施成功的关键。公关准备工作主要包括公关实施人员的培训、公关实施的资源配备等方面。

(2)消除沟通障碍,提高沟通的有效性。公关传播中存在着方案本身的目标障碍,实施过程中语言、风俗习惯、观念和信仰的差异以及传播时机不当、组织机构臃肿等多方面形成的沟通障碍和突发事件的干扰等影响因素。消除不良影响因素,是提高沟通效果的重要条件。

(3)加强公关实施的控制。企业的公关实施如果没有有效的控制,就会产生偏差,从而影响到公关目标的实现。公关实施中的控制主要包括对人力、物力、财力、时机、进程、质量、阶段性目标以及突发事件等方面的控制。公关实施中的控制一般包括制定控制标准、衡量实际绩效、将实际绩效与既定标准进行比较和采取纠偏措施四个环节。

【课后练习】

一、选择题

1. 渠道成员主要包括（　　）。
    A．消费者　　　B．生产者　　　C．批发商和零售商　　　D．代理商和储运企业
2. 生活消费品最基本的分销渠道是（　　）。
    A．生产者→消费者
    B．生产者→零售商→消费者
    C．生产者→批发商→零售商→消费者
    D．生产者→代理商→批发商→零售商→消费者
3. 生产资料最基本的分销渠道有（　　）。
    A．生产者→用户
    B．生产者→批发商→用户
    C．生产者→代理商→用户
    D．生产者→代理商→批发商→用户
4. （　　）是以渠道层的数量衡量的。
    A．渠道宽度
    B．渠道密度
    C．渠道流程
    D．渠道长度
5. 下列产品营销渠道中，属于短渠道的是（　　）。
    A．生产者→用户
    B．生产者→批发商→用户
    C．生产者→代理商→批发商→用户
    D．生产者→批发商→零售商→用户
6. 影响渠道长度决策的主要因素有（　　）。
    A．产品因素
    B．竞争因素
    C．市场因素
    D．企业自身因素
7. 不拥有产品的所有权，本身不从事商业活动的中间商是（　　）。
    A．批发商
    B．零售商
    C．代理商
    D．经销商
8. 渠道管理决策包括的内涵是（　　）。
    A．选择渠道成员
    B．确定渠道成员的权力和义务
    C．鼓励渠道成员
    D．评价渠道成员

二、判断题

1. 产品营销渠道也称分销渠道，它是指产品的实体从生产领域流转到消费领域经过的通道。　　　　　　　　　　　　　　　　　　　　　　　　　　　（　　）

2. 渠道宽度是以渠道层次或中间环节的数量来衡量的。（　　）
3. 技术性强，使用复杂的产品，宜用长渠道流通，相反则采用短渠道流通。（　　）
4. 款式或式样经常变化的产品宜采用短渠道流通，而款式或式样相对稳定的产品宜采用长渠道流通。（　　）
5. 处于投入期的产品宜采用短渠道流通，而成熟期的产品可根据需要采用长渠道流通。（　　）

三、论述题

1. 论述产品营销渠道的功能。
2. 联系实际谈谈企业应如何开展公共关系活动。

参考文献

［1］ 金永生. 市场营销学通论[M]. 北京：北京工业大学出版社，2000.
［2］ 梅清豪. 市场营销学原理[M]. 北京：电子工业出版社，2014.
［3］ 郭国庆. 市场营销学通论[M]. 4版. 北京：中国人民大学出版社，2009.
［4］ 方光罗. 市场营销学[M]. 3版. 大连：东北财经大学出版社，2007.
［5］ 陈信康. 市场营销学概论[M]. 上海：复旦大学出版社，1993.